LLM 빅데이터 레볼루션

LLM
빅데이터 레볼루션

유주연 지음

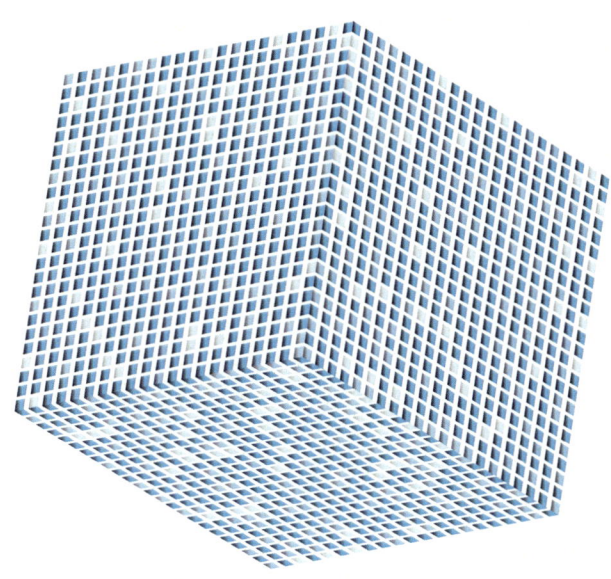

들어가는 말

데이터와 지능의 대융합, 새로운 시대가 열리다

우리는 데이터의 폭발적 증가와 함께 빅데이터 시대를 맞이했습니다. 그러나 방대한 데이터를 어떻게 수집하고 저장할 것인지, 어떻게 분석하고 활용할 것인지에 대한 고민은 여전히 해결해야 할 숙제로 남아있습니다. 빅데이터가 가진 잠재력을 극대화하기 위해서는 혁신적인 접근 방식이 필요한 시점입니다. 이러한 상황에서 대규모 언어 모델 Large Language Model, LLM (이하 편의상 LLM이라고 표기하겠습니다.) 등장은 빅데이터 분야에 새로운 돌파구를 제시합니다. LLM은 방대한 텍스트 데이터를 학습하여 인간의 언어를 이해하고 생성할 수 있는 강력한 AI 모델입니다. LLM은 자연어 처리 분야에서 눈부신 성과를 거두면 산업계의 주목을 받고 있습니다. 그렇게 LLM은 빅데이터와 만나 새로운 가능성을 열어가고 있습니다.

LLM과 빅데이터의 융합은 데이터 수집, 저장, 분석, 활용의 전 과정에 혁신을 가져다줄 것입니다. 비정형 데이터의 자동 분류와 요약, 실시간 이상 탐지, 개인화된 추천 등 그동안 기술적 한계로 어려웠던 작업들이 LLM을 통한 자연어로 질의하고 대화하는 인터페이스를 통해 좀더 쉽게 접근할 수 있습니다. 뿐만 아니라 LLM은 데이터 분석 과정에서의 사용자 경험을 한층 향상시켜 줄 것입니다. 누구나 쉽게 데이터에 접근하고 통찰을 얻을 수 있게 될 것입니다. 하지만 LLM 시대의 빅데이터는 단순히 기술적 진보에 그치지 않습니다. 거대 언어 모델이 학습한 방대한 지식은 데이터 활용의 윤리성과 공정성에 대한 새로운 질문을 던집니다. 프라이버시 침해, 알고리즘 편향성 등 LLM과 빅데이터가 만들어낼 수 있는 사회적 문제에 선제적으로 대응하는 자세가 요구됩니다. 기술 발전이 가져올 이득과 위험 요인을 균형있게 바라보고, 사회적 합의를 통해 건전하고 지속가능한 데이터 활용 환경을 만들어가야 할 것입니다. 이처럼 빅데이터와 LLM이 만나 빚어내는 혁신과 변화의 물결을 조망하고, 데이터 전문가로 성장하기 위한 지침을 제공하고자 기획되었습니다.

    저의 오랜 경험과 전문 지식을 바탕으로 LLM 시대에 기업과 개인이 데이터 역량을 강화하는 방법을 소개하겠습니다. 눈앞에 펼쳐진 거대한 변화의 흐름에 선제적으로 대응하고, 새로운 기회를 발견할 수 있도록 독자 여러분과 함께 이 여정을 떠나고자 합니다. 지금부터 펼쳐질 이야기가 여러분의 데이터 활용 전략을 혁신하고, 비즈니스에 새로운 통찰을 제공하는 든든한 길잡이가 되기를 기대합니다. LLM 시대, 준비된 당신만이 데이터의 미래를 선도할 수 있습니다.

2024년은 인공지능 기술의 급속한 발전으로 인해 우리의 삶과 비즈니스 방식에 큰 변화를 가져올 전환점이 되었습니다. 그 중심에는 바로 LLM과 빅데이터가 있습니다. LLM의 등장으로 기존 빅데이터 분석 패러다임이 크게 바뀌고 있기 때문입니다. 방대한 데이터를 단순히 수집하고 저장하는 것에 그치지 않고, LLM을 통해 데이터에 숨겨진 통찰력을 발견하고 실행 가능한 인사이트를 신속하게 도출할 수 있게 되었습니다.

빅데이터와 LLM의 본질적 개념을 깊이 있게 파헤치고, 두 기술이 만나 어떤 시너지를 일으키는지 생생한 사례와 함께 보여줄 것입니다. 먼저 빅데이터의 4V 특성과 비즈니스 가치를 재조명하고, 기업 경쟁력 제고를 위해 빅데이터를 어떻게 활용해야 하는지 그 방향성을 제시합니다. 이어서 LLM의 등장 배경과 각종 생성형 ai 주요 모델의 구조 및 성능을 비교 분석하며, 빅데이터 수집과 처리 과정 전반에 LLM이 미치는 영향을 살펴봅니다.

LLM이 고객 분석과 개인화 추천 등 데이터 분석에서 혁신을 이끄는 사례들을 통해, 빅데이터와 LLM의 융합이 가져올 놀라운 성과를 확인할 수 있습니다. 또한, 전통적인 빅데이터 분석과 LLM

기반 분석의 차이점을 이해하고, LLM 도입 시 고려해야 할 사항과 이를 기반으로 한 장기적인 데이터 전략 수립 방안까지 제안합니다.

여러분은 이 책을 통해 빅데이터와 LLM이 결합된 미래 모습을 상상하고, 그 변화에 능동적으로 대응할 수 있는 통찰을 얻게 될 것입니다. 기술적 측면뿐만 아니라 데이터 윤리, 조직 문화, 개인의 역량 강화 등 다양한 주제를 아우르며, 여러분이 데이터 전문가로 한 단계 더 도약할 수 있는 길잡이가 되어 줄 것으로 기대합니다.

지금 바로 이 책과 함께 LLM 시대의 빅데이터 혁명에 동참해 보시기 바랍니다. 머신러닝 워크플로우 자동화부터 자연어 기반 데이터 탐색, 인터랙티브 리포팅에 이르기까지, LLM이 가져올 변화와 기회를 놓치지 마세요. 이 책은 여러분이 데이터 주도적 의사결정과 혁신을 이뤄내는 데 필요한 모든 것을 담고 있습니다. 지금 바로 LLM 빅데이터 혁명의 서막을 열고, 미래를 선도하는 빅데이터 전문가로 거듭나시길 바랍니다.

차례

들어가며 5

1장   빅데이터와 LLM의 새로운 만남 17
빅데이터 개념 재정립: 4V를 넘어서 29
LLM 핵심 원리와 빅데이터의 융합 33
주요 LLM 모델 비교와 활용 사례 39
LLM이 가져온 빅데이터 처리의 변화상 50
빅데이터와 LLM 융합의 선도 58

2장   지능형 데이터 수집과 전처리 기술 67
웹 크롤링부터 IoT 센서까지: 데이터 수집의 진화 70
LLM 기반 지능형 데이터 수집 도구와 기술 동향 76
빅데이터 품질 진단과 전처리 자동화 전략 80
비정형 데이터 활용을 위한 LLM 기반 기술 85
효율적인 데이터 어노테이션을 위한 지침과 도구 96

3장   **차세대 빅데이터 저장 인프라의 진화** · · · · · · · · · · · · · · · · · 107
    하둡과 NoSQL을 넘어: 진화하는 분산 스토리지 · · · · · · · · · · · · · · · · 114
    데이터 웨어하우스와 데이터 마트의 설계와 구축 · · · · · · · · · · · · · · 118
    클라우드 네이티브 시대의 데이터 관리 전략 · · · · · · · · · · · · · · · · · · 123
    LLM 시대의 데이터 보안과 프라이버시 보호 · · · · · · · · · · · · · · · · · 128
    메타데이터 관리와 데이터 자산 가치 제고 전략 · · · · · · · · · · · · · · · 135

4장   **LLM 기반 빅데이터 처리와 분석의 혁신** · · · · · · · · · · · · · 143
    배치에서 실시간으로: 빅데이터 처리 패러다임의 전환 · · · · · · · · · · 146
    하둡 에코시스템과 LLM의 결합 · 152
    스파크와 LLM: 고성능 인메모리 컴퓨팅의 진화 · · · · · · · · · · · · · · · · 158
    SQL-on-Hadoop과 LLM, 빅데이터 분석의 민주화 · · · · · · · · · · · · · 163
    실시간 스트림 처리와 LLM 기반 이벤트 탐지 · · · · · · · · · · · · · · · · · · 170

5장 데이터 스토리텔링과 LLM 기반 시각화 · 177
빅데이터 시각화의 기본기: 차트 유형과 시각화 원칙 · 181
BI 도구와 LLM 기반 자연어 인터페이스의 결합 · 186
지리정보 시각화, 공간 데이터의 분석과 표현 · 193
대시보드 설계와 LLM 기반 개인화 추천 · 204

6장 LLM과 하이브리드 AI: 빅데이터 분석의 미래 · 213
머신러닝 파이프라인 구축과 LLM의 활용 · 217
LLM 기반 전이학습과 도메인 적응 · 222
그래프 뉴럴 네트워크 · 234

7장 빅데이터 거버넌스와 LLM의 역할 · 245
- 데이터 자산 관리와 메타데이터 거버넌스 · 248
- 효과적인 데이터 거버넌스와 윤리 체계 수립 · 257
- 데이터 거버넌스 성숙도 모델과 구현 로드맵 · 264
- 데이터 품질 지표 설계와 모니터링 방안 · 272
- 개인정보 비식별화와 프라이버시 보호 기술 · 279
- 공정한 AI를 위한 데이터 편향성 진단과 해소 방안 · 286
- LLM 모델 해석과 설명 가능한 AI 구현 · 293
- 조직 문화와 윤리 의사결정 체계 확립 · 297

8장 LLM 시대 빅데이터 기술의 진화 방향과 미래상 · 309
- 엣지 컴퓨팅과 연합학습 기반 데이터 처리 · 315
- LLM과 지식 그래프의 결합 · 322
- 데이터 민주화와 셀프서비스 분석 플랫폼 · 328
- 데이터 경제 활성화를 위한 비즈니스 모델 · 334
- 데이터 중심 조직으로의 전환 사례와 성공 요인 · 339
- 빅데이터와 LLM을 활용한 ESG 가치 창출 · 342

마치며 · 352

1장
빅데이터와 LLM의 새로운 만남

빅데이터와 LLM의 새로운 만남

빅데이터와 LLM의 융합은 데이터 관리, 분석, 그리고 의사 결정 방식에 혁신을 가져오고 있다. 이 패러다임의 변화를 탐색하면서, 변화의 핵심 요소와 함께 따르는 도전과 기회를 이해하는 것이 중요하다. LLM이 빅데이터 분야에서 혁신을 주도하는 가장 중요한 방법 중 하나는 데이터 파이프라인을 간소화하는 것이다. LLM은 데이터 엔지니어와 도메인 전문가 간의 지식 격차를 해소함으로써, 복잡한 데이터 엔지니어링 작업을 단순화하는 자연어 인터페이스를 통해 보다 효율적인 파이프라인 생성을 가능하게 한다. 이러한 데이터 파이프라인의 민주화는 기술적 전문성에 관계없이 더 많은 사용자가 빅데이터의 힘을 활용할 수 있도록 한다.

LLM은 데이터 보강, 카탈로깅, 프로파일링 프로세스를 혁신적으로 변화시키고 있다. 여기서 카탈로깅은 데이터나 정보를 체계적으로 분류하고 정리하는 과정이며, 프로파일링은 데이터의 특성, 패턴, 구조를 분석하여 전체적인 모습을 파악하는 과정이다. 인간의 언어를 이해하고 생성하는 능력을 활용하여 다양한 변화를 가져온다. 대량의 텍스트 데이터를 빠르게 처리하고 이해하여, 수동으로 수행하던 카탈로깅과 프로파일링 작업을 자동화하고 가속화한다. 단순한 키워드 매칭이 아닌, 문맥과 의미를 이해하여 데이터를 더 정확하고 의미 있게 분류한다. 이메일, 문서, 소셜 미디어 게시물 등 다양한 형태의 비정형 데이터를 이해하고 분석할 수 있다. 인간이 수행할 때 발생할 수 있는 불일치를 줄이고, 더 일관된 방식으로 데이터를 분류하고 프로파일링한다. 대규모 데이터셋에 대해서도 효과적으로 카탈로깅과 프로파일링을 수행하여, 기업이나 조직의 데이터 관리 능력을 크게 향상시킨다. 이러한 능력을 통해 LLM은 데이터를 의미 있는 범주로 자동 태그 지정 및 분류할 수 있으며, 방대한 양의 비정형 데이터를 이해하고 분석하여 체계적으로 분류하거나 카탈로그에 등록할 수 있다. 이는 데이터 세트에 대한 더 깊은 이해를 제공한다. 특히 데이터 카탈로그 플랫폼에서의 활용은 유용하다. LLM이 각 필드에 대한 비즈니스 이름과 용어집을 생성하여 메타데이터를 향상시키고 데이터 내용에 대한 의사소통을 원활하게 할 수 있기 때문이다. 보다 포괄적이고 접근 가능한 메타데이터를 통해 조직은 데이터 자산의 잠재력을 최대한 발휘할 수 있다. LLM은 데이터를 더 효율적이고 정확하게 분류하고 이해하는 방식으로 카탈로깅과 프로파일링 과정을 혁신적으로 변화시키고 있다. 이는 데이터 관리와 분석의 질을 크게 향상시키는 결과를 가져온다.

　빅데이터에서 LLM의 또 다른 핵심 측면은 데이터 세분성을 예측하고 샘플 시드 질문을 생성하는 능력이다. 데이터 세트를 분석하고 그 구조를 이해함으로써, LLM은 데이터의 세부 수준과 복잡성에 대한 통찰력을 제공할 수 있다. 또한, 데이터 소비자를 위한 참조로 사용되는 관련 샘플 질문을 생성하여 데이터 제품을 보다 효과적으로 활용할 수 있도록 한다. 이러한 예측 능력은 조직이 데이터 전략을 최적화하고 데이터 제품이 사용자의 요구에 맞게 조정되도록 하는 데 도움이 된다.

　검색 증강 생성 Retrieval-Augmented Generation, RAG은 LLM은 방대한 데이터로 학습되어 문맥을 이해하고, 새로운 문장을 생성하거나 복잡한 질문에 대한 답변을 제공할 수 있다. 하지만, LLM은 고정된 지식을 가지고 있으므로 최신 정보나 특정한 도메인 지식을 요구하는 질문에 대해 한계가 있을 수 있다. RAG 검색 증강 생성는 이러한 한계를 보완하기 위해, LLM의 언어 생성 능력과 외부 지식 베이스(예: 최신 문서, 데이터베이스)의 정보를 결합한다. 이 기술을 사용하면 LLM이 외부에서 관련 정보를 검색한 후, 그 정보를 바탕으로 더 정확하고 최신의 답변을 생성할 수 있다. LLM을 방대한 정보 저장소에 연결함으로써, RAG는 특정 데이터 포인트를 검색하고 사용자 질의에 대해 정확하고 맥락적으로 관련성 있는 응

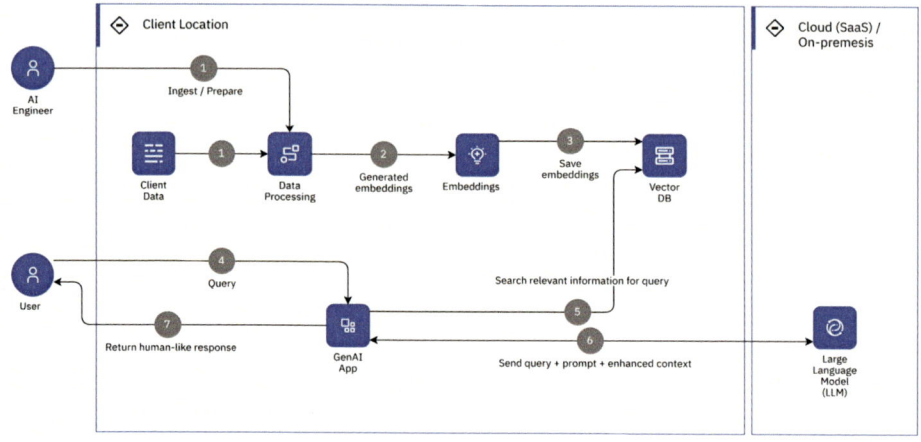

AI RAG 구조/ 출처 : IBM

답을 생성할 수 있다. 이 접근 방식은 고객 서비스를 포함한 다양한 애플리케이션에 광범위한 영향을 미치는데, LLM이 회사 데이터에 신속하게 액세스하여 문제를 해결하고 전반적인 고객 경험을 향상시킬 수 있기 때문이다. RAG는 또한 마스터 데이터 관리에 큰 가능성을 가지고 있으며, 조직이 여러 시스템에서 일관되고 신뢰할 수 있는 데이터를 유지할 수 있도록 한다.

 LLM의 빅데이터 통합은 데이터 과학자의 역할과 데이터 과학 교육의 미래도 변화시키고 있다. LLM이 반복적인 작업을 자동화하고 복잡한 분석을 수행함에 따라, 데이터 과학자는 점점 더 전략

기획, 자원 조정, 전반적인 제품 수명 주기 감독에 초점을 맞추고 있다. 이러한 변화는 LLM 기반 창의성, 비판적 사고, 학제간 지식 등 다양한 기술 세트에 대한 강조와 함께 데이터 과학 교육의 재평가를 필요로 한다. 데이터 과학자에게 이러한 기술을 갖추게 함으로써, 조직은 LLM의 잠재력을 최대한 활용하고 빅데이터 생태계에서 혁신을 주도할 수 있다. LLM은 화학을 비롯한 여러 특정 분야에서 상당한 진전을 보이고 있다. 화학 분야에서는 방대한 양의 화학 논문과 특허를 신속하게 분석하고 관련 정보를 추출할 수 있으며, 화학식이나 특성을 바탕으로 가능한 분자 구조를 제안할 수 있다. 또한 특정 화합물을 합성하기 위한 가능한 반응 경로를 제안하고, 분자 구조를 바탕으로 화합물의 물리적, 화학적 특성을 예측할 수 있다. 연구자들이 효율적인 실험 설계를 할 수 있도록 도와주며, 실험 결과의 해석을 돕고 추가 실험 방향을 제안할 수 있다. 생물학 및 생명과학 분야에서 LLM은 유전체 분석, 단백질 구조 예측, 약물 상호작용 예측 등에서 큰 진전을 보이고 있다. 특히 AlphaFold는 단백질의 아미노산 서열로부터 3차원 구조를 예측하는 인공지능 모델로 2024년 노벨 화학상의 쾌거를 이루었으며 현재는 200만명이상의 연구진들이 사용하고 있다. 의학 분야에서는 의료 문헌 분석, 진단 지원, 개인화 의료 등에서 LLM의 활용이 증가하고 있으며, 특히 희귀 질병 진단이나 새로운 치료법 제안 등에서 유용하게 사용되고 있다. 물리학 분야에서는 복잡한 물리 시스템 모델링, 입자 물리학 데이터 분석, 천체 물리학 연구 등에 LLM이 활용되고 있다. 재료과학에서는 새로운 재료 설계, 물성 예측, 재료 합성 방법 제안 등에 LLM이 사용되고 있다. 컴퓨터 과학 분야에서는 코드 생성, 버그 검출, 알고리즘 최적화 등 소프트웨어 개발 과정 전반에 걸쳐 LLM이 활용되고 있다. 환경 과학 분야에서는 기후 모델링, 생태계 분석, 환경 영향 평가 등에 LLM이 활용되고 있으며, 언어학 분야에서는 기계 번역, 언어 이해, 텍스트 생성 등 자연어 처리 전반에 걸쳐 LLM이 큰 발전을 이루고 있다. 이러한 LLM의 능력은 연구의 속도를 높이고, 새로운 물질 발견이나 약물 개발 과정을 가속화할 수 있는 잠재력을 가지고 있다. 각 분야에서 LLM의 활용은 연구 속도를 가속화하고, 새로운 통찰을 제공하며, 복잡한 문제 해결을 돕고 있다. 따라서 LLM이 연구자들에게 새로운 지평을 열어줄 것이라는 기대는 타당하다고 볼 수 있다. 다만, LLM의 결과는 항상 전문가의 검증이 필요하며, 실제 실험을 대체할 수는 없다는 점을 유의해야 한다. LLM은 강력한 도구이지만, 여전히 연구자의 전문성과 결합되어야 그 가치를 최대한 발휘할 수 있다. 즉, LLM은 전문가의 지식과 경험을 보완하는 도구로 활용되어야 한다는 점을 강조할 필요가 있다.

    LLM기술은 많은 가능성을 제공하지만, 조직들이 이를 효과적으로 활용하기 위해서는 여러 도전 과제를 해결해야 한다. 이 중 가장 중요한 문제 중 하나는 데이터와 관련된 것이다. 우리는 이것을 데이터의 의존성이라고 한다. LLM은 잘 정리되고 구조화된 데이터에서 가장 효과적으로 작동한다. 하지만 현실에서는 많은 조직의 데이터가 이런 이상적인 상태로 존재하지 않는다. 기업이 보유한 데이터는 종종 여러 시스템에 흩어져 있고, 형식이 일관되지 않으며, 때로는 오류나 누락이 있을 수 있다. 이러한 '정리되지 않은' 데이터는 LLM이 제대로 이해하고 활용하기 어렵다. 따라서 조직은 LLM을 도입하기 전에 먼저 자신들의 데이터를 정리하고 구조화하는 작업을 해야 한다. 이는 시간과 비용이 많이 드는 과정일 수 있지만, LLM의 성능을 최대화하기 위해서는 필수적인 단계이다. 또한, 오래된 시스템들은 최신 LLM 기술과 호환되지 않을 수 있다. 이런 경우, 기존 시스템을 업그레이드하거나 수정해야 할 필요가 있다. 이 역시 조직이 해결해야 할 중요한 과제 중 하나이다. LLM 기술을 성공적으로 도입하기 위해서는 데이터의 품질 향상과 구조화, 그리고 시스템의 현대화가 필수적이다. 이러한 준비 과정을 거쳐야만 조직은 LLM의 강력한 능력을 최대한 활용할 수 있을 것이다.

    LLM 시대에는 대규모의 복잡한 데이터 세트를 처리하는 것도 상당한 도전 과제이다. 방대한 양의 데이터를 처리하는 것은 계산 비용이 많이 들고 상당한 학습 데이터와 계산 자원을 필요로 한다. LLM의 성능을 유지하고 조직이 데이터 자산에서 가치 있는 통찰력을 도출할 수 있도록 하려면 효율적인 자원 관리가 필수적이다. LLM은 주로 패턴 인식과 데이터 분석에 초점을 맞추고 있지만, 조직의 비즈니스 맥락이나 전략적 목표를 완전히 파악하지 못할 수 있다. 이러한 제한은 비즈니스의 특정 요구와 목적에 완전히 부합하지 않는 통찰력으로 이어질 수 있다. 이 과제를 극복하기 위해서는 조직이 LLM이 관련성 있고 실행 가능한 통찰력을 제공하도록 맥락적 이해와 편향 완화를 위한 기술을 개발해야 한다. 몇 가지 전략을 통해 조직은 이러한 도전 과제를 극복하고 빅데이터에서 LLM의 힘을 활용할 수 있다. 학습 데이터의 품질을 개선하는 것은 LLM의 정확성을 높이고 신뢰할 수 있는 결과를 보장하는 데 중요하다. 강력한 하드웨어에 투자하고 효율적인 자원 관리 방식을 구현하면 조직이 계산 자원을 최적화하고 데이터 웨어하우스에서 LLM 성능을 유지하는 데 도움이 될 수 있다. LLM 시대에는 데이터 프라이버시와 보안이 매우 중요하며, 조직은 민감한 정보를 보호하기 위해 강력한 조치를 시행해야 한다. 엄격한 데이터 처리 관행과 데이터 프라이버시 저장소의 사용은 프라이버시 위험을 완화하고 규정 준수를 보장하는 데 도움이 될 수 있다.

빅데이터 생태계가 진화함에 따라 몇 가지 새로운 트렌드가 데이터 관리와 분석의 미래를 형성하고 있다. 인공지능^AI과 기계학습 ^ML은 데이터 처리 및 수집 작업을 자동화하는 데 점점 더 중요한 역할을 하고 있으며, 조직이 패턴을 식별하고 의사 결정 알고리즘을 보다 효율적으로 생성할 수 있도록 한다. AI 솔루션은 모든 데이터 처리 작업의 최대 70%, 데이터 수집 작업의 64%를 자동화할 수 있어, 보다 전략적인 이니셔티브를 위해 귀중한 자원을 확보할 수 있다.

환경^Environment, 사회^Social, 거버넌스^Governance의 약자인 ESG 보고는 빅데이터의 또 다른 중요한 트렌드로, 특히 규제 프레임워크가 급속도로 진화하고 있는 유럽에서 두드러진다. 조직은 이러한 새로운 보고 요구 사항을 충족하고 지속 가능성과 사회적 책임에 대한 의지를 보여주기 위해 데이터 관리 관행을 조정해야 한다.

데이터 민주화^Data Democratization는 더 많은 사용자가 데이터와 분석 도구에 액세스할 수 있도록 하여, 더 많은 사람들이 데이터 기반 의사 결정을 내릴 수 있도록 한다. 이 트렌드는 사용자 친화적인 분석 플랫폼의 가용성 증가와 조직의 모든 수준에서 데이터 기반 통찰력의 가치에 대한 인식 제고에 의해 촉진되고 있다.

에지 컴퓨팅은 데이터 생성 소스에 더 가까운 곳에서 분석을 가능하게 함으로써 데이터 처리 방식을 변화시키고 있다. 지연 시간과 대역폭 사용량을 줄임으로써 에지 컴퓨팅은 조직이 데이터

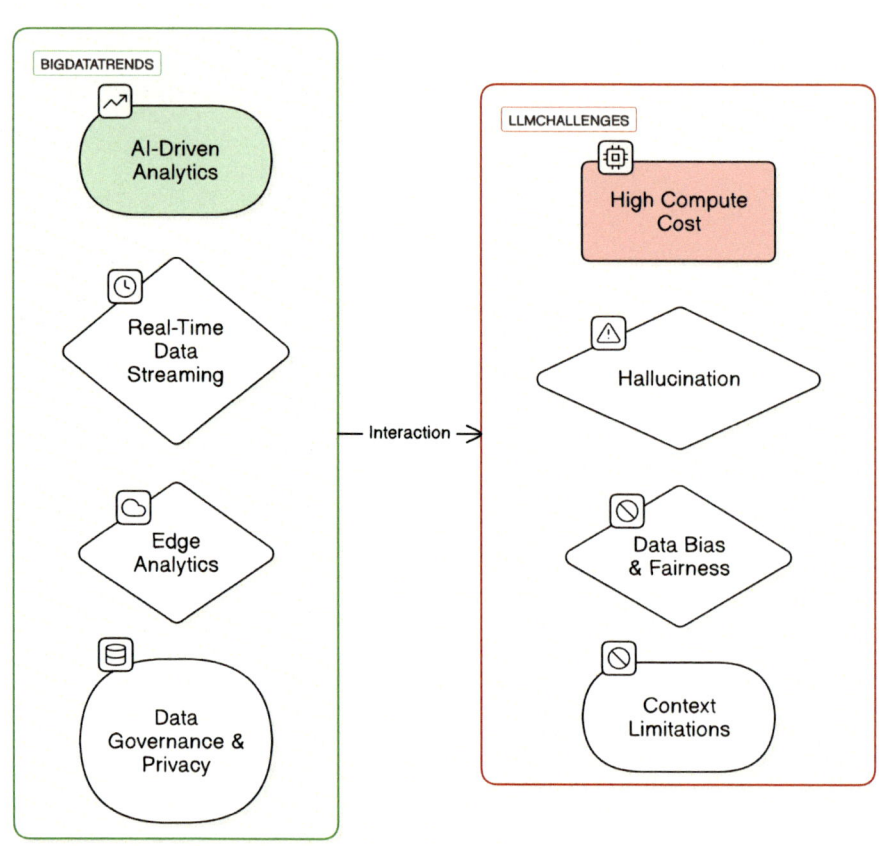

미래 빅데이터 트렌드와 LLM 도전과제

를 실시간으로 처리하고 분석할 수 있게 하여, 자동화와 지능형 의사결정을 위한 새로운 기회를 열어준다. 데이터 시각화는 빅데이터 분석의 핵심 요소로, 복잡한 데이터 세트를 쉽게 이해할 수 있는 시각적 형식으로 변환한다. 데이터를 의사 결정자가 보다 접근하기 쉽고 이해하기 쉽게 만들어, 조직이 가치 있는 통찰력을 도출하고 보다 신속하게 정보에 입각한 결정을 내릴 수 있도록 한다. 미래를 내다보면, 양자 컴퓨팅은 전례 없는 속도로 복잡한 계산을 처리할 수 있게 함으로써 빅데이터 처리에 혁명을 일으킬 준비가 되어 있다. 양자 컴퓨팅 기술이 발전함에 따라 조직은 더 큰 데이터 과제를 해결하고 데이터 분석의 새로운 지평을 열 수 있을 것이다.

LLM의 등장과 빅데이터의 융합은 기업과 조직에게 엄청난 기회를 제공하지만, 동시에 윤리적, 법적 고려사항도 제기한다. 데이터 프라이버시와 보안은 방대한 양의 데이터를 다룰 때 최우선 과제가 되어야 한다. 조직은 데이터 수집, 저장, 사용에 대한 엄격한 정책과 프로토콜을 수립하여 개인정보를 보호하고 잠재적인 남용을 방지해야 한다. 또한 LLM의 공정성과 편향성에 대한 우려를 해결하기 위해 모델 개발 및 배포에 윤리적 기준을 적용해야 한다. LLM이 의사 결정에 미치는 영향이 커짐에 따라 투명성과 설명 가능성 확보가 그 어느 때보다 중요해졌다. 빅데이터와 LLM의 잠재력을 완전히 실현하기 위해서는 다양한 이해관계자 간의 협력이 필요하다. 정부, 산업계, 학계, 시민 사회가 힘을 합쳐 이 기술의 책임감 있는 개발과 배포를 위한 프레임워크와 지침을 마련해야 한다. 데이터 공유 이니셔티브와 산업 표준은 조직 간의 상호 운용성과 협력을 촉진하는 데 기여할 수 있다. 또한, 기술 교육과 역량 강화에 대한 지속적인 투자를 통해 미래의 데이터 전문가를 양성하고 급속한 기술 발전에 적응할 수 있는 민첩한 인력을 확보해야 한다. 빅데이터와 LLM의 만남을 통해서 기업과 조직은 통찰력을 얻고, 효율성을 높이며, 혁신을 주도할 수 있는 새로운 기회를 맞이하고 있다. 그러나 이러한 잠재력을 최대한 발휘하기 위해서는 데이터 품질, 계산 자원, 윤리적 고려 사항 등 중대한 도전과제를 해결해야 한다. 미래를 내다보며, AI와 ML의 지속적인 발전, 데이터 민주화의 확대, 에지 컴퓨팅과 양자 컴퓨팅의 출현 등 새로운 트렌드가 빅데이터 생태계의 지형을 계속해서 변화시킬 것으로 보인다. 이러한 역동적인 환경에서 성공하기 위해서는 조직이 적응력을 갖추고, 협력을 추구하며, 기술의 책임감 있는 개발과 배포를 위해 노력해야 할 것이다. LLM 시대 우리는 더욱 지능적이고, 민첩하며, 지속 가능한 미래를 향해 나아갈 수 있을 것이다.

빅데이터 개념 재정립, 4V를 넘어서

빅데이터 Big Data는 디지털 시대의 원유(原油)라 불린다. 원유가 다양한 방법으로 가공되어 제품으로 출시되는 것처럼 방대한 양의 데이터에서 가치를 추출하고 활용하는 것이 기업의 경쟁력을 좌우하게 된 것이다. 하지만 빅데이터의 개념은 단순히 '큰 데이터'를 의미하지 않는다.

기존의 데이터 처리 방식으로는 감당하기 어려운 규모의 데이터를 일컫는 것으로, 빅데이터의 특성은 4V, 즉, 데이터의 규모 Volume, 다양성 Variety, 속도 Velocity, 그리고 진실성 Veracity 으로 요약되어 왔다. 그러나 최근 LLM의 등장 으로 빅데이터에 대한 패러다임이 형성되고 있다. LLM은 방대한 텍스트 데이터를 학습하여 인간과 유사한 수준의 언어 이해 능력과 언어의 생성 능력을 보여주고 있기 때문이다. 이는 기존의 4V 개념을 넘어서는 데이터 활용의 새로운 지평을 열고 있다.

LLM이 빅데이터 부문에 가져온 주요 변화는 다음과 같다.

첫째, LLM은 데이터 활용의 질적 전환을 가져왔다. 단순히 텍스트 데이터의 양적 증가가 아닌, 언어 모델 자체의 성능 향상이 이루어졌다. 이는 데이터의 규모뿐만 아니라 알고리즘의 발전이 중요함을 시사한다.

둘째, LLM은 데이터 통합의 새로운 방식을 제시했다. 기존에는 정형화된 데이터를 주로 다뤘다면, LLM은 SNS, 뉴스, 문서 등 다양한 형태의 비정형 텍스트 데이터를 효과적으로 처리할 수 있게 되었다.

셋째, LLM은 데이터 처리와 활용의 시간적 범위를 확장했다. 방대한 데이터를 학습하고 실시간으로 언어를 생성하는 LLM의 능력은, 데이터의 속도에 대한 기존 인식을 바꾸어 놓았다.

넷째, LLM은 데이터 윤리와 신뢰성에 대한 새로운 과제를 제시하고 있다. LLM이 생성한 텍스트가 사실인지, 가치 있는 정보인지 판단하는 것이 중요해졌다. 이는 데이터의 진실성을 넘어, 활용 목적에 부합하는 '유의미한 데이터'에 대한 고민으로 이어진다.

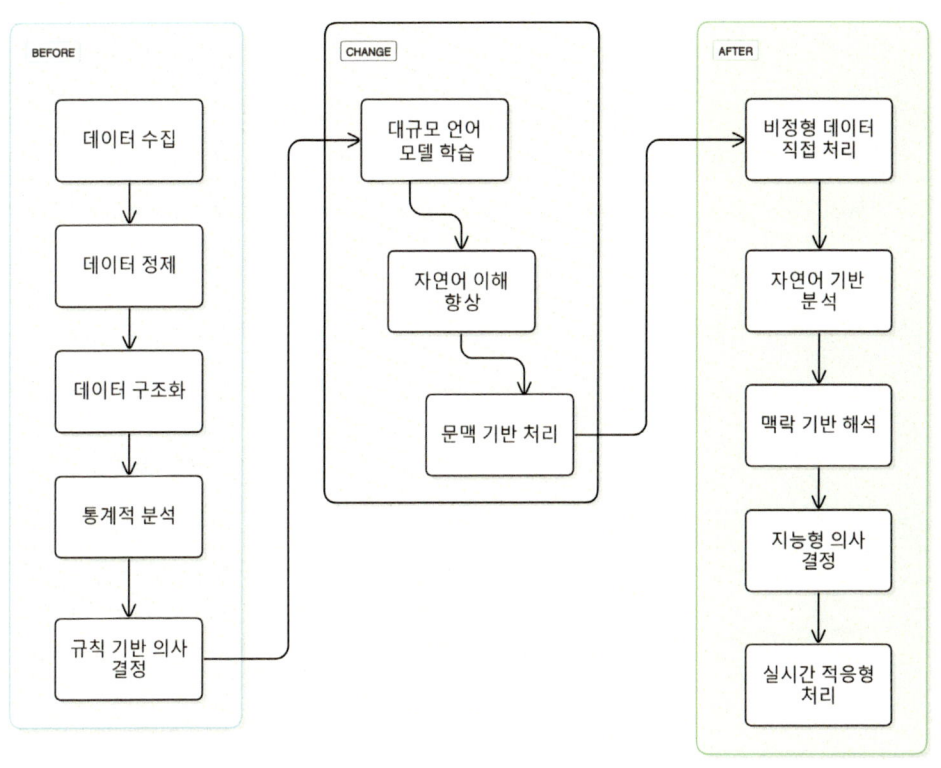

LLM의 등장에 따른 빅데이터 패러다임의 변화

LLM의 내재적 할루시네이션, 즉 일부 숫자만 바뀐다거나 출처가 바뀐 경우 이러한 과제의 중요성을 더욱 부각시킨다. 지난해 3월 미국 맨해튼 연방법원에서도 변호사 두 명이 GPT로 조사한 판례를 제출했다가, 실존하지 않는 사건인 게 드러나며 징계를 받은 사건이나 챗GPT가 실존하는 학술지와 실존인물의 이름을 빌려 디지털 인증번호까지 위조한 허위 논문을 생성한 사례 등은 이러한 문제의 심각성을 보여준다. 이러한 변화는 빅데이터를 바라보는 관점의 전환이 필요함을 시사한다. 기존의 4V 개념을 단순히 확장하는 것이 아니라, 데이터 활용의 새로운 패러다임을 제시하는 것이다. LLM으로 대표되는 인공지능 기술의 발전은 단순히 데이터의 양적 증가를 넘어, 데이터 활용의 질적인 변화를 가져오고 있다. 따라서 우리는 데이터의 규모, 다양성, 속도, 진실성을 고려하되, 이를 알고리즘의 발전, 윤리적 고려사항, 그리고 궁극적인 활용 목적의 관점에서 재해석해야 한다. 이는 데이터 기반 의사결정과 혁신을 추구하는 모든 조직에게 새로운 도전이자 기회가 될 것이다.

LLM 핵심 원리와 빅데이터의 융합

LLM의 등장은 자연어 처리 분야에 혁신을 불러일으켰다.

이는 기존의 언어 모델과는 차원이 다른 성능과 가능성을 보여주었기에 학계와 산업계의 이목을 집중시켰다. LLM은 방대한 규모의 텍스트 데이터를 학습하여 언어의 패턴과 의미를 깊이 있게 이해하고, 문맥에 맞는 자연스러운 언어를 생성해 낼 수 있게 되었다. LLM의 핵심 원리는 바로 '어텐션 메커니즘Attention Mechanism'이다. 어텐션 메커니즘은 입력 시퀀스의 각 단어 간 연관성을 파악하고, 이를 바탕으로 중요도를 계산하여 가중치를 부여하는 방식이다. 이를 통해 모델은 문장 내 단어들 사이의 복잡한 관계를 이해하고, 장기 의존성을 포착할 수 있게 된다. 특히, 어텐션 메커니즘은 모든 입력 단어 간의 관계를 한 번에 계산할 수 있어, 기존의 순차적 처리 방식보다 효율적으로 장기 의존성을 처리하는 데 유리하다. 또한, 다중 헤드 어텐션Multi-head Attention을 활용하여 입력 시퀀스의 다양한 측면을 병렬적으로 처리함으로써 언어의 뉘앙스를 보다 정교하게 표현할 수 있다. 다중 헤드 어텐션은 여러 개의 어텐션을 병렬로 계산하여, 문맥 내 다양한 패턴을 동시에 학습할 수 있도록 돕는다. 이를 통해 모델은 특정 문맥에 한정되지 않고, 더 풍부한 정보를 바탕으로 언어를 이해하고 생성할 수 있다.

LLM의 또 다른 특징은 병렬 처리 능력이다. 기존의 순환 신경망RNN이나 장단기 메모리LSTM 모델은 입력 시퀀스를 순차적으로 처리해야 했기에 긴 시퀀스를 다루는 데 한계가 있었다. 반면, LLM은 입력 시퀀스를 병렬로 처리할 수 있어 대규모 데이터를 효율적으로 다룰 수 있다. 이는 Transformer 구조 덕분이며, 어텐션 메커니즘의 병렬 처리 특성을 최대한 활용하여 성능을 극대화한다. 이러한 LLM의 강력한 성능은 자연어 처리뿐만 아니라 이미지, 오디오 등 다양한 분야로 확장되어 활용되고 있다. LLM은 다양한 형태의 데이터를 통합적으로 이해하고 처리할 수 있어, 여러 산업에서 혁신적인 기술로 자리 잡고 있다.

LLM을 빅데이터와 결합하기 위해서는 데이터의 품질과 다양성이 무엇보다 중요하다. 데이터의 품질 측면에서, 정확성, 완전성, 일관성, 적시성, 유효성, 유일성 등을 갖춘 고품질의 데이터는 LLM이 언어의 복잡성과 뉘앙스를 학습하는 데 필수적이다. 동시에, 다양한 도메인과 주제를 아우르는 데이터의 다양성은 모델의 일반화 능력을 높이는 중요한 요소이다. 이로 인해 모델은 특정 주제에 국한되지 않고, 다양한 상황과 문맥에서도 유연하게 작동할 수 있다.

데이터 전처리 과정에서는 데이터 정제, 정규화, 구조화 등을 통해 대규모 데이터셋을 최적의 형태로 가공하는 것이 중요하다. 고품질의 데이터를 확보하고, 이를 적절하게 처리하는 것은 LLM의 성능을 극대화하는 핵심 과정이다. LLM을 대규모 데이터에 적용하기 위해서는 분산 학습 기법과 최적화 기법이 필수적이다. 데이터를 분할하여 여러 대의 머신에서 병렬로 처리하는 분산 학습 방식은 학습 시간을 대폭 단축시킬 수 있다. 그레이디언트 체크포인팅Gradient Checkpointing, 혼합 정밀도 학습Mixed Precision Training 등의 최적화 기법은 연산 자원을 효율적으로 활용하여 학습 속도를 가

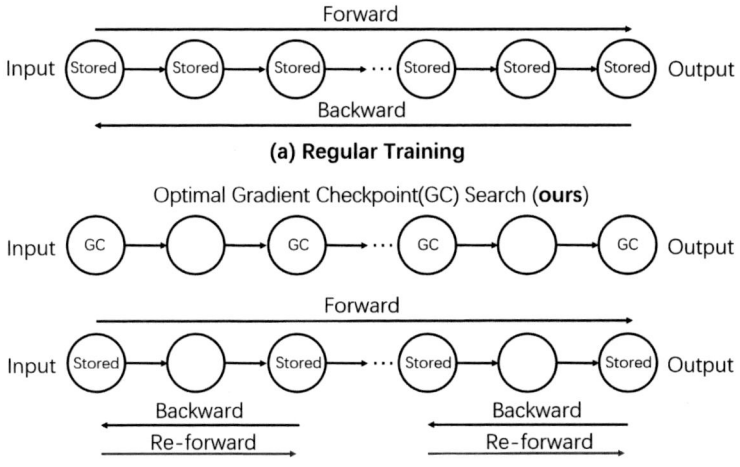

Gradient Checkpoint / 출처 : Papers With Code

속화한다. 또한 병렬 처리에 최적화된 모델 아키텍처를 설계하는 것도 중요한 요소이다.

LLM과 빅데이터의 융합은 데이터 분석과 패턴 인식 분야에서 새로운 지평을 열어줄 것이다. 방대한 양의 데이터를 다룰 때, LLM은 단순히 데이터 요약과 인사이트 추출에서 그치는 것이 아니라, 그 속에서 숨겨진 패턴을 발견하고 중요한 관계를 파악하는 데 뛰어난 성능을 발휘한다. 이를 통해 분석가들은 복잡한 데이터를 보다 쉽게 해석하고, 정보에 기반한 의사결정을 내릴 수 있게 된다. 특히, LLM을 활용한 감성 분석은 기업들이 방대한 텍스트 데이터에서 고객의 의견과 선호도를 더욱 정교하게 파악할 수 있게 해줄 것이다. 또한, LLM은 데이터 속의 복잡한 관계와 패턴을 기반으로 높은 정확도의 예측 모델을 생성할 수 있다. 이는 다양한 산업 분야에서 데이터 기반 의사결정을 가능하게 하며, 의료 분야에서는 의료 기록과 영상 데이터를 분석하여 정확한 진단과 맞춤형 치료 계획 수립을 지원할 수 있다. 더 나아가, 스마트 감시 시스템에서도 LLM은 시각 데이터와 통합되어 실시간 위협 탐지와 사건 대응 능력을 강화함으로써 보안 시스템의 효율성을 높일 수 있다. LLM의 이러한 강점은 다양한 산업 전반에 걸쳐 데이터 활용의 혁신을 가져올 것이다. LLM과 빅데이터의 융합은 콘텐츠 생성 분야에도 혁신을 가져올 것이다. 텍스트와 시각 데이터를 모두 활용하여 고품질의 기사와 보고서를 자동으로 생성할 수 있게 된다. 나아가 데이터 통합, 변환, 프로파일링 등 복잡한 데이터 관리 업무를 자동화하여 전반적인 데이터 품질을 개선할 수 있다. LLM과 빅데이터의 융합이 가져올 변화에 대비하기 위해서는 데이터 프라이버시와 보안, 모델 해석 가능성, 윤리적 고려 사항 등을 면밀히 살펴봐야 한다. LLM이 다루는 방대한 데이터에는 민감한 정보가 포함될 수 있기에 프라이버시 보호와 보안 유지가 최우선 과제이다. 또한 LLM이 어떤 근거로 특정 결론에 도달했는지 이해하는 것은 모델에 대한 신뢰와 책임성 확보를 위해 필수적이다. 연구자들은 LLM의 투명성과 해석 가능성을 높이기 위한 기법 개발에 주력해야 한다.

학습 데이터의 다양성은 LLM의 성공을 좌우하는 핵심 요소이다. 모델이 언어의 복잡성을 효과적으로 다루고 다양한 상황에서 일반화 능력을 발휘하기 위해서는, 다양한 출처의 데이터가 필수적이다. 개발자들은 단일 도메인에 치우치지 않은 다양한 데이터 소스를 적극적으로 발굴하고 통합하여, 인간 언어의 복잡성을 반영하는 포괄적인 LLM을 구축해야 한다. 이러한 데이터의 다양성은 모델의 성능뿐만 아니라, 모델이 처리하는 다양한 상황과 사용자 요구를 만족시키는 데에도 필수적이다. 하지만, LLM의 개발과 배포 과정에서 윤리적 고려 사항이 간과되어서는 안 된다. 학습 데이터의 편향성은 모델이 차별적인 결과를 초래할 수 있는 위험을 내포하고 있다. 따라서 연구자와 개발자들은 개발 초기 단계부터 윤리적 원칙과 지침을 적극 반영하여, LLM이 공정하고 책임감 있게 작동하도록 해야 한다. 데이터의 편향을 해결하고, 공정성을 보장하는 것이 LLM의 사회적 가치와 규범에 부합하는 방향으로 나아가는 중요한 책임이다. 우리는 현재 데이터 분석과 인지 컴퓨팅의 새로운 시대를 맞이하고 있다. LLM과 빅데이터의 융합은 산업 전반에 걸쳐 혁신을 가져올 것이며, 이전에는 상상할 수 없었던 통찰력과 가치를 제공할 것이다. 예를 들어, 의료, 금융, 교육 등 다양한 분야에서 LLM은 복잡한 문제를 해결하고, 효율성을 극대화하는 데 기여할 수 있다. 그러나 이와 함께 데이터 품질, 프라이버시, 해석 가능성, 그리고 윤리적 문제를 해결하는 것은 우리가 해결해야 할 중요한 과제로 남아 있다. 앞으로도 우리는 이러한 과제를 해결하는 과정에서 책임감을 가지고 나아가야 하며, 이를 통해 언어와 데이터가 완벽하게 통합된 지능형 시스템이 일상이 되는 미래를 맞이할 수 있을 것이다. 무한한 가능성이 우리 앞에 열려 있지만, 그 가능성을 실현하기 위해서는 지속적인 노력이 필요하다.

주요 LLM 모델 비교와 활용 사례

자연어 처리 분야의 혁신을 이끌어내고 있는 LLM은 빅데이터의 잠재력을 활용하는 획기적인 도구로 떠오르고 있다. LLM은 인간과 유사한 방식으로 텍스트를 이해하고 생성하는 탁월한 능력을 바탕으로 다양한 산업 분야에서 데이터 분석과 활용을 위한 무궁무진한 기회를 제공하고 있다. 이번 장에서는 대표적인 LLM 모델들의 주요 특징과 아키텍처를 살펴보고, 벤치마킹 연구에서의 성능을 탐구하며, 실제 빅데이터 워크플로우를 변화시킨 LLM 적용 사례들을 소개하고자 한다.

LLM의 세계는 다양한 접근 방식을 가지고 있으며, 각 모델은 고유한 강점과 학습, 토큰화, 어텐션 메커니즘에 대한 특성을 지닌다. 이 중에서 트랜스포머 아키텍처를 기반으로 구축된 GPT^{Generative Pre-trained Transformer} 모델은 방대한 양의 텍스트 데이터를 비지도 사전 학습을 통해 처리하며, 이를 통해 일관되고 문맥에 적합한 응답을 생성할 수 있는 능력으로 유명하다. GPT 모델은 서브워드 토큰화와 셀프 어텐션 메커니즘을 활용하여 텍스트 생성, 질의 응답, 감성 분석 등의 작업에서 뛰어난 성능을 발휘한다.

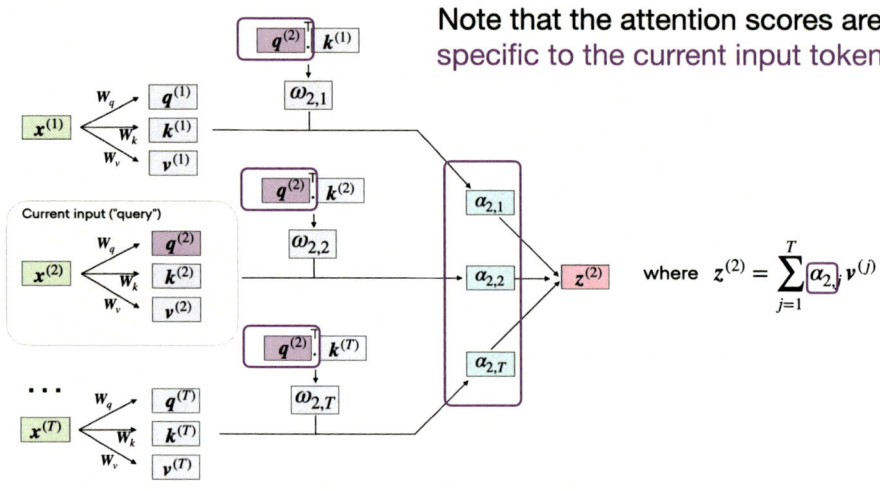

'셀프 어텐션(self-attention)' 메커니즘 / 출처 : 세바스찬 라슈카

한편, LLM의 다양한 모델 중 하나인 BERT^{Bidirectional Encoder Representations from Transformers} 모델은 GPT와는 다른 방식으로 텍스트를 처리한다. BERT는 트랜스포머 아키텍처를 기반으로 하지만, 선행 단어와 후행 단어 모두에서 문맥을 포착하기 위해 양방향 접근 방식을 사용한다. 이는 단순히 앞뒤 문맥을 모두 고려함으로써 텍스트 이해에 더 적합한 결과를 도출할 수 있게 한다. BERT 모델은 마스크 언어 모델링^{Masked Language Modeling}과 워드

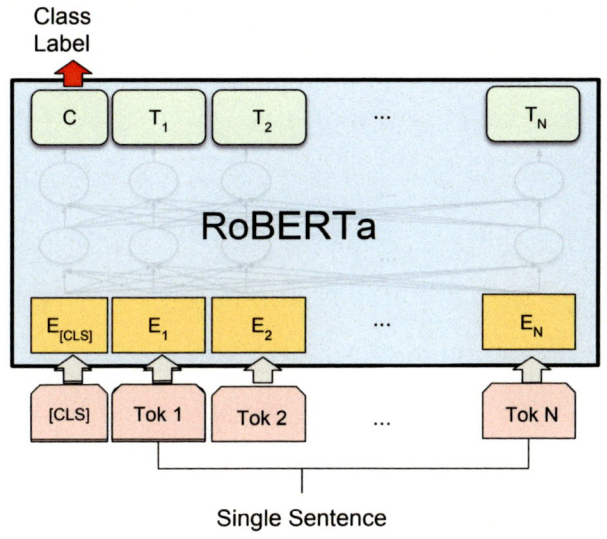

RoBERTa large SST / 출처 : Papers With Code

피스^{WordPiece} 토큰화를 사용하여 사전 학습되며, 이를 통해 미묘한 언어 구조를 이해하고 문맥에 적합한 표현을 생성하는 데 탁월한 성능을 보인다. 이 외에도, XLNet^{eXtreme Language Understanding}과 같은 모델은 모든 가능한 단어 순서를 고려하는 새로운 순열 기반 학습 방식을 도입하여, BERT의 양방향 접근 방식과 GPT의 자기회귀적 생성 방식을 결합한 형태로 더 높은 성능을 발휘한다. 또한, RoBERTa^{Robustly Optimized BERT Pretraining Approach}는 BERT의 개선판으로, 동적 마스킹, 더 큰 배치 크기, 더 광범위한 사전 학습 데이터셋 등을 통합하여 다양한 자연어 처리 작업에서 더욱 향상된 성능을 보여준다. 결론적으로, LLM의 세계는 GPT, BERT, XLNet, RoBERTa와 같은 다양한 모델로 구성되어 있으며, 각각의 모델이 자연어 처리 작업에서 독특한 강점과 특성을 발휘한다. 이러한 모델들은 모두 트랜스포머 아키텍처에 기반을 두고 있지만, 그 활용 방식과 목표에 따라 다른 방식으로 문맥 이해와 텍스트 생성에 기여하고 있다. 이러한 다양한 접근 방식은 LLM의 발전을 이끌며, 각 모델이 다양한 자연어 처리 작업에서 중요한 역할을 수행하고 있음을 보여준다.

인공지능 세계에서 LLM들은 끊임없이 진화하며 자연어 처리의 가능성을 확장해왔다. GPT, Claude, Gemini와 같은 첨단 모델들이 등장하며 인공지능의 능력을 새로운 차원으로 끌어올리고 있다. 이러한 LLM의 통합은 방대한 양의 비정형 데이터에서 가치 있는 통찰을 추출할 수 있도록 전통적인 빅데이터 워크플로우에 혁신을 가져왔다. 이러한 모델의 힘을 활용함으로써 조직은 데이터 기반의 의사 결정을 내리고, 운영 효율성을 개선하며, 향상된 고객 경험을 제공할 수 있게 되었다.

LLM의 진정한 역량을 평가하기 위해서는 표준 자연어 처리 데이터셋과 작업에 대한 성능을 비교하는 종합적인 벤치마킹 연구가 필수적이다. 최신 GPT, Claude, Gemini 등의 모델을 감성 분

Model	Architecture	Tokenization	Attention Mechanism	Pre-training Objective	Strengths
GPT	Transformer (Decoder)	Byte-Pair Encoding (BPE)	Self-Attention Unidirectional	Causal Language Modeling	Strong in text generation and autoregressive tasks.
BERT	Transformer (Encoder)	WordPiece	Self-Attention (Bidirectional)	Masked Language Modeling	Excels in text understanding and contextual -resentations.
XLNet	Transformer (Permutation-based)	SentencePiece	Self-Attention (Permutation-based)	Permuted Language Modeling	Combines advantages of GPT and BERT, capturing bidirectional context without masking.
RoBERTa	Transformer (Encoder)	WordPiece	Self-Attention (Bidirectional)	Dynamic Masked Language Modeling	Improved over BERT with better performance in text classification and QA tasks.

트랜스포머 기반 NLP 모델

석, 개체명 인식, 질의 응답, 텍스트 요약과 같은 작업에서 분석함으로써 이들의 상대적 강점과 고유한 특성에 대한 귀중한 통찰을 얻을 수 있다. 이러한 벤치마킹 연구 결과는 각 모델의 강점을 드러내고 있다. GPT 모델은 광범위한 지식 기반과 유연한 응답 생성에서, Claude는 세심한 지침 준수와 정확한 정보 처리에서, Gemini는 특히 Gemini 2.0 Flash의 등장과 함께 뛰어난 추론 능력과 다중 모달 처리 능력에서 각각 두각을 나타내고 있다. 이러한 최첨단 모델들의 지속적인 발전은 자연어 처리의 경계를 확장하는 데 있어 LLM의 엄청난 잠재력을 보여준다. 이러한 대표적인 모델들과 함께, 주목할 만한 새로운 진입자로 중국의 DeepSeek가 LLM 생태계를 더욱 다양화하고 있다. DeepSeek의 핵심은 Mixture-of-Experts (MoE) 기술에 있으며, 이 접근법을 통해 총 671억 개에 달하는 매개변수 중 필요한 37억 개만을 선택적으로 활성화하여 작업을 처리한다. 이러한 효율적인 아키텍처는 연산 비용을 획기적으로 절감하면서도, 코딩 능력을 평가하는 HumanEval에서 73.78%, 수학적 문제 해결 능력을 측정하는 GSM8K에서 84.1%라는 인상적인 성과를 달성했다. 특히 주목할 만한 점은 DeepSeek가 최첨단 모델에 비해 토큰당 비용을 95% 이상 절감했다는 사실이다. MIT 라이선스 하에 오픈소스로 공개된 DeepSeek는 비용 효율적인 LLM 활용을 추구하는 조직들에게 유망한 선택지를 제공한다.

학술적 벤치마크를 넘어 LLM은 다양한 산업 분야에서 빅데이터 워크플로우를 변화시키며 광범위한 실제 적용 사례를 찾아볼 수 있다. 고객 지원 분야에서는 LLM 기반의 챗봇과 가상 어시스턴트가 사용자 질의에 대한 정확하고 관련성 높은 답변을 제공함으로써 고객 경험을 향상시키고 있다. GPT 모델은 복잡한 질문에 대한 자연스러운 응답 생성에 뛰어나며, Claude는 세부적인 지침 준수와 안전성에서 강점을 보인다. DeepSeek와 같은 효율적인 모델은 비슷한 수준의 서비스를 더 경제적으로 제공할 수 있게 한다. 다양한 규모의 기업들이 이러한 모델들을 활용하여 고객 응대 시간을 단축하고, 지원 인력의 부담을 줄이며, 24시간 서비스 가용성을 제공하고 있다.

금융 서비스 분야에서는 LLM을 활용하여 사기 탐지, 금융 문서 분석, 복잡한 규제 이해 등에 활용하고 있다. 특히 Claude와 GPT는 복잡한 금융 문서의 이해와 요약에 강점을 보이며, Gemini 2.0 Flash는 놀라운 속도와 다중 모달 데이터 처리 능력을 통해 차트와 표가 포함된 금융 보고서의 실시간 분석에 탁월한 성능을 발휘한다. 금융 기관들은 이러한 모델들을 통해 투자 보고서를 자동으로 생성하고, 시장 동향을 분석하며, 고객별 맞춤형 금융 조언을 제공하는 시스템을 구축하고 있다. 특히 규제 준수와 관련된 문서 처리에서 LLM은 인간 분석가의 시간을 크게 절약해주고 있다.

엔터테인먼트 산업은 LLM을 활용하여 개인화된 콘텐츠 추천 엔진, 대본 작성 지원, 시청자 피드백 분석 등을 수행하고 있다. LLM을 통해 대규모 비정형 데이터에서 지식을 자동으로 추출하는 것이 가능해졌으며, 복잡한 문서를 구조화되고 접근 가능한 형식으로 변환할 수 있게 되었다. 스트리밍 서비스 제공업체들은 시청자의 취향을 더 정확하게 파악하고 콘텐츠 추천의 정확도를 높이기 위해 LLM을 활용하고 있으며, 콘텐츠 제작사들은 시장 트렌드를 분석하고 시나리오 개발에 LLM의 창의적 입력을 활용하고 있다.

시장 조사와 분석 분야에서는 LLM의 고객 피드백 분석, 감성 식별, 트렌드 예측, 실행 가능한 통찰 생성 능력을 활용하고 있다. 이러한 작업에서 GPT와 Claude는 복잡한 텍스트 데이터 분석에 뛰어난 성능을 보이며, DeepSeek의 비용 효율성은 대규모 데이터 분석을 필요로 하는 기업들에게 경제적인 대안을 제공한다. 소셜 미디어 모니터링, 제품 리뷰 분석, 경쟁사 인텔리전스 수집 등의 작업이 LLM을 통해 자동화되고 있으며, 이를 통해 기업은 시장 변화에 더 빠르게 대응할 수 있게 되었다.

의료 분야에서는 LLM을 통해 환자 기록 분석, 임상 노트 해석, 의학 문헌 요약 등을 수행하여 생명의학 연구와 환자 치료에 도움을 주고 있다. 이러한 응용은 정확성과 효율성 모두가 중요한 영역이다. Claude는 윤리적 고려사항과 개인정보 보호에 강점을 보이며, GPT 모델은 방대한 의학 지식 기반을 활용한 정보 제공에 뛰어나다. 의료 전문가들은 최신 의학 연구를 빠르게 검토하고, 진단 지원을 받으며, 환자 기록을 효율적으로 관리하기 위해 LLM을 활용하고 있다. 특히 희귀 질환 연구에서 LLM은 분산된 문헌에서 관련 정보를 신속하게 수집하는 데 큰 도움이 되고 있다.

교육과 학습 분야에서는 LLM을 활용하여 개인화된 학습 자료 제공, 자동 채점, 학습 격차 식별 등이 이루어지고 있다. 다양한 LLM 모델들은 각자의 강점을 활용하여 맞춤형 교육 경험을 제공하고, 교육자들의 커리큘럼 계획을 효과적으로 지원할 수 있다. 학생들은 LLM을 통해 즉각적인 피드백을 받고, 개념에 대한 명확한 설명을 요청하며, 자신의 학습 속도에 맞는 도전 과제를 제공받을 수 있다. 교육 기관들은 LLM을 통해 학습 자료를 다양한 수준으로 조정하고, 다국어 지원을 제공하며, 학습 분석을 개선하고 있다.

소프트웨어 개발 분야에서는 LLM의 코드 생성 및 디버깅 능력이 개발 시간을 크게 단축시키고 있다. GPT는 다양한 프로그래밍 언어에 걸친 강력한 코드 생성 능력을 보이며, DeepSeek는 효율적인 아키텍처를 통해 유사한 코딩 작업을 최대 40% 빠르게 수행할 수 있다. Gemini 2.0 Flash는 복잡한 알고리즘 설계와 최적화에 특화된 강점을 보이며, 특히 빠른 응답 시간과 정확한 코드 생성 능력으로 실시간 개발 지원에 탁월하다. 개발자들은 LLM을 활용하여 코드 문서화, 리팩토링 제안, 버그 식별, 테스트 케이스 생성 등의 작업을 수행하고 있다. 이를 통해 개발 주기가 단축되고 코드 품질이 향상되며 개발자 생산성이 크게 증가하고 있다.

여행 및 호텔 산업에서는 LLM을 통해 여행 계획 수립, 예약 지원, 개인화된 추천 등의 서비스를 제공하고 있다. 이는 고객 경험을 크게 향상시키는 동시에 운영 효율성을 높인다. 다양한 LLM들은 자연어 이해와 맥락 파악 능력을 통해 복잡한 여행 요구사항을 처리하고 최적의 솔루션을 제안할 수 있다. 여행사와 호텔 체인은 LLM을 통해 고객 문의에 즉시 응답하고, 맞춤형 여행 일정을 제안하며, 현지 정보와 추천 사항을 제공하여 고객 만족도를 높이고 있다.

LLM 분야가 계속 진화함에 따라 데이터 전문가들은 최신 기술 발전과 모범 사례를 파악하는 것이 중요하다. 다양한 LLM 아키텍처의 복잡성, 성능 특성, 실제 적용 사례를 이해함으로써 실무자들은 이러한 강력한 도구를 효과적으로 활용하여 빅데이터의 잠재력을 최대한 발휘할 수 있다. 최신 GPT, Claude, Gemini와 함께 DeepSeek가 등장한 현재의 LLM 생태계는 다양성과 혁신이 공존하는 풍요로운 환경이 되었다. 각 모델은 고유한 강점과 특성을 가지고 있으며, 특정 응용 분야와 요구 사항에 따라 최적의 선택이 달라질 수 있다.

GPT 모델은 광범위한 지식과 유연한 생성 능력에서 우수하며, 특히 창의적 작문과 복잡한 대화 처리에 강점을 보인다. Claude는 지침 준수와 윤리적 고려에 강점을 보이며, 민감한 정보를 다루는 응용 분야에서 높은 신뢰성을 제공한다. Gemini는 다중 모달 능력과 복잡한 추론에서 발전을 이루고 있으며, 이미지와 텍스트를 함께 처리해야 하는 작업에 적합하다. DeepSeek는 효율성과 비용 효과적인 배포에 초점을 맞추고 있어, 자원이 제한된 환경이나 대규모 배포 시나리오에서 매력적인 옵션이 된다.

LLM 시대에는 데이터 분석과 활용을 위한 무한한 가능성이 열려 있다. 이러한 혁신적인 기술을 받아들이고 전략적으로 적용함으로써 조직은 경쟁 우위를 확보하고, 혁신을 주도하며, 각 산업의 미래를 형성해 나갈 수 있다. LLM 시대의 데이터 전문가가 되기 위한 여정은 이러한 모델과 빅데이터에 미치는 광범위한 영향에 대한 깊은 이해로부터 시작된다. 빠르게 발전하는 이 분야에서 지속적인 학습과 적응은 필수적이며, 각 모델의 강점을 이해하고 적절히 활용하는 능력이 미래의 성공을 결정짓는 핵심 요소가 될 것이다.

LLM이 가져온
빅데이터 처리의 변화상

최근 대규모 언어 모델의 등장은 빅데이터 처리 분야에 혁신을 가져왔다. LLM은 인상적인 자연어 이해와 생성 능력을 바탕으로 방대한 양의 데이터를 수집, 저장, 분석하는 방식을 변화시킬 잠재력을 가지고 있다. 이 장에서는 데이터 전처리 자동화, 데이터 융합 및 통합 향상, 실시간 데이터 처리 아키텍처라는 세 가지 핵심 영역에 초점을 맞추어 빅데이터 세계에서 LLM이 가져온 심오한 변화를 탐구한다.

데이터 전처리 자동화

데이터 전처리는 모든 빅데이터 분석 파이프라인의 중요한 첫 단계로, 오랫동안 시간과 노동을 갈아 넣어야 하는 작업이었다. LLM의 출현으로 이 과정은 상당한 변화를 겪고 있다. LLM은 데이터 정제, 정규화, 특성 추출과 같은 다양한 데이터 전처리 작업을 자동화할 수 있는 능력을 가지고 있다.

LLM은 고급 자연어 이해 기능을 활용하여 데이터의 부정확성과 불일치를 효과적으로 식별하고 수정할 수 있으며, 데이터의 형식과 구조의 일관성을 보장한다. 또한 LLM은 머신러닝 모델이 패턴과 관계를 학습하는 데 중요한 관련 특성을 데이터에서 식별하는 특성 추출에 탁월하다. 이 과정에는 텍스트를 더 작은 단위로 분해하는 토큰화와 같은 기술이 포함된다.

LLM을 사용한 데이터 전처리 작업의 자동화는 효율성 향상, 정확도 향상, 생산성 증대 등 여러 이점을 제공한다. 대량의 데이터를 신속하고 정확하게 처리함으로써 데이터 준비에 필요한 시간과 노력을 크게 줄일 수 있다. 그러나 LLM은 전통적인 데이터 정제 방법을 완전히 대체할 수는 없다. 특히 구조화된 숫자 데이터를 처리하거나 대규모 데이터를 효율적으로 관리하는 데는 전통적인 방법이 더 적합하다. 두 방법의 강점을 결합한 하이브리드 접근법이 데이터 품질을 높이는 데 가장 효과적이다.

자동화된 데이터 추출	소프트웨어 엔지니어링	데이터 분석
이름, 위치, 조직 등 관련 데이터를 텍스트에서 추출	코드 생성, 버그 수정, 시스템 최적화 자동화	감성 분석, 개체 인식, 주제 모델링 등 심층 통찰력 제공

LLM의 데이터 전처리 적용 분야

데이터 융합 및 통합 향상

데이터 융합과 통합은 빅데이터 분석에서 필수적인 프로세스로, 조직이 여러 출처의 데이터를 결합하고 분석하여 포괄적인 이해를 얻을 수 있게 해준다. LLM은 다양한 데이터 소스에서 관계와 상관관계를 식별하는 능력으로 이 프로세스를 크게 향상시킬 수 있다. LLM의 핵심 기능은 고객 리뷰, 소셜 미디어 게시물, 설문 응답과 같은 다양한 출처의 방대한 양의 비정형 텍스트 데이터를 처

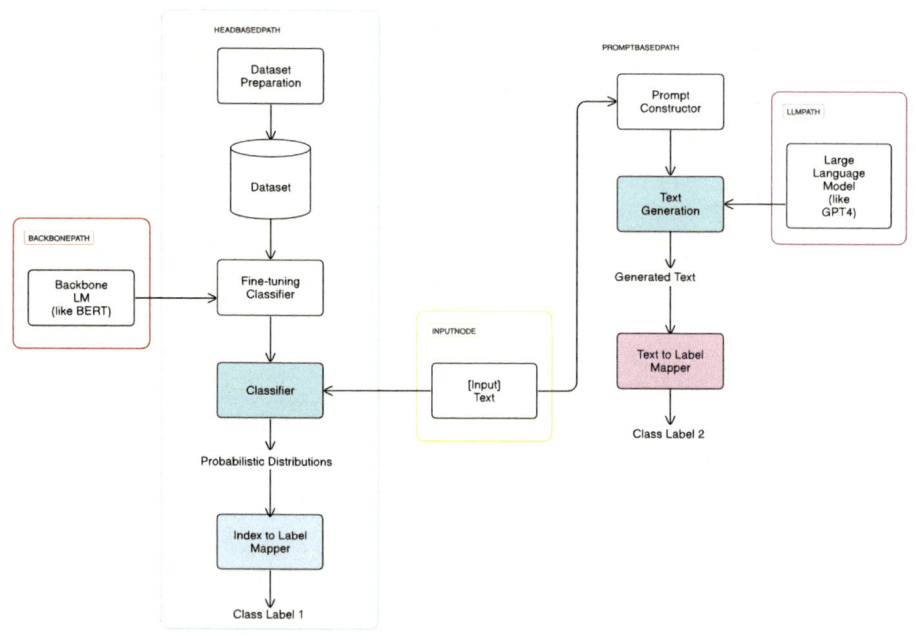

LLM 기반 데이터 융합 및 통합 프로세스

리하고 분석할 수 있는 능력이다. 가치 있는 통찰력을 추출하고 패턴을 식별함으로써 LLM은 주요 발견 사항과 추세를 강조하는 상세 보고서 및 요약을 생성할 수 있다.

LLM은 학습 데이터에서 방대한 양의 지식을 저장하고 통합할 수 있어 여러 출처의 정보를 종합하여 의미 있고 일관된 방식으로 제시할 수 있다. 이러한 지식 통합 능력은 LLM이 복잡한 작업을 더 단순한 구성 요소로 분해하고 각 부분을 순차적으로 처리할 수 있게 해준다. LLM의 적응성과 다재다능함은 다양한 영역에서 데이터 융합 작업에 적합하다. LLM은 최소한의 추가 학습으로 특정 작업에 미세 조정될 수 있으며, 자연어 처리 작업, 자율 주행, 로봇

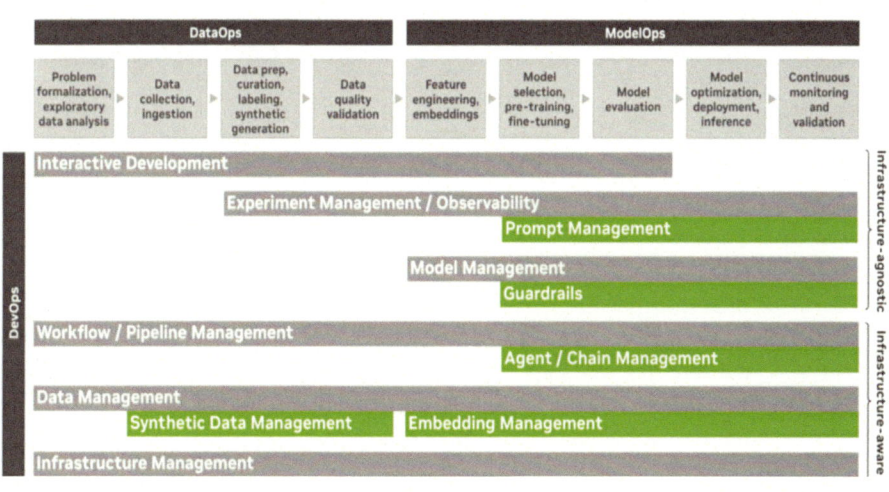

핵심 MLOps(회색) 및 GenAIOps 기능(녹색)을 보여주는 엔드투엔드 머신 러닝 수명주기 / 출처 NVIDIA DEVELOPER

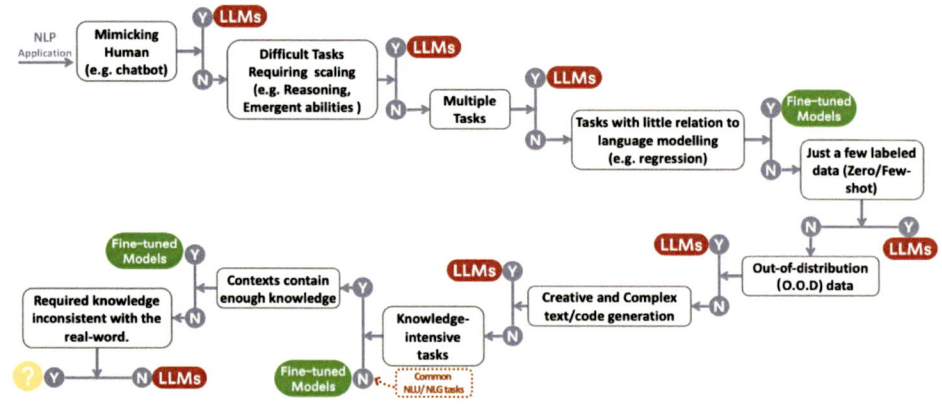

미세 조정과 소수 샷 LLM을 결정하는 방법에 대한 흐름도
/ 출처 OSCAR AI

작업 계획, 지식 집약적 작업 등 다양한 영역에 적용될 수 있다.

기술이 발전함에 따라 LLM은 문맥, 풍자, 관용구와 같은 언어적 뉘앙스를 더 잘 인식하고, 다국어 기능을 확장하여 글로벌 운영과 상호 문화 분석을 용이하게 할 것이다. 그러나 투명성과 공정성

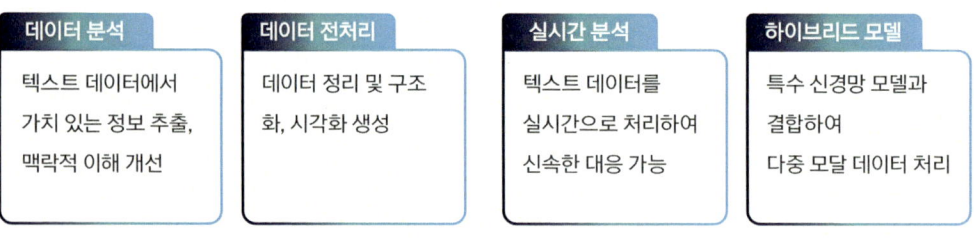

데이터 융합에서 LLM의 적용 분야

을 보장하기 위해 윤리적 고려 사항과 잠재적 편향을 해결하는 것이 중요하다.

실시간 데이터 처리 아키텍처

LLM을 실시간 데이터 처리 아키텍처에 통합하면 스트리밍 데이터의 잠재력을 열어주어 지능형 데이터 필터링, 이상 탐지 및 패턴 인식을 가능하게 한다. 이러한 통합은 다양한 산업 전반에 걸쳐 실시간 통찰력과 의사 결정 능력을 제공한다. 이 때 핵심 요소는 맥락 분석과 패턴 인식이다. LLM은 데이터를 처리할 때 각 데이터가 발생한 상황을 파악하여 이상을 탐지하고 패턴을 인식할 수 있다. 이는 높은 볼륨, 속도, 다양성을 지닌 스트리밍 데이터를 처리하는 데 특히 유용하다.

분산 시스템에서는 LLM이 개별 마이크로서비스와 상호작용을 모니터링하여 안정성을 보장한다. 트랜잭션 스트림 처리[TSP]와 LLM 관리의 통합은 집중적인 동시 스트림 처리에서 지연 시간을 줄이고 확장성을 높일 수 있다. 그러나 실시간 데이터 처리에 LLM을 구현하는 데는 자원 및 인프라 요구[학습과 실시간 처리에 상당한 연산 능력과 저장 용량 필요], 데이터 프라이버시와 보안[민감한 데이터 처리 시 보안 조치와 접근 제어 필수], 모델 성능 모니터링[정확도와 신뢰성을 보장하기 위한 지속적인 평가 필요] 등과 같은 과제가 있다 미래에는 LLM과 실시간 데이터 처리 아키텍처의 통합이 에지 컴퓨팅과 사물인터넷IoT의 확산과 함께 더욱 중요해질 것이다. LLM을 에지 디바이스에 배포함으로써 데이터를 소스에 더 가깝게 처리하여 지연 시간을 줄이고 실시간 의사 결정을 가능하게 할 것이다.

대규모 언어 모델은 데이터 전처리 자동화, 데이터 융합 및 통합 향상, 실시간 데이터 처리 아키텍처 구축을 통해 빅데이터 세계에 상당한 변화를 가져오고 있다. LLM의 자연어 이해 및 생성 능력을 활용함으로써 조직은 데이터 준비 프로세스를 간소화하고, 다양한 소스의 데이터를 통합하며, 실시간으로 통찰력을 도출할 수 있다. LLM 기술이 계속 발전함에 따라 데이터 처리의 효율성과 정확성이 향상되고, 더 복잡한 데이터 세트를 다룰 수 있으며, 다양한 산업 분야에서 혁신적인 애플리케이션이 등장할 것으로 기대된다. 이러한

> **맥락 분석의 예**
>
> **자연어 처리**: LLM은 텍스트의 앞뒤 문맥을 고려하여 단어의 의미를 이해
>
> *예: "은행"이라는 단어가 금융기관인지 강가인지 구분*
>
> **이상 탐지**: 데이터가 발생한 상황을 이해하여 정상적인지 이상이 있는지 판단
>
> 실시간 이상 탐지는 LLM이 순차 데이터를 분석하여 비정상적인 패턴을 탐지하는 분야이다. 이 기능은 금융, 제조, 에너지와 같이 지속적인 모니터링이 필요한 산업에 특히 유용하다. LLM은 또한 방대한 양의 로그 데이터를 검토하여 이상을 식별하고 분류할 수 있다.

잠재력을 실현하기 위해서는 확장성, 데이터 프라이버시, 윤리적 고려 사항 등의 과제를 해결해야 한다.

빅데이터와 LLM의 교차점에 있는 기회와 도전 과제를 이해함으로써, 조직은 경쟁 우위를 확보하고 데이터 기반 의사 결정을 향상시키기 위해 이 기술을 전략적으로 활용할 수 있을 것이다. 새로운 통찰력을 발견하고, 프로세스를 최적화하며, 고객 경험을 향상시키는 LLM의 능력은 데이터 중심 조직의 미래에 중요한 역할을 할 것이다.

빅데이터와 LLM 융합의 선도

빅데이터와 LLM의 융합은 산업계에 혁신을 가져왔다. 기업들은 이러한 기술을 활용하여 운영 방식을 변화시키고 의사 결정 과정을 개선하고 있다. 이를 통해 성장, 효율성, 혁신을 위한 전례 없는 기회를 열어가고 있다. 이 장에서는 빅데이터와 LLM 융합의 주요 사례와 교훈을 살펴보고, 이 강력한 조합이 가진 엄청난 가치와 잠재력을 입증하고자 한다.

방대한 양의 데이터에 기반한 의사 결정, 유례없는 속도와 정확성으로 패턴과 통찰력을 발견하는 세상을 상상해 보라. 이는 빅데이터와 LLM의 통합으로 실현 가능한 현실이다. LLM의 대규모 연산 능력과 고도화된 자연어 처리 역량을 활용하여 조직은 데이터에서 의미 있는 통찰력을 추출할 수 있다. 이를 통해 데이터 기반 의사 결정을 내리고 경쟁에서 앞서 나갈 수 있다. 빅데이터와 LLM 융합이 심오한 영향을 미친 가장 중요한 영역 중 하나는 의료 산업이다. 의료 기록, 영상 스캔, 유전 정보 등 방대한 양의 환자 데이터를 분석함으로써 LLM은 조기 질병 감지, 개인 맞춤형 치료 계획 수립, 신약 개발을 지원할 수 있다. 실제로 한 선도적인 의료 서비스 제공업체는 LLM 기반 시스템을 도입하여 만성 질환 발병 고위험군 환자를 식별했다. 이러한 선제적 접근 방식은 환자 결과를 개선하고 의료 비용을 절감하는 데 기여했다.

금융 부문에서도 빅데이터와 LLM의 통합은 위험 관리와 사기 탐지에 혁신을 가져왔다. 대규모 금융 거래 데이터셋으로 LLM을 학습시킴으로써 금융 기관은 의심스러운 활동과 잠재적 위험을 실시간으로 식별할 수 있다. 이는 손실을 방지하고 고객의 자산을 보호하기 위한 신속한 조치를 취할 수 있게 해준다. 더불어 LLM은

구분		h-well(국민건강보험)	건강보험심사평가원	SSIS(한국사회보장정보원)
대상		전국민	병의원 이용 국민	특정 사업대상 국민
행정		자격관리(출생, 가주지, 사망, 징수 등)	-	자격관리(출생, 가주지, 학력, 징수 등)
		건강보험료(재원조성, 재산산정 등)	-	수급관리(금액, 기초연금, 소득재산 등)
진료		청구자료(성별, 진료행위, 처방내역 등)	청구자료(성별, 진료행위, 처방내역 등)	보건소 EMR 정보
		의료자원(의료기관 시설인력정보 등)	의료자원(의료기관 시설인력정보 등)	진료정보교류사업(참여의료수용 등)
		환자분류체계(입원의료 환자분류체계)	환자분류체계(입원의료 환자분류체계)	-
		비급여(비급여 항목카드 유형)	비급여(비급여 항목)	-
평가		-	의료질평가(의료기관별 평가결과)	-
예방		건강검진(예방접종, 암검진, 영유아검진 등)	-	-
특정대상		노인장기요양(등급판정, 요양기관 등)	-	보육관련(어린이집현황, 아동현황 등)

보건 빅데이터의 종류

시장 동향, 뉴스 기사, 소셜 미디어 감성을 분석하여 투자 결정에 유용한 통찰력을 제공함으로써 금융 기관에 경쟁 우위를 제공한다. 전자상거래 업계 역시 빅데이터와 LLM 융합 덕분에 상당한 변화를 목격했다. 고객의 웹 탐색 이력, 구매 패턴, 소셜 미디어 상호작용 등의 데이터를 분석하여 LLM은 개인화된 상품 추천, 최적화된 가격 전략, 고객 참여 개선을 제공할 수 있다. 한 선도적인 온라인 소매업체는 LLM 기반 추천 시스템을 도입하여 고객 데이터를 분석, 매우 적절한 상품을 제안했고 그 결과 매출과 고객 만족도가 크게 향상되었다. 그러나 빅데이터와 LLM 융합의 성공적인 구현에는 어려움도 있다. 가장 주된 우려 사항 중 하나는 데이터 프라이버시와 보안이다. 조직이 방대한 양의 민감한 데이터를 수집하고 처리함에 따라 견고한 데이터 거버넌스 체계를 수립하고 엄격한 개인정보 보호 규정을 준수하는 것이 중요하다. 또한 LLM의 정확한 작동을 위해서는 데이터 품질과 무결성을 보장하는 것이 필수적이다. 불일치, 불완전 또는 편향된 데이터는 부정확한 예측과 잘못된 의사 결정으로 이어질 수 있다. 또 다른 도전 과제는 LLM의 해석 가능성과 투명성에 있다. 이러한 모델이 점점 더 복잡해짐에 따라 예측 결과에 도달하는 과정을 이해하기 어려울 수 있다. 이러한 투명성 부족은 특히 의료, 금융과 같은 민감한 영역에서 편향성과 공정성에 대한 우려를 제기할 수 있다. 이를 해결하기 위해 조직은

LLM 예측의 근거가 되는 추론에 대한 통찰력을 제공하는 설명 가능한 AI 기술 개발을 우선시해야 한다. 이는 신뢰와 책임성을 증진시킬 것이다.

빅데이터와 LLM 융합의 힘을 성공적으로 활용하기 위해서는 전략적이고 총체적인 접근 방식을 채택해야 한다. 이는 강력한 데이터 인프라에 투자하고, 숙련된 데이터 과학자와 AI 전문가를 유치 및 유지하며, 조직 전반에 데이터 중심 문화를 조성하는 것을 포함한다. 부서와 이해관계자 간의 협업은 LLM이 생성한 통찰력이 실행 가능한 전략과 이니셔티브로 효과적으로 전환되도록 하는 데 중요하다. 더불어 조직은 지속적인 학습과 적응을 우선시해야 한다. 기술이 발전하고 새로운 데이터 소스가 등장함에 따라 LLM의 정확성과 적절성을 유지하기 위해 정기적으로 업데이트하고 미세 조정하는 것이 필수적이다. 이는 지속적인 연구 개발에 대한 노력뿐만 아니라 변화와 혁신을 받아들이려는 의지가 필요하다. 빅데이터와 LLM의 융합은 산업 전반에 걸쳐 조직에 엄청난 잠재력을 지니고 있다. 이러한 기술의 힘을 활용함으로써 기업은 비할 데 없는 통찰력을 얻고, 데이터 기반 의사 결정을 내리며, 변혁적인 변화를 이끌 수 있다. 그러나 데이터 프라이버시, 투명성, 조직의 준비성과 관련된 과제들을 전략적인 사고방식으로 접근하는 것이 중요하다. 선도 사례의 성공과 교훈으로부터 배움으로써 조직은 빅데이터와 LLM 통합의 복잡성을 헤쳐나가고, 그 과정에서 성장과 혁신을 위한 새로운 기회의 문을 열 수 있을 것이다. 빅데이터와 AI 시대로 나아감에 따라 빅데이터와 LLM의 융합은 의심할 여지없이 비즈니스와 사회의 미래를 형성할 것이다. 이러한 융합을 수용하고 전략을 적절히 조정하는 이들은 점점 더 데이터 중심적인 세상에서 번영할 수 있는 위치를 차지하게 될 것이다. 빅데이터와 LLM의 힘을 활용함으로써 조직은 수익 향상뿐만 아니라 고객과 이해관계자의 삶에 긍정적인 영향을 미칠 수 있다. 결론적으로 빅데이터와 LLM 융합의 주요 사례와 교훈은 이 강력한 조합의 막대한 가치와 잠재력을 보여준다. 이러한 융합과 관련된 과제와 모범 사례를 이해함으로써 조직은 혁신, 효율성, 성장을 추진하기 위해 이러한 기술을 효과적으로 활용할 수 있다. 빅데이터와 AI의 새로운 지평을 계속 탐구해 나감에 따라 그 가능성은 진정으로 무한하며, 미래는 그 어느 때보다 밝아 보인다.

2장
지능형 데이터 수집과 전처리 기술

지능형 데이터 수집과 전처리 기술

빅데이터의 수집과 전처리는 정확한 분석과 현명한 의사결정을 위한 토대를 마련하는 중요한 단계이다. LLM의 시대에 접어들면서, 이러한 프로세스는 데이터 수집과 준비에 있어 보다 효율적이고 지능적이며 정교한 접근 방식을 가능하게 하는 커다란 발전을 이루었다.

복잡한 비즈니스 문제를 해결하기 위해 예측 모델을 구축해야 하는 데이터 과학자의 상황을 가정해 보자. 프로젝트의 성공 여부는 수집하고 전처리하는 데이터의 품질과 관련성에 달려 있다. 과거에는 수작업으로 데이터를 긁어모으고(스크래핑), 정리하고, 변환하는 데 수많은 시간이 소요되었을 것이다. 그러나 이제 LLM의 힘을 활용하면 이러한 프로세스를 간소화하고 진정으로 중요한 인사이트에 집중할 수 있게 되었다. LLM 기반의 데이터 크롤링과 스크래핑은 웹에서 데이터를 수집하는 방식에 혁신을 가져왔다. 이러한 고급 기술은 LLM의 능력을 활용하여 웹사이트를 지능적으로 탐색하고, 관련 정보를 추출하며, 복잡한 데이터 형식을 처리한다. GPT-Crawler와 Website Content Crawler와 같은 도구는 GPT-4o의 강점과 웹 크롤링을 결합하여, 가장 까다로운 웹 소스에서도 깨끗하고 구조화된 데이터를 추출할 수 있게 해준다. Scrapy, Beautiful Soup, Selenium과 같은 전통적인 도구는 다양한 크롤링 및 스크래핑 작업에 유연성과 확장성을 제공하며, 이러한 LLM 기반 접근 방식을 보완한다. LLM 기반 데이터 수집의 장점은 매우 많다. 대규모 데이터 획득부터 동적으로 로드되는 콘텐츠 처리에 이르기까지, 이러한 기술은 데이터 과학자가 전례 없는 효율성으로 풍부하고 다양한 데이터 세트를 수집할 수 있게 해준다. 그러나 데이터 출처 추적 및 추출된 정보의 정확성 보장과 같은 과제도 남아 있다. 이 분야가 발전함에 따라 연구자들은 이러한 한계를 해결하고 더욱 강력하고 신뢰할 수 있는 데이터 수집 도구를 만들기 위해 노력하고 있다. 데이터가 수집되면 LLM을 활용한 지능형 데이터 정제와 변환을 통해 진정한 마법이 시작된다. 더 이상 지루하고 수동적인 오류 탐지와 수정 작업은 필요 없다. LLM은 데이터 세트에서 컨텍스트 모델을 생성하여 인간 전문가와 견줄 만한 효과로 오류를 자동 식별하고 수정할 수 있다. Pandas와 DataHeroes와 같은 라이브러리는 결측값 처리, 중복 제거, 데이터 형식 표준화 등의 강력한 기능을 제공한다. LLM은 또한 데이터 통합과 보강enrichment에서도 탁월한 성능을 발휘하여, 여러 출처의 데이터를 원활하게 결합하고 추가적인 맥락과 통찰력으로 데이터 세트를 향상시킨다. 데이터 기반 강화기^{enhancers}와 LLM 지원 데이터 증강^{augmentation}과 같은 기법은 합성 데이터 세트^{synthetic datasets}를 생성하여, 인간이 주석을 달아야 하는 데이터에 대한 의존도를 줄이고 모델의 견고성을 개선한다. 지식 그래프^{knowledge graphs}와 의미론적 검색^{semantic search}과 같은 그래프 통합 기법은 데이터 검색 및 통합 기능을 더욱 향상시킨다.

    LLM 기반 데이터 전처리의 잠재적 응용 분야는 의료에서 금융에 이르기까지 광범위하다. 이러한 고급 기술을 활용함으로써 기업은 데이터 자산의 진정한 가치를 끌어내고, 더욱 정확한 분석과 현명한 의사결정을 이끌어낼 수 있다. 그러나 데이터 준비, 모델 한계, 확장성과 같은 과제는 데이터 전처리에서 LLM의 잠재력을 완전히 실현하기 위해 반드시 해결해야 한다. 미래를 내다보면, 데이터 과학 교육에 LLM을 통합하고 더욱 발전된 LLM 기능을 개발하는 것은 엄청난 가능성을 지니고 있다. 창의성, 비판적 사고, LLM 기반 프로그래밍 등을 아우르는 다양한 기술을 육성함으로써, 차세대 데이터 과학자들은 빅데이터 시대의 복잡한 도전 과제를 해결할 수 있는 역량을 갖추게 될 것이다.

웹 크롤링부터 IoT 센서까지, 데이터 수집의 진화

데이터 수집의 발전 과정은 웹 크롤링의 초창기부터 IoT 센서의 첨단 세계에 이르기까지 놀라운 변화를 겪어 왔다. 1990년대 후반, 인터넷은 여전히 초기 단계에 머물러 있었다. 웹사이트로부터 얻어내야 하는 정보가 많아짐에 따라 데이터를 체계적으로 수집하고 분석할 필요성이 점점 커졌다. 이를 해결하기 위해 웹 크롤러 또는 웹 스파이더라는 도구가 등장했다. 이 도구들은 웹 페이지를 탐색하고 색인화하며, 한 페이지에서 다른 페이지로 하이퍼링크를 따라가는 방식으로 웹을 자동으로 탐색했다. 이 과정을 통해 검색 엔진은 검색 결과를 구축하고 사용자에게 관련 정보를 제공할 수 있게 되었으며, 이는 인터넷 정보 접근의 효율성을 크게 향상시켰다. 하지만 크롤링만으로는 모든 문제를 해결할 수 없었다. 웹 크롤러가 방대한 양의 페이지를 수집하는 동안, 특정한 데이터를 추출하고자 하는 요구는 계속해서 증가했다. 이러한 필요성을 충족시키기 위해, 웹 크롤링과 함께 웹 스크래핑 기술이 발전하기 시작했다. 스크래핑은 크롤러가 가져온 웹 페이지에서 특정 데이터를 선별적으로 추출하는 데 중점을 두며, 더 정밀

AI를 이용한 크롤링 / 출처 : browse.ai

한 데이터 분석을 가능하게 했다. 인터넷이 계속 확장됨에 따라 웹사이트에서 특정 데이터를 추출하는 웹 스크래핑 기술이 발전했다. 웹 스크래핑은 소프트웨어나 스크립트를 사용하여 웹 페이지에서 자동으로 데이터에 접근하고 수집하는 과정을 말한다. 이렇게 수집된 데이터는 시장 조사, 경쟁 분석, 고객 피드백 등 다양한 목적으로 활용될 수 있다. 강력한 도구이지만, 도전 과제도 있다.

그 다음으로 등장한 것이 API $^{\text{Application Programming Interface}}$ 개념이다. API는 애플리케이션이 다른 시스템의 데이터나 기능에 접근하고 사용할 수 있도록 구조화되고 표준화된 방법을 제공함으로써 웹사이트에서의 데이터 수집을 혁신했다. API는 중개자 역할을 하여 개발자가 전체 웹사이트를 스크래핑하지 않고도 특정 데이터에 접근할 수 있게 해준다. API는 신뢰성, 속도, 서비스 약관 준수 등의 이유로 웹 스크래핑보다 선호되는 경우가 많다. 하지만 데이터 수집의 진화는 여기서 멈추지 않는다. 소셜 미디어 플랫폼과 모바일 기기의 등장으로 방대한 양의 사용자 생성 콘텐츠, 위치 데이터, 행동 통찰력이 제공되었다. 이러한 데이터는 마케팅, 연구, 건강 목적 등 다양한 분야에서 중요한 의미를 지닌다.

게시물, 댓글, 반응, 사진, 동영상 등의 사용자 생성 콘텐츠는 다양한 이슈에 대한 사용자의 인식과 행동 반응에 대한 귀중한 통찰력을 제공한다. 소셜 미디어 게시물을 분석하여 질병 예방 조치에 대한 대중의 태도를 이해하고, 논란이 되는 건강 주제에 대한 대중의 토론을 모니터링하며, 건강 관련 정책에 대한 대중의 지지도를 평가할 수 있다. 이 데이터는 타겟 참여 전략을 개발하고 실시간으로 대중의 요구에 맞춰 커뮤니케이션 접근 방식을 조정하는 데 사용될 수 있다. 모바일 기기의 위치 데이터는 사용자 행동과 선호도를 이해하고, 맞춤형 마케팅 전략을 수립하며, 사용자 참여 패턴을 추적하고, 공중 보건 커뮤니케이션의 효과를 분석하는 데 활용될 수 있다. 참여 지표, 도달 범위, 노출 수, 동영상 조회수 등의 행동 통찰력은 마케팅 전략을 개선하고, 효과적인 콘텐츠 형식을 파악하며, 소셜 미디어 캠페인의 성과를 추적하는 데 사용될 수 있다.

그러나 큰 힘에는 큰 책임이 따른다. 데이터 품질 보장, 개인 정보 보호 문제 해결, 방대한 데이터 처리 등은 중요한 과제이다. 소셜 미디어 플랫폼과 사용자 행동의 역동적인 특성상 데이터 수집 방법을 지속적으로 조정하고 개선해야 한다. 그리고 이제 우리는 사물인터넷IoT과 센서 데이터 수집의 시대에 살고 있다. 스마트 냉장고부터 원격 송유관의 센서에 이르기까지 IoT 기기는 방대한 양의 데이터를 생성하며, 이는 의사결정을 개선하고 헬스케어, 농업, 제조업 등 다양한 산업을 향상시키는 데 활용될 수 있다. IoT 데이터의 관리측면에서 해결해야 할 과제는 상당하다. IoT 기기에서 생성되는 엄청난 양의 데이터는 강력한 스토리지 솔루션과 효율적인 데이터 처리 능력을 필요로 한다. 데이터가 엄청난 속도로 유입되므로 실시간 처리가 가능한 강력한 분석 도구가 필요하다. 구조화된 데이터와 비정형 데이터를 포함한 다양한 형식의 데이터는 데이터를 이해하기 위한 고급 도구와 기술을 요구한다. 하지만 IoT데이터는 우리에게 또다른 인상적인 기회를 제공해준다. 실시간 분석을 가능하게 하여 기업이 즉각적으로 대응하고, 프로세스를 자동화하며, 운영을 개선할 수 있게 해준다. 과거 데이터를 활용하여 장비 고장이나 재고 부족 등 미래 사건을 예측하고 사전 조치를 취할 수 있다. 웨어러블과 연결된 의료 기기는 실시간 환자 데이터를 제공하여 사전 대응적 의료 서비스와 맞춤형 치료 계획을 가능하게 한다. IoT 데이터는 도시 지역에서 교통을 관리하고, 에너지 소비를 줄이며, 공공 안전을 개선하는 데 도움을 준다. 농업에서는 IoT 센서가 작물 상태, 토양 품질, 날씨를 모니터링하여 농민들에게 심기, 물주기, 수확에 대한 정보에 입각한 의사결정을 내릴 수 있는 데이터를 제공한다.

생성형 AI와 블록체인 같은 고급 기술과 IoT의 통합은 에너지 소비 예측, 그린 컴퓨팅, 모바일 네트워크, 자율 주행, 헬스케어 등 다양한 분야를 형성하고 있다. 하지만 모든 기술 발전과 마찬가지로 개인 정보 보호와 보안 문제를 해결해야 한다. 기업은 GDPR(개인정보보호규정) 등의 규정을 준수하고 데이터 사용에 대해 투명해야 개인 정보를 보호할 수 있다. 침해를 방지하고 IoT 데이터의 무결성을 보장하기 위해서는 강력한 보안 조치가 필수적이다. IoT와 데이터 과학의 융합은 다양한 산업과 삶의 양상을 변화시키고 있다. IoT 기기가 어디에나 있고 데이터 과학 기술이 더욱 정교해짐에 따라 그 영향은 심오할 것이며, 경제적 이익, 삶의 질 향상, 예측하지 못한 기술적 발전으로 이어질 것이다. 결론적으로, 웹 크롤링의 초기부터 IoT 센서의 첨단 세계에 이르기까지 데이터 수집의 진화는 미래가 어떻게 펼쳐질지 기대되는 놀라운 여정이었다. 도전 과제는 상당하지만, 기회는 무한하다. 이러한 발전을 수용하고 관련 과제를 해결함으로써 우리는 데이터의 잠재력을 최대한 발휘하고 우리가 알고 있는 세상을 변화시킬 수 있을 것이다.

LLM 기반 지능형 데이터 수집 도구와 기술 동향

LLM(대규모 언어 모델)은 데이터 수집 분야에 혁신을 가져왔다. 웹 스크래핑과 데이터 추출, 지능형 데이터 검색과 쿼리 최적화, 데이터 증강을 위한 합성 데이터 생성 등 데이터 수집 과정을 간소화하고 강화하는 지능형 도구와 기술의 개발을 가능하게 했다. 이제 수작업으로 시간 소모적인 웹 스크래핑과 데이터 추출을 할 필요가 없다. LLM은 문맥을 인식하고 효율적인 데이터 수집의 새로운 시대를 열었다. 사전 학습된 LLM의 지식 표현 능력과 검색 증강 생성 Retrieval-Augmented Generation, RAG 모델이 가능하게 하는 표적화된 정보 접근을 활용하여, 이러한 지능형 도구는 웹페이지의 문맥과 구조를 이해하고 전례 없는 정확도로 관련 정보를 추출할 수 있다. Scrapfly와 Kadoa 같은 플랫폼은 LLM의 기능을 활용하여 복잡한 웹사이트를 탐색하고, 데이터 추출을 자동화하며, 정보를 원하는 형식으로 재구성하여 수많은 시간의 수작업을 절약한다. LLM의 영향력은 웹 스크래핑을 훨씬 넘어선다. LLM은 방대한 저장소에서 데이터를 검색하고 쿼리하는 방식을 변화시키고 있다. 비전문가 사용자가 단 한 줄의 SQL 코드도 작성하지 않고 자연어 쿼리를 사용하여 복잡한 데이터베이스에 액세스할 수 있는 세상을 상상해 보라. LLM은 사용자 의도를 해석하고, 최적화된 SQL 쿼리를 생성하며, 문맥을 인식한 결과를 제공함으로써 이를 현실로 만든다. 의료, 제조, 금융, 유통 분야의 사례 연구는 LLM이 통합된 챗봇과 데이터 분석 플랫폼의 엄청난 잠재력을 보여준다. 데이터 접근을 민주화하고 검색 프로세스를 간소화함으로써 LLM은 조직이 그 어느 때보다 빠르고 효율적으로 데이터 기반 의사결정을 내릴 수 있게 해준다.

그렇다면 데이터 부족의 문제는 어떨까? LLM은 이에 대한 해답도 가지고 있다. 데이터 보간, 교란, 스타일 전이 같은 고급 기술을 통해 LLM은 기존 데이터셋을 증강하고 모델 성능을 개선하는 합성 데이터를 생성할 수 있다. 이는 컴퓨터 비전에서 자연어 처리, 시계열 분석에 이르기까지 다양한 영역에서 광범위한 영향을 미친다. 다양하고 고품질의 데이터셋을 생성함으로써 LLM은 데이터 부족 문제를 해결하고, 개인정보 보호를 보장하며, 실제 데이터가 제한되거나 수집 비용이 많이 드는 분야의 혁신을 촉진한다. LLM 기반 지능형 데이터 수집의 새로운 지형을 헤쳐나가면서, 이러한 기술에 균형 잡힌 관점으로 접근하는 것이 중요하다. 이점이 막대하지만 데이터 프라이버시, 보안, 품질 관리 같은 과제도 간과할 수 없다. LLM이 생성한 쿼리와 합성 데이터의 정확성은 데이터 레이

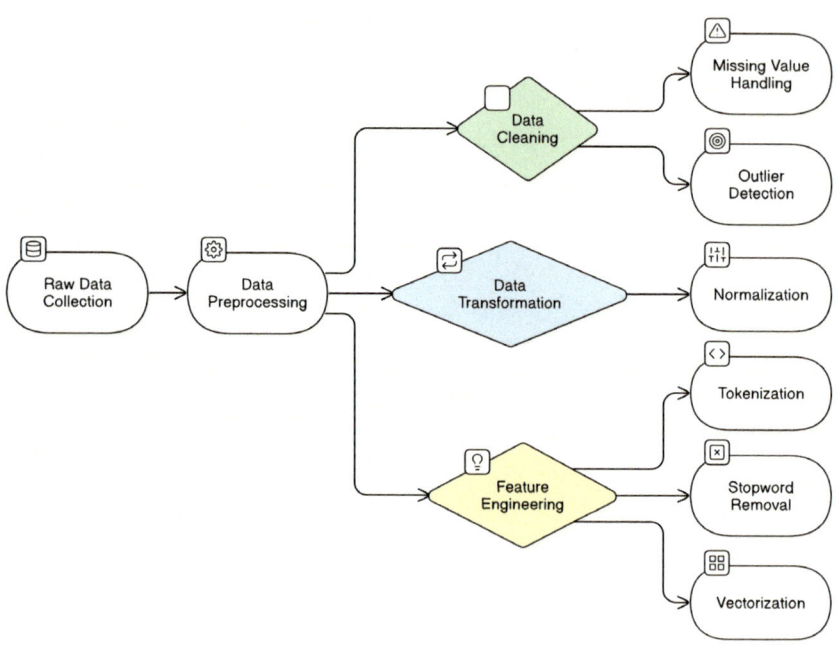

LLM 기반 데이터 수집 및 전처리 프로세스

블링과 모델 학습의 품질에 크게 좌우된다. 향후 연구는 이러한 시스템의 강건성과 일반화 가능성을 개선하고, 복잡한 쿼리와 노이즈가 있는 데이터를 처리하는 능력을 향상시키며, 다양한 영역에서 새로운 응용 분야를 탐구하는 데 중점을 두어야 한다.

LLM 기반 지능형 데이터 수집의 시대가 도래했고, 그 가능성은 무한하다. 빅데이터와 인공지능 분야의 베테랑 전문가로서 나는 이러한 변화를 직접 목격하게 되어 매우 기쁘다. 이 장에서 논의된 도구와 기술은 빙산의 일각에 불과하다. LLM이 계속 진화하고 성숙해감에 따라 데이터 수집, 검색, 증강 분야에서 더욱 획기적인 혁신을 기대할 수 있다. 데이터 애호가에게는 흥미진진한 시기이며, 나는 여러분이 이 탐구와 발견의 여정에 동참하기를 권한다. 함께 LLM의 힘을 받아들이고 우리 세상을 만드는 데 있어 데이터의 잠재력을 최대한 이끌어내 보자.

빅데이터 품질 진단과 전처리 자동화 전략

데이터 품질은 빅데이터 프로젝트의 성공을 좌우하는 핵심 요소이다. 정확하고 완전하며 일관된 데이터가 없다면, 기업은 올바른 의사결정을 내리거나 의미 있는 통찰을 도출할 수 없다. 이번에는 데이터 품질의 중요성, 데이터 품질 평가를 위한 주요 차원과 지표, 그리고 LLM과 같은 첨단 기술을 활용한 데이터 품질 진단 및 개선 프로세스에 대해 살펴보고자 한다.

데이터 품질은 단순히 깨끗한 데이터를 보유하는 것 이상을 의미한다. 데이터는 의도한 목적에 부합해야 한다. 즉, 데이터는 정확하고 완전하며 일관되고 적시에 제공되며 유효하고 고유해야 한다. 이러한 각 차원은 데이터의 신뢰성과 완전성을 보장하는 데 중요한 역할을 한다. 데이터 품질을 평가하기 위해서는 각 차원 내에서 다양한 지표를 살펴봐야 한다. 정확성을 평가하기 위해서는 데이터가 현실을 얼마나 잘 반영하는지, 예를 들어 정보의 정확성과 서식의 일관성을 측정해야 한다. 완전성을 위해서는 필요한 모든 필드와 레코드가 존재하는지 확인해야 한다. 일관성은 다양한 데이터 소스 간의 균일성을 요구하며, 적시성은 필요할 때 데이터의 가용성을 측정한다. 유효성은 특정 형식과 규칙의 준수를 보장하고, 고유성은 중복 데이터의 부재를 측정한다. 데이터 품질 문제를 진단하려면 통계 분석, 데이터 프로파일링, 패턴 인식, 이상 탐지 등을 결합한 체계적인 접근 방식이 필요하다. 데이터 분포와 패턴을 분석하고, 이상치와 변칙을 식별하며, 데이터 간의 관계를 인식함으로써 잠재적인 문제점과 개선 영역을 발견할 수 있다. 데이터 품질 진단에서 가장 흥미로운 발전 중 하나는 LLM의 활용이다. 이러한 강력한 모델은 데이터 프로파일링, 패턴 인식, 이상 탐지와 관련된 많은 작업을 자동화할 수 있어 프로세스를 더욱 **빠르고 효율적**으로 만든다. LLM의 기능을 활용하면 기업은 데이터 품질 문제를 신속하게 식별하고 해결할 수 있어 데이터의 신뢰성과 완전성을 항상 보장할 수 있다.

그러나 데이터 품질 진단은 첫 단계일 뿐이다. 문제가 식별되면 기업은 이를 수정하기 위한 조치를 취해야 한다. 이것이 바로 데이터 전처리가 필요한 이유이다. 데이터 전처리는 다양한 출처의 데이터를 정리하고 정규화하며 통합하여 일관성을 유지하고 사용 가능하도록 만드는 과정을 포함한다. LLM은 데이터 전처리 방식에 혁신을 가져오고 있다. 데이터 정제, 정규화, 통합과 같은 작업을 자동화함으로써 LLM은 데이터 품질을 보장하는 것을 그 어느 때보다 쉽게 만들고 있다. 예를 들어, LLM은 데이터의 오류(오

과정	LLM 통합 이전	LLM 통합 이후
웹 스크래핑	특정 패턴이나 HTML 구조에 기반한 데이터 추출. 복잡한 웹사이트나 다양한 콘텐츠 처리에 한계가 있었음.	문맥을 이해하고 자연어 처리를 활용하여 비정형 데이터도 추출 가능. 콘텐츠를 분석하여 의미 있는 정보만 추출하고 다양한 데이터 형식을 유연하게 처리할 수 있음.
데이터 정제 및 클렌징	중복, 오류, 노이즈 처리를 위해 수동 정제나 복잡한 스크립트 작성이 필요했음.	고급 자연어 처리 능력을 사용하여 자동으로 노이즈를 제거하고 관련 정보를 필터링. 문맥을 이해하여 불필요한 요소를 자동으로 제거하거나 개선할 수 있음.
데이터 구조화	비정형 데이터를 표 형식이나 특정 구조로 정리하는 데 상당한 수작업이 필요했음. 다양한 데이터 형식의 불일치를 해결하기 위해 추가 코딩이 필요했음.	자연어를 분석하여 데이터를 자동으로 구조화할 수 있음. 텍스트 데이터에서 특정 키워드나 문장 패턴을 식별하고 자동으로 구조화된 형식으로 정리할 수 있음.
데이터 증강 및 합성 데이터 생성	데이터가 부족할 때 수동으로 데이터를 증강하거나 합성 데이터를 생성해야 했음. 이 과정은 복잡하고, 특히 데이터 품질 유지가 어려웠음.	부족한 부분을 채우거나 기존 데이터를 증강하기 위해 합성 데이터를 생성할 수 있음. 예를 들어, 자연어 처리 분야에서 실제 대화 데이터가 부족할 때 합성 대화 데이터를 생성할 수 있음. 또한 스타일 전이와 같은 기술을 수행하여 데이터 다양성을 높일 수 있음.
최종 데이터셋 생성	데이터 정제와 구조화 후, 다양한 데이터 소스를 결합하여 최종 데이터셋을 수동으로 컴파일했음. 이 과정은 시간이 많이 소요되고 오류가 발생하기 쉬웠음.	합성 데이터와 정제된 데이터를 통합하여 자동으로 고품질의 최종 데이터셋을 생성할 수 있음. 이 데이터셋은 머신러닝 모델 학습이나 분석에 직접 사용될 수 있어 효율성을 극대화함.

LLM 도입에 따른 데이터 처리 패러다임의 변화

타나 중복 등)를 식별하고 수정하며, 비정형 또는 반정형 소스에서 관련 정보를 추출하여 데이터를 정규화하는 데 사용될 수 있다.

데이터 전처리에서 가장 큰 과제 중 하나는 누락되거나 불완전한 데이터를 처리하는 것이다. LLM은 대치 Imputation 와 같은 전략을 사용하여 누락된 값을 채우는 데에도 도움을 줄 수 있다. 또한 데이터 입력 또는 철자 오류와 같은 구문 오류를 감지하고 수정하여 데이터의 일관성과 정확성을 항상 보장할 수 있다. 데이터 전처리의 또 다른 핵심 측면은 데이터 통합이다. 이는 여러 출처의 데이터를 단일하고 통합된 뷰로 결합하는 것을 포함한다. LLM은 스키마 매핑, 엔티티 해상도, 데이터 변환과 같은 데이터 통합에 포함된 많은 작업을 자동화할 수 있다. LLM의 자연어 이해 능력을 활용하여 기업은 데이터 통합 프로세스를 크게 단순화하고 더 빠르고 효율적으로 만들 수 있다.

LLM 기반 데이터 전처리의 실제 사례도 이미 등장하고 있다. 예를 들어, OpenAI의 GPT-3는 설문 응답을 정규화하여 더 나은 분석과 통찰력을 얻는 데 사용하였다. LLM은 또한 방대하고 비정형화된 데이터 세트 내에서 이상 징후를 탐지하고 대응하기 위해 로그 데이터에 적용되어 수동 로그 검토에 필요한 시간과 자원을 크게 줄이고 있다. 데이터의 양과 복잡성이 계속 증가함에 따라 데이터 품질과 전처리의 중요성은 더욱 높아질 것이다. LLM의 힘을 활용함으로써 기업은 데이터의 정확성, 완전성, 일관성을 항상 보장하여 더 나은 의사결정을 내리고 비즈니스 성공을 이끌 수 있다. 결론적으로, 데이터 품질은 빅데이터 시대에 성공하고자 하는 모든 기업에게 필수 요소이다. 데이터 품질의 주요 차원과 지표를 이해하고, LLM과 같은 첨단 기술을 활용하여 데이터 전처리를 자동화함으로써 기업은 데이터의 신뢰성과 완전성을 항상 보장할 수 있다. 따라서 단 10시간 만에 데이터 전문가가 되고 싶다면, 데이터 품질 진단과 전처리 자동화의 기술을 먼저 마스터하는 것부터 시작하라. 미래의 당신은 감사할 것이다.

비정형 데이터 활용을 위한 LLM 기반 기술

빅데이터 시대의 도래와 함께 비정형 데이터의 가치에 대한 관심이 높아지고 있다. 비정형 데이터란 텍스트, 이미지, 동영상 등과 같이 정해진 구조나 형식이 없는 데이터를 말한다. 이러한 비정형 데이터에서 인사이트를 추출하고 활용하는 데 있어 LLM이 혁신을 가져오고 있다. LLM은 자연어 처리 능력을 바탕으로 방대한 양의 텍스트 데이터를 이해하고 분석할 수 있게 해준다. 이를 통해 기업은 고객 피드백, 기기 로그 등 다양한 텍스트 데이터에서 유용한 정보를 얻을 수 있게 되었다.

LLM을 활용한 텍스트 데이터 분석 과정은 크게 세 단계로 이루어진다. 첫째, 원하는 정보를 추출하기 위한 적절한 프롬프트를 생성한다. 프롬프트는 LLM이 텍스트에서 어떤 정보를 찾아내고 어떤 형식으로 제시할 것인지에 대한 지침 역할을 한다. 둘째, 비정형 텍스트 데이터를 LLM에 입력한다. LLM은 방대한 지식과 언어 이해 능력을 바탕으로 텍스트를 처리하고 분석한다. 셋째, LLM은 프롬프트에 따라 구조화된 출력 결과를 생성한다. 이 결과는 주로 JSON 형식으로 제공되어 데이터베이스에 저장하고 추가 분석에 활용할 수 있다. LLM의 텍스트 데이터 분석 성능을 높이기 위해 다양한 기법이 사용된다. 제로샷 학습Zero-shot Learning)은 특정 데이터에 대한 미세 조정 없이 LLM을 활용하는 방법으로, 초기 탐색 단계에 유용하다. 반면, 특정 말뭉치로 LLM을 미세 조정하면 해당 작업에 대한 성능을 크게 향상시킬 수 있다. 이진 분류Binary Classification는 텍스트에서 중요한 줄이나 구를 식별하는 분류기를 학습시키는 기법이다. 추출 요약Extractive Summarization은 LLM이 텍

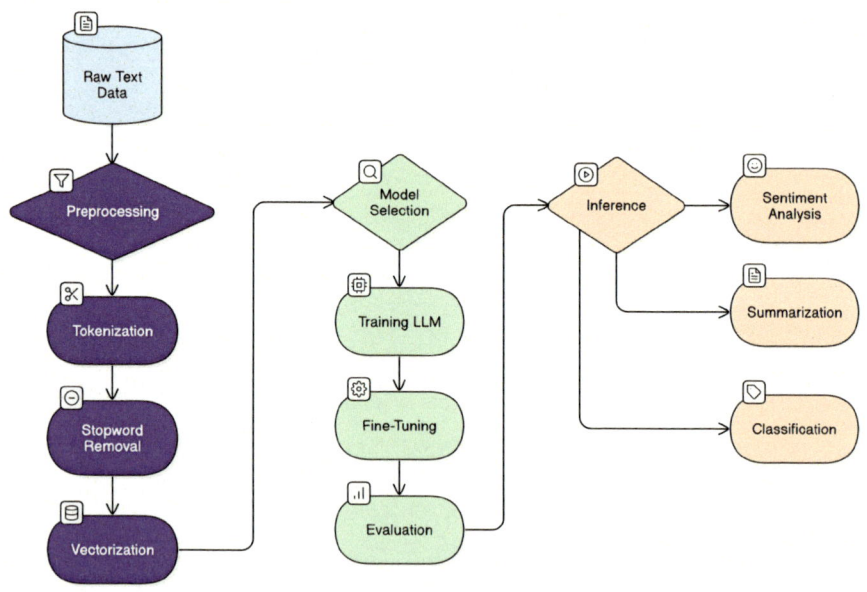

LLM 기반 텍스트 데이터 분석 프로세스

스트에서 관련 구나 줄을 추출하는 방식이다. LLM 배치 사례LLM Batch Use Cases는 여러 텍스트를 한 번에 처리하는 것으로, 대규모 데이터셋 분석 시 효율성을 높일 수 있다.

LLM을 활용한 텍스트 데이터 분석은 다양한 분야에서 활용된다. 고객 피드백 분석은 대표적인 사례로, 기업은 제품 품질, 가격, 고객 감정 등에 대한 통찰을 얻을 수 있다. 기기 로그 분석에서도 LLM이 뛰어난 성능을 보이는데, 보안 사고나 기기 오작동을 식별하는 데 도움을 준다. 감성 분석Sentiment Analysis은 LLM이 제품이나 서비스에 대한 사람들의 태도를 파악하는 기법이다. 번역과 요약은 LLM이 텍스트 데이터를 이해하고 분석하기 쉬운 형태로 변환하는 응용 분야이다. 하지만 LLM을 활용한 텍스트 데이터 분석에는 고려해야 할 과제와 한계점도 있다. 입력 데이터의 품질은 생성된 인사이트의 정확성에 직접적인 영향을 미치므로, 데이터 전처리와 정제가 중요하다. 이진 분류 모델에서 레이블 불균형 문제가 발생하면 성능에 부정적인 영향을 줄 수 있으므로, 오버샘플링이나 언더샘플링 등의 기법으로 대응해야 한다. 대규모 데이터나 실시간 로그 처리 시 확장성 문제도 고려해야 한다. 이러한 과제를 극복하고 LLM 기반 텍스트 데이터 분석 프로세스를 간소화하기 위해 다양한 도구와 리소스가 활용된다. Snorkel AI는 기업이 LLM을 특정 사용 사례에 맞게 조정하고 도메인 지식을 통합할 수 있도록 도구와 접근 방식을 제공한다. NetworkGPT는 시스코 장비의 로그를 분석하는 플러그인으로, 네트워크 운영에 대한 통찰을 제공한다. Pydantic은 구조화된 데이터 모델을 정의하고 Python 애플리케이션에서 데이터 유효성 검사를 쉽게 할 수 있도록 돕는 라이브러리로 구조화된 데이터 모델을 정의하고 검증할 수 있도록 해준다. LLM 출력 결과가 원하는 형식에 맞게 생성되도록 보장한다.

LLM은 비정형 텍스트 데이터에서 인사이트를 추출하는 방식에 혁신을 가져왔다. 제로샷 학습, 미세 조정, 이진 분류, 추출 요약 등의 기법과 Snorkel AI, NetworkGPT, Pydantic 같은 도구를 활용하면 기업은 텍스트 데이터의 잠재력을 끌어내고 데이터 기반 의사 결정을 내릴 수 있다. LLM이 지속적으로 발전하고 개선되면서 텍스트 데이터에서 가치 있는 통찰을 추출할 수 있는 가능성은 무한하며, 기업이 데이터 중심의 세상에서 앞서 나갈 수 있는 힘을 실어줄 것이다.

컴퓨터 비전과 LLM의 통합은 이미지와 동영상 분석 분야에 새로운 지평을 열었다. 시각과 언어의 힘을 결합함으로써 LLM은 기계가 전례 없는 방식으로 시각적 콘텐츠를 이해하고 상호 작용할 수 있게 해준다. LLM이 이미지와 동영상 분석을 어떻게 향상시키고 있으며, 다양한 산업에 미치는 잠재적 영향에 대해 살펴보자.

이 분야의 주요 진전 중 하나는 Azure Cognitive Services에서 볼 수 있듯이 LLM과 컴퓨터 비전의 원활한 통합이다. 이러한 통합을 통해 자동 이미지 분류, 객체 감지, 이미지 분할 등 다양한 시각-언어 작업을 수행할 수 있다. 자연어 질의를 처리할 수 있는 능력 덕분에 LLM은 메타데이터나 위치 정보에 의존하지 않고 시각적 콘텐츠를 가져올 수 있으며, 방대한 세계 지식을 활용하여 이미지에 대한 상세한 설명을 생성할 수 있다. 이러한 발전의 연장선에서, 개방형 인식 Open-world Recognition 은 LLM이 큰 진전을 보이고

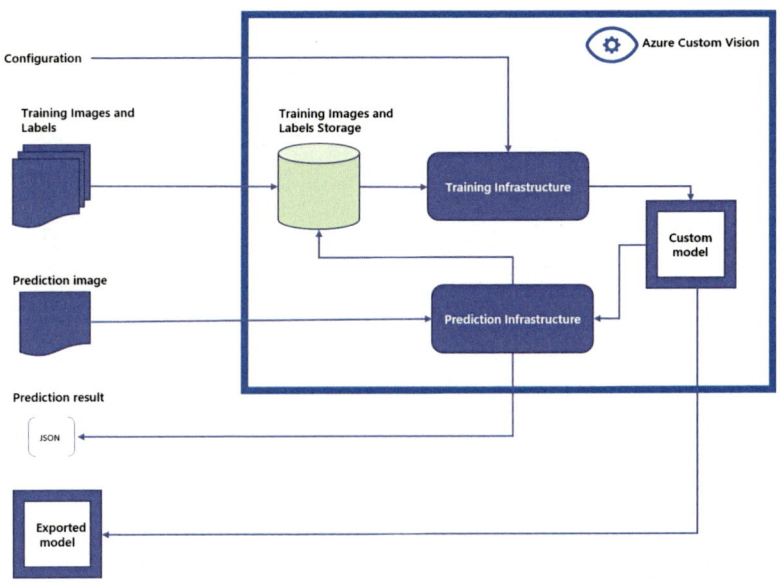

Azure AI services / 출처 : Microsoft Learn

있는 또 다른 영역이다. 기존의 폐쇄형 인식 시스템과 달리, 개방형 인식은 사전에 정의되지 않은 새로운 객체나 장면도 정확하게 인식할 수 있다. 이러한 객체와 장면을 정확하게 인식함으로써 LLM은 자연어 검색을 사용하여 정밀한 이미지 검색을 가능케 한다. 이 기능은 고객이 자신의 말로 제품을 설명하여 쉽게 찾을 수 있는 전자상거래와 같은 산업에 광범위한 영향을 미친다.

밀집 캡셔닝 Dense Captioning과 프레임 분석은 이미지와 동영상 이해를 위해 LLM을 활용하는 두 가지 강력한 기법이다. 밀집 캡셔닝은 이미지에 대한 상세한 설명을 생성하여 시각적 콘텐츠에 대한 포괄적인 이해를 제공한다. 한편, 프레임 분석은 동영상 콘텐츠를 분석하여 인사이트를 추출하고 요약을 생성할 수 있다. 특정 작업을 위한 LLM의 맞춤화와 학습은 시각과 언어의 힘을 활용하는 맞춤형 애플리케이션 구축에 새로운 가능성을 열어주었다. 도메인 특화 데이터셋에 LLM을 미세 조정함으로써 기업은 고유한 요구 사항과 필요에 부합하는 맞춤형 솔루션을 만들 수 있다. RED-VILLM 파이프라인 덕분에 비디오 LLM 개발이 보다 효율적으로 이루어지고 있다. 이 접근 방식은 이미지 LLM의 기반 작업을 활용하여 최소한의 학습 데이터와 매개변수로 비디오 LLM을 생성할 수 있다. 이러한 개발 효율성은 비디오 분석과 이해에서 LLM의 채택을 가속화할 잠재력을 지니고 있다.

이미지와 동영상 분석에 대한 LLM의 영향은 의료, 보안, 자율주행 차량 등 다양한 산업에 걸쳐 있다. 의료 분야에서 LLM은 의료 이미지 분석, 이상 감지, 의료 전문가에게 실행 가능한 통찰력 제공 등을 지원할 수 있다. 보안 영역에서 LLM은 의심스러운 활동을 식별하고 실시간 경고를 생성하여 감시 시스템을 향상시킬 수 있다. 자율주행 차량은 LLM을 통해 주변 환경을 더 잘 이해하고 텍스트 프롬프트에 반응함으로써 안전성과 내비게이션을 개선할 수 있다. 이러한 산업별 응용 사례와 더불어, Azure Cognitive Services와 같은 통합 솔루션은 LLM과 컴퓨터 비전의 결합을 통해 자동 이미지 분류, 객체 감지, 이미지 분할 등 다양한 시각-언어 작업의 수행을 가능하게 한다. 이 기술적 통합으로 인해 LLM은 메타데이터나 위치 정보에 의존하지 않고 시각적 콘텐츠를 가져올 수 있으며, 방대한 세계 지식을 활용하여 이미지에 대한 상세한 설명을 생성할 수 있게 되었다. 또한 개방형 인식(Open-world Recognition)은 LLM이 큰 진전을 보이고 있는 영역으로, 객체와 장면을 정확하게 인식함으로써 자연어 검색을 통한 정밀한 이미지 검색을 가능케 한다. 이는 특히 고객이 자신의 말로 제품을 설명하여 쉽게 찾을 수 있는 전자상거래 분야에 광범위한 영향을 미치고 있다. LLM이 구동하는 동영상 이해의 발전은 최근 설문 조사에서 포괄적으로 다루어지고 있다. 이러한 조사는 비디오 LLM 개발에 사용되는 학습 전략, 작업, 데이터셋, 벤치마크, 평가 방법 등을 심층적으로 다루고 있다. 최신 기술에 대한 포괄적인 개요를 제공함으로써 이 조사는 해당 분야의 연구자와 실무자에게 귀중한 자료로 활용된다. 결론적으로 대규모 언어 모델과 컴퓨터 비전의 통합은 이미지와 동영상 분석에 혁명을 일으키고 있다. 개방형 인식, 밀집 캡셔닝, 맞춤화, 비디오 LLM의 효율적 개발 등 그 가능성은 매우 광범위하다. 이러한 발전이 미치는 영향은 산업 전반에 걸쳐 있으며, 기계가 인간과 유사한 방식으로 시각적 콘텐츠를 이해하고 상호 작용할 수 있게 해준다. 이 분야의 연구와 개발이 계속 진행됨에 따라 이미지와 동영상 분석의 미래를 형성할 더 많은 획기적인 애플리케이션과 혁신을 기대할 수 있을 것이다.

LLM을 활용한 멀티모달 학습은 인공지능의 한계를 뛰어넘고 있다. 멀티모달 학습이란 LLM을 사용하여 텍스트, 이미지, 동영상 등 다양한 유형의 데이터를 통합하고 처리하는 것을 말한다. 여러 양식을 융합함으로써 LLM은 AI 시스템이 다양한 형식에 걸쳐 콘텐츠를 이해하고 생성할 수 있게 해주며, 이는 애플리케이션과 연구에 새로운 가능성을 열어준다. LLM을 활용한 멀티모달 학습의 발전과 잠재적 영향에 대해 자세히 알아보자.

최근 LLM 기반 멀티모달 학습의 주요 돌파구 중 하나는 이미지와 텍스트를 동시에 처리할 수 있는 통합 모델의 개발이다.

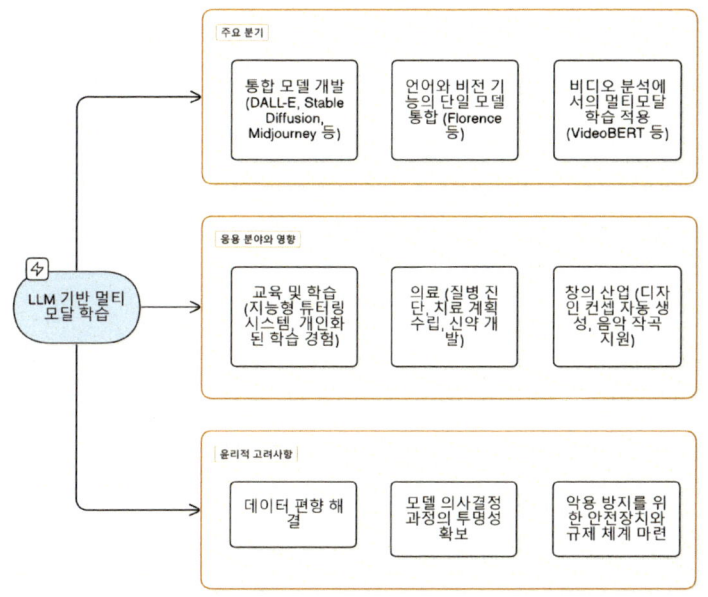

LLM 기반 멀티모달 학습의 응용 분야와 영향

DALL-E, Stable Diffusion, Midjourney와 같은 모델은 텍스트 프롬프트를 기반으로 고품질 이미지를 생성할 수 있는 능력을 보여주었다. 이러한 모델은 LLM의 언어 이해 능력과 생성적 적대 신경망Generative Adversarial Networks, GANs의 이미지 생성 능력을 결합하여 텍스트와 이미지 간의 시너지 효과를 창출한다. 멀티모달 학습의 또 다른 주목할 만한 발전은 언어와 비전 기능을 단일 모델로 통합하는 것이다. Florence와 같은 모델은 이미지 캡셔닝, 객체 감지, 시각적 질의응답 등 다양한 작업에서 뛰어난 성능을 보여주었다. 이러한 통합 모델은 시각과 언어 정보를 동시에 이해하고 추론할 수 있어 보다 강력하고 일반화된 AI 시스템 개발의 토대를 마련한다. 비디오 분석 분야에서 멀티모달 학습의 적용도 크게 증가하고 있다. VideoBERT와 같은 모델은 LLM을 활용하여 비디오 프레임과 오디오 콘텐츠에서 정보를 추출하고 통합할 수 있다. 이를 통해 동작 인식, 이벤트 탐지, 비디오 요약 생성 등의 작업에서 더 나은 성능을 달성할 수 있다. LLM 기반 멀티모달 학습은 교육과 학습에 상당한 영향을 미치고 있다. 이는 학생들에게 개인화되고 상호작용이 가능한 학습 경험을 제공하는 지능형 튜터링 시스템의 개발로 이어졌다. 이러한 시스템은 학생의 질문에 대해 텍스트와 이미지를 포함한 다양한 형식으로 응답할 수 있으며, 학습자의 이해도에 맞는 설명과 예시를 적응적으로 생성할 수 있다. 의료 분야에서도 LLM 기반 멀티모달 학습이 크게 기여하고 있다. LLM을 활용하여 의료 이미지, 환자 기록, 연구 논문 등 다양한 출처의 데이터를 분석하고 통합할 수 있다. 이는 질병 진단, 치료 계획 수립, 신약 개발 등에 있어 더 정확하고 통찰력 있는 의사결정을 지원한다. 창의적인 산업에서 LLM 기반 멀티모달 학습은 혁신적인 도구와 애플리케이션을 낳고 있다. 예를 들어, 디자이너는 텍스트 설명을 기반으로 디자인 컨셉을 자동 생성하거나, 음악가는 가사와 장르 설명을 바탕으로 새로운 멜로디를 작곡하는 데 이러한 기술을 활용할 수 있다. 이는 창의적 작업에서 인간과 기계의 협업을 촉진하고 새로운 가능성을 열어준다. 멀티모달 학습이 계속 발전함에 따라 윤리적 고려사항에 대한 중요성도 커지고 있다. 모델이 생성하는 콘텐츠의 신뢰성과 공정성을 보장하기 위해서는 데이터 편향을 해결하고 모델의 의사결정 과정에 대한 투명성을 확보하는 것이 중요하다. 또한, 딥페이크와 같은 악용 사례를 방지하기 위한 안전장치와 규제 체계의 마련도 시급히 요구된다. 결론적으로, 대규모 언어 모델을 활용한 멀티모달 학습은 인공지능 분야에 새로운 지평을 열고 있다. 텍스트, 이미지, 비디오 등 다양한 형식의 데이터를 통합적으로 처리할 수 있는 능력은 교육, 의료, 창의 산업 등 광범위한 분야에 혁신을 가져오고 있다. 앞으로도 멀티모달 학습 기술이 지속적으로 발전하고 윤리적 과제들이 해결됨에 따라, 우리는 인간의 인지 능력과 더욱 유사한 지능형 시스템의 등장을 기대할 수 있을 것이다.

효율적인
데이터 어노테이션을 위한
지침과 도구

데이터 주석 작업은 정확하고 신뢰할 수 있는 기계 학습 모델을 개발하는 데 있어 매우 중요한 역할을 한다. 정확하게 레이블링된 데이터 없이는 아무리 정교한 알고리즘도 의미 있는 결과를 내기 어렵기 때문이다. 원활한 학습과 최적의 모델 성능을 보장하기 위해서는 명확한 레이블링 지침을 수립하고 엄격한 품질 관리 조치를 이행하는 것이 필수적이다. 포괄적인 주석 기준을 정의하고 주석 작업자에게 철저한 교육을 제공함으로써 레이블링 과정 전반에 걸쳐 일관성과 정확성을 유지할 수 있다. 정기적인 감사, 컨센서스 태깅, 능동 학습 기법 등을 통해 레이블링된 데이터의 품질을 더욱 높일 수 있으며, 오류나 불일치를 식별하고 수정할 수 있게 된다.

최근 LLM의 등장은 데이터 주석 분야에 혁신을 가져왔다. 이러한 강력한 도구는 레이블링 과정을 간소화하고, 특정 측면을 자동화하는 동시에 인간 주석 작업자의 효율성과 정확성을 높인다. LLM 기반 주석 도구를 활용하면 데이터 레이블링에 필요한 시간과 노력을 크게 줄일 수 있어 대규모 프로젝트를 손쉽게 처리할 수

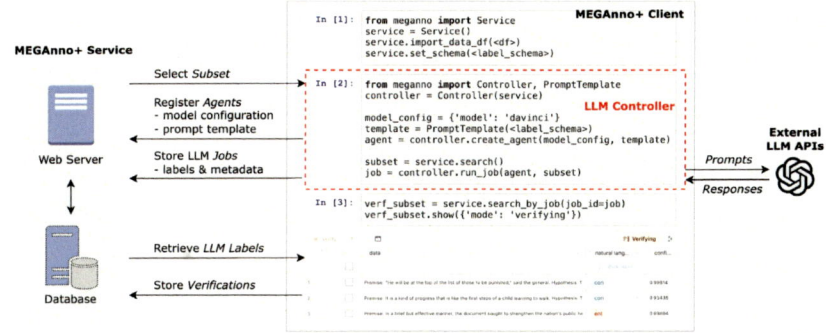

LLM 협력 주석 시스템 / 출처 : Megagon Labs

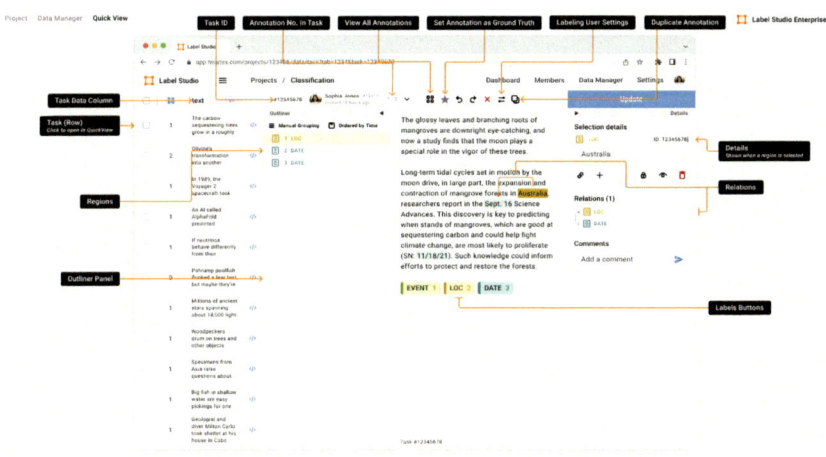

Label Studio 데이터 관리화면 / 출처 : Label Studio

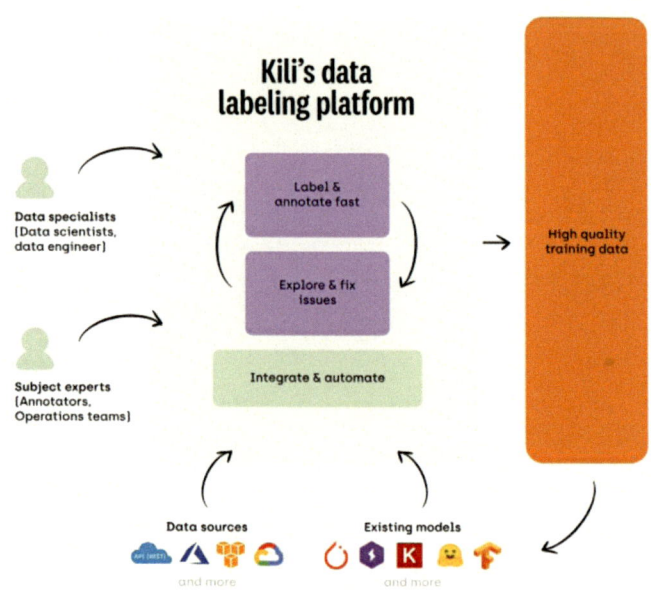

데이터 라벨링 구조 / 출처 : kili-technology

있다. MEGAnno+, Kili Technology, Label Studio와 같은 최첨단 도구는 기존 워크플로우와 원활하게 통합되며, 자동 사전 주석, 반복 개선, 사람 개입 검증 등의 기능을 제공한다. LLM을 데이터 주석 워크플로우에 통합하면서 텍스트 분류, 개체명 인식, 이미지 분할 등 다양한 작업에 새로운 가능성이 열렸다.

LLM 기반 주석 도구의 잠재력을 최대한 활용하고 대규모 프로젝트를 성공적으로 수행하기 위해서는 효과적인 관리 전략이 필수적이다. 이는 명확하게 정의된 프로젝트 목표와 요구사항을 시작으로 작업을 관리 가능한 구성 요소로 분해하는 것을 포함한다. 편향을 피하고 강력한 모델 성능을 보장하기 위해서는 실제 시나리오를 정확하게 나타내는 다양한 데이터 세트를 준비하는 것이 중요하다. 인력 관리는 적절한 주석 작업자 선정, 포괄적인 교육, 품질 보증 프로세스 구현 등 또 다른 핵심 요소이다. 품질, 적시성, 생산성 지표를 통해 현실적인 목표를 설정하고 진행 상황을 모니터링하면 효율적인 자원 할당과 적시 조정이 가능해진다. 또한 LLM을 주석 작업에 활용하면 대량의 데이터에 걸쳐 일관성을 보장하고 실시간 품질 보증이 가능해진다.

이해관계자와 주석 작업 인력 간의 효과적인 의사소통은 프로젝트 목표에 대한 집중을 유지하고 문제를 신속하게 해결하는 데 필수적이다. 인적 자원과 물적 자원의 할당을 포함한 적절한 예산과 자원 계획을 통해 프로젝트가 원하는 일정과 예산 제약 내에서 완료될 수 있도록 해야 한다. 이러한 전략을 통합하고 LLM 기반 주석 도구의 힘을 활용함으로써 조직은 대규모 데이터 주석 프로젝트의 복잡성을 헤쳐나갈 수 있으며, 궁극적으로 성공적인 기계 학습 이니셔티브를 주도하는 고품질 데이터 세트를 제공할 수 있다.

빅데이터와 인공지능 시대에 효율적인 데이터 주석 작업의 기술을 마스터하는 것은 매우 중요한 역량이다. 모범 사례를 이해하고, 최첨단 LLM 기반 도구를 활용하며, 효과적인 관리 전략을 구현함으로써 기업은 데이터의 모든 잠재력을 끌어내고 빠르게 진화하는 기계 학습 분야에서 앞서 나갈 수 있다. 레이블링된 데이터의 품질이 AI 프로젝트의 성공을 결정짓는다는 점을 명심하고, LLM의 힘을 수용하며, 이 장에서 설명한 지침을 따르면 기계 학습 모

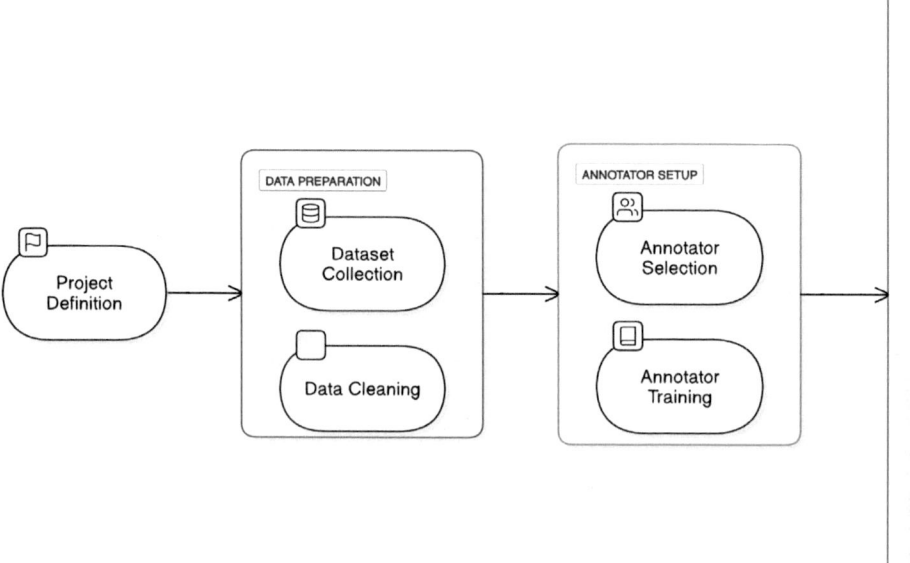

델의 정확성과 성능이 새로운 차원으로 도약하는 모습을 목격하게 될 것이다.

효율적이고 정확한 데이터 주석 작업은 오늘날의 데이터 중심 세계에서 필수불가결한 요소가 되었다. 방대한 양의 데이터가 끊임없이 생성되고 있는 가운데, 고품질의 레이블링된 데이터는 기계학습 모델의 성공을 좌우하는 핵심 요인으로 자리 잡았다. 이 장

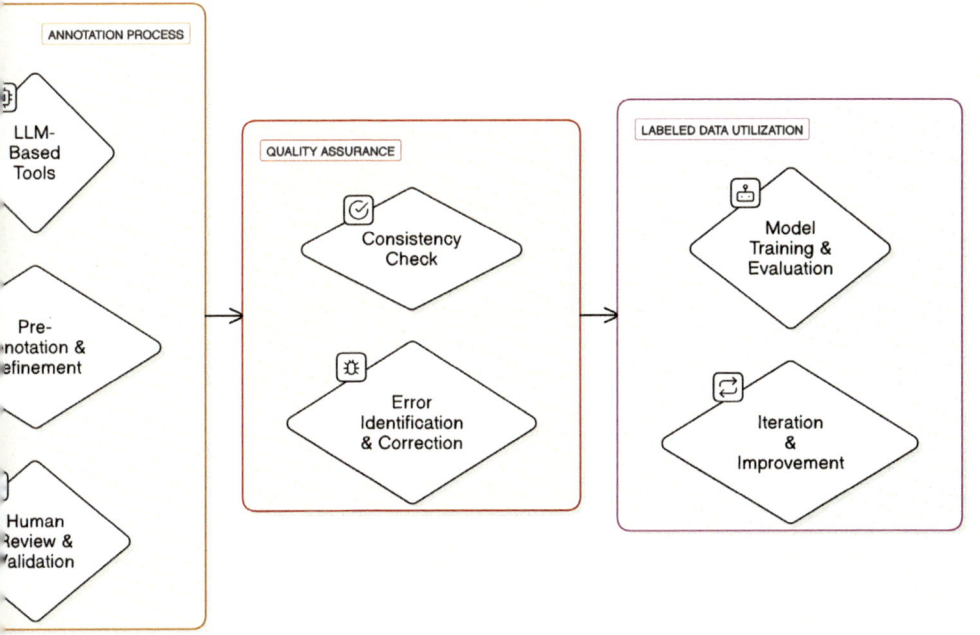

고품질 데이터 주석 작업을 위한 프로세스

데이터 라벨링 및 주석 예시 / 출처 : V7 Labs

에서 소개한 지침과 도구를 활용하여 조직은 데이터 주석 작업의 효율성을 극대화하고, 대규모 프로젝트에서도 일관성과 정확성을 유지할 수 있다. LLM 기반 도구의 도입은 주석 작업의 패러다임을 변화시켰으며, 인간과 기계의 협업을 통해 전례 없는 수준의 정확성과 속도를 달성할 수 있게 되었다. 그러나 이러한 발전에도 불구하고 데이터 주석 작업에는 여전히 도전과제가 존재한다. 편향을 최소화하고 실제 시나리오를 반영하는 다양한 데이터 세트를 구축하는 것, 주석 작업자의 전문성과 일관성을 보장하는 것, 그리고 대규모 프로젝트에서 품질과 효율성의 균형을 맞추는 것 등이 그 예이다. 이러한 도전과제를 극복하기 위해서는 이 장에서 설명한 모범 사례와 전략을 꾸준히 실천하고, 새로운 기술과 도구의 발전을 지속적으로 파악하며, 데이터 주석 작업에 대한 조직 차원의 인식과 투자를 강화해야 한다.

우리는 고품질 데이터 주석 작업의 중요성을 깊이 인식하고, 이를 위한 역량을 꾸준히 함양해 나가야 한다. 효율적인 데이터 레이블링은 단순히 모델 성능 향상을 넘어, 비즈니스 의사 결정과 혁신을 가능케 하는 토대가 된다. 앞으로도 데이터 주석 작업 분야는 기술의 발전과 함께 진화를 거듭할 것이며, 우리는 이러한 변화의 흐름을 선도하는 핵심 인재로 성장해 나가야 할 것이다.

3장
차세대 빅데이터 저장 인프라의 진화

차세대 빅데이터 저장 인프라의 진화

빅데이터의 폭발적인 증가와 함께 데이터 저장 인프라는 전통적인 데이터베이스에서 데이터 레이크, 그리고 현재는 데이터 레이크하우스로 진화해왔다. 이러한 변화는 기업들이 급증하는 데이터 자산의 잠재력을 극대화하기 위한 끊임없는 노력의 결과이다.

데이터의 양, 다양성, 속도가 계속해서 증가함에 따라 기업들은 구조화된 데이터, 반구조화된 데이터, 비정형 데이터를 효율적으로 저장, 관리, 분석해야 하는 어려운 과제에 직면하게 되었다. 구조화된 데이터와 비즈니스 인텔리전스 애플리케이션에 적합한 기존의 데이터 웨어하우스는 빅데이터 시대의 요구 사항을 충족시키기에 역부족이었다. 이에 따라 원시 데이터를 원래 형식 그대로 저장할 수 있는 거대한 저장소인 데이터 레이크가 등장하였고, 데이터 과학과 기계 학습 워크로드에 비용 효율적이고 확장 가능한 솔루션을 제공하게 되었다. 그러나 데이터 레이크만으로는 완벽한 해결책이 될 수 없었다. 트랜잭션, 데이터 품질 보장, 일관성과 같은 데이터 웨어하우스의 중요한 기능이 부족했기 때문이다. 기업들은 데이터 레이크와 데이터 웨어하우스를 2계층 아키텍처로 연결하려 했지만, 이는 데이터 중복, 인프라 비용 증가, 보안 문제, 상당한 운영 부담으로 이어졌다. 데이터 레이크와 데이터 웨어하우스 간의 격차를 해소할 수 있는 통합 솔루션에 대한 모색은 데이터 레이크

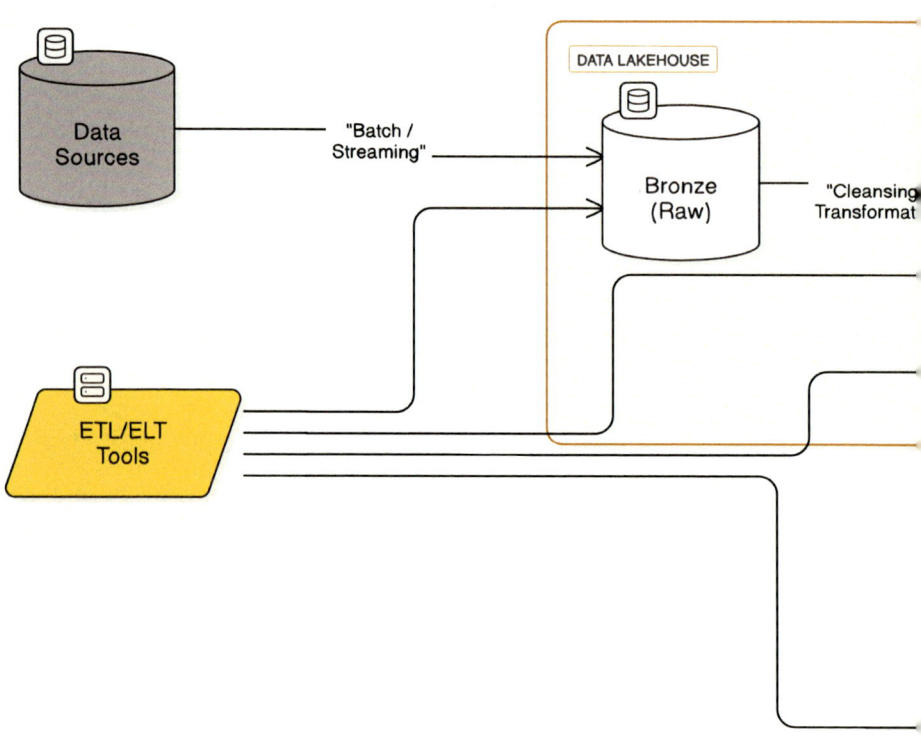

하우스의 등장으로 이어졌다. 데이터 레이크하우스는 데이터 관리의 패러다임 전환을 의미한다. 데이터 레이크의 유연성과 확장성, 데이터 웨어하우스의 구조와 거버넌스라는 두 세계의 장점을 결합한 것이다. 클라우드 객체 스토리지를 활용하여 다양한 유형의 데

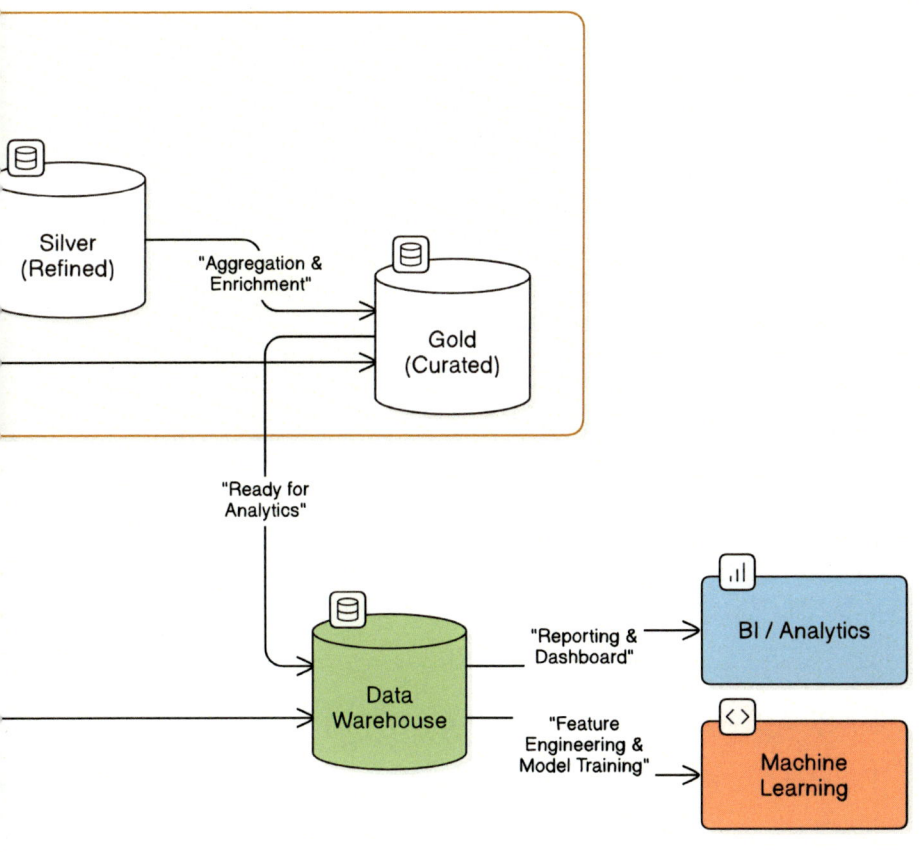

데이터 레이크하우스 아키텍처

이터를 수용하면서도 메타데이터 계층을 통합하여 웨어하우스와 유사한 기능을 제공할 수 있게 되었다. 이러한 통합 접근 방식은 데이터 사일로를 해체하고, 단일 플랫폼에서 데이터 분석과 기계 학습을 원활하게 수행할 수 있도록 한다.

데이터 레이크하우스의 장점은 다양하다. 비즈니스 인텔리전스 애플리케이션을 위한 원본 데이터에 직접 접근할 수 있고, 다양한 데이터 세트를 지원하며, 분석과 기계 학습 워크로드 모두에 대해 성능을 최적화할 수 있다. 또한 비용 효율적인 스토리지, 유연성, 확장성을 제공하여 모든 규모의 조직에게 매력적인 선택지가 된다. 데이터 레이크하우스의 도입이 가속화되면서 구글 클라우드와 같은 업계 거물들이 클라우드 기반의 고도로 확장 가능하고 안전한 데이터 레이크하우스 솔루션을 선도하고 있다. 이러한 플랫폼은 기업이 데이터의 잠재력을 최대한 활용할 수 있도록 하여 빅데이터와 인공지능 시대에 혁신과 경쟁 우위를 이끌어낸다. 그러나 차세대 빅데이터 저장 인프라로의 여정은 데이터 레이크하우스를 넘어선다. 데이터 압축과 중복 제거 기술의 발전은 데이터 저장 및 관리 방식에 혁명을 일으키고 있다. PNG 형식이나 LZW 알고리즘과 같은 무손실 압축 방법은 데이터 품질을 손상시키지 않으면서 통계적 중복을 제거하고, JPEG 형식과 같은 손실 압축 기술은 정보를 선택적으로 버림으로써 더 높은 압축률을 달성한다.

Dell EMC PowerScale과 OneFS 운영 체제로 대표되는 하드웨어와 소프트웨어 솔루션의 통합은 인라인 압축과 데이터 중복 제거를 원활하게 수행할 수 있도록 한다. 또한 NVIDIA Maxine과 같은 오디오/비디오 압축용 AI 기반 압축 도구와 이미지 압축용 OpenCV의 등장은 데이터 압축의 한계를 뛰어넘고 있다. 해시 번호나 포인터로 중복 데이터를 대체하는 무손실 압축 기술인 데이터 중복 제거는 데이터 무결성을 희생하지 않으면서 스토리지 공간을 줄이는 혁신적인 기술로 부상했다. 클라우드 스토리지 백업, 빅데이터 마케팅, 확장 가능한 ID 분석 등 다양한 분야에 적용되면서 데이터 관리에 없어서는 안 될 도구로 자리매김하고 있다. 하지만 차세대 빅데이터 저장으로 가는 길에는 도전 과제도 있다. 특히 손실 압축 기술을 사용할 때는 정기적인 점검과 신뢰할 수 있는 압축 도구를 통해 데이터 무결성과 품질을 보장해야 한다. 플랫폼 간 호환성 문제는 널리 사용되는 형식의 채택을 필요로 한다. 압축과 중복 제거에 따른 오버헤드 비용은 그것이 제공하는 이점과 신중하게 균형을 맞춰야 한다. 더 빠른 압축 해제 알고리즘과 효율적인 데이터 복구 메커니즘의 필요성은 아무리 강조해도 지나치지 않다.

    미래를 내다보면, 빅데이터 저장 인프라의 진화는 인공지능, 고급 알고리즘, 클라우드 시너지의 통합에 의해 형성될 것이다. 지속

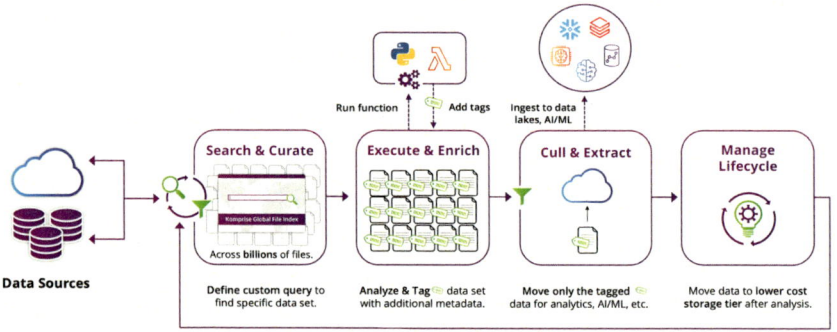

Smart Data Workflows / 출처 : Komprise

가능한 스토리지 솔루션, 사용자 친화적인 도구, 향상된 보안 조치에 대한 추구는 이 분야의 혁신을 계속 주도할 것이다. LLM 시대에는 지능형 데이터 계층화와 아카이빙 솔루션이 중심 무대에 서고 있다. AWS의 S3 Intelligent-Tiering은 사용 패턴에 따라 객체를 액세스 계층 간에 동적으로 이동시켜 스토리지 비용을 자동으로 최적화한다. MemGPT와 같은 도구는 lancedb를 기본 아카이브 스토리지로 활용하여 기가바이트에서 페타바이트 규모까지 원활한 설정과 확장 가능한 스토리지를 제공한다. Komprise Smart Data Workflow Manager는 AI, 데이터 계층화 등을 위한 자동화된 워크플로우를 사용하여 비정형 데이터의 관리, 보강,

거버넌스를 간소화한다. 조직이 클라우드 기반 LLM 워크플로우를 채택함에 따라 데이터 보안은 최우선 과제가 된다. 데이터 최소화와 익명화와 같은 기법은 필요한 데이터 포인트만 추출하고 클라우드에서 처리하기 전에 민감한 데이터를 식별 불가능한 형식으로 변환함으로써 민감한 정보를 보호한다. 온프레미스에서 전처리 및 익명화를 수행한 후 클라우드 기반 LLM 처리를 진행하는 하이브리드 클라우드 접근 방식은 추가적인 보안 계층을 제공한다. 차세대 빅데이터 저장 인프라의 진화는 데이터의 힘을 활용하기 위한 조직의 끊임없는 노력의 증거이다. 전통적인 데이터베이스에서 데이터 레이크와 레이크하우스로, 그리고 데이터 압축, 중복 제거, 지능형 계층화의 발전과 함께 빅데이터 저장 환경은 심오한 변화를 겪고 있다. LLM 시대를 헤쳐나가면서 인공지능, 클라우드 컴퓨팅, 혁신적인 스토리지 솔루션의 융합은 데이터 관리의 미래를 계속 형성할 것이며, 조직이 데이터 자산의 잠재력을 완전히 발휘하고 빅데이터와 AI 시대에 혁신을 주도할 수 있도록 할 것이다.

하둡과 NoSQL을 넘어, 진화하는 분산 스토리지

빅데이터 시대에 데이터의 기하급수적인 증가는 조직에게 기회와 도전 과제를 동시에 제시한다. 데이터의 양과 복잡성이 계속해서 늘어남에 따라 기존의 데이터 관리 및 저장 방식은 한계에 직면하고 있다. 그러나 인공지능 분야에서 획기적인 발전이 이루어지면서, 분산 저장 시스템에서 데이터 배치를 최적화하는 방식에 혁신을 가져올 것으로 기대된다. 바로 대규모 언어 모델을 활용한 지능형 데이터 배치 및 최적화다.

대규모 언어 모델은 자연어 처리 분야에서 강력한 도구로 등장했다. 방대하고 다양한 데이터로 학습한 이 고도화된 모델은 인간과 유사한 텍스트를 이해하고 생성하는 놀라운 능력을 보여준다. LLM은 데이터와의 상호작용 및 통찰력 도출 방식을 변화시킬 잠재력을 가지고 있다. LLM의 힘을 활용함으로써 조직은 기존 방식을 넘어서는 데이터 관리의 새로운 가능성을 열어젖힐 수 있다. 이 변화의 핵심에는 LLM이 데이터 접근 패턴을 분석하고 미래의 데이터 요구사항을 예측하는 능력이 자리잡고 있다. LLM은 데이터 접근 패턴과 관련된 방대한 텍스트 데이터를 처리함으로써 데이터 사용 추세와 상관관계, 이상치를 식별할 수 있다. 이를 통해 사용자 행동, 애플리케이션 요구사항, 시스템 동작에 대한 깊이 있는 이해를 얻을 수 있으며, 데이터 배치와 최적화에 관한 정보에 입각한 의사결정을 내릴 수 있다.

LLM의 예측 기능은 데이터 관리를 한 차원 높은 수준으로 끌어올린다. 고도화된 언어 처리 능력을 활용하여 LLM은 과거 데이터를 분석하고 미래의 데이터 요구사항을 정확하게 예측할 수 있다. 이는 데이터 내 패턴과 관계를 식별하여 데이터 배치, 저장 용량, 자원 할당에 대한 사전 의사결정을 가능하게 한다. 미래의 데이터 요구사항을 예측함으로써 LLM은 조직이 데이터 배치 전략을 최적화하고, 데이터 병목 현상의 위험을 줄이며, 적시에 적절한 데이터를 사용할 수 있도록 돕는다. 이 때 통합은 지능형 데이터 배치에 무한한 가능성을 열어준다. 데이터 접근 패턴을 분석하고 미래의 요구사항을 예측함으로써 LLM은 접근 빈도, 데이터 크기, 저장 용량 등의 요소를 고려하여 특정 데이터 세트에 가장 효율적인 저장 위치를 식별하는 데 도움을 준다. 이러한 데이터 배치 최적화는 데이터 검색 시간을 크게 단축시키고, 시스템 성능을 향상시키며, 전반적인 자원 활용도를 높일 수 있다.

LLM을 활용한 지능형 데이터 배치 및 최적화는 여러 가지 이점을 제공한다. 최적화된 데이터 배치는 데이터 검색 시간을 단축시키고 시스템 응답성을 높여 성능 개선을 가져온다. 데이터를 가장 접근성이 좋고 효율적인 위치에 저장함으로써 지연 시간을 최소화하고 원활한 사용자 경험을 제공할 수 있다. 또한 지능형 데이터 배치는 저장 자원을 보다 효과적으로 할당하여 낭비를 줄이고 전반적인 시스템 효율성을 향상시킨다. 더 나아가 LLM은 데이터 관리 시스템에서 예측 유지보수를 가능하게 한다. 데이터 접근 패턴을 분석하고 미래의 데이터 요구사항을 예측함으로써 LLM은 병목 현상이나 저장 공간 부족 등의 잠재적 문제를 사전에 파악할 수 있다. 이러한 사전 예방적 접근 방식은 저장 용량 확장이나 데이터 배치 최적화와 같은 예방 조치를 취할 수 있게 하여 시스템 중단을 방지하고 원활한 운영을 보장한다. 그러나 LLM을 지능형 데이터 배치 및 최적화에 활용하는 과정에서는 신중하게 다뤄야 할 과제들도 존재한다. 데이터 품질은 매우 중요한 고려 사항이다. LLM이 생성한 통찰력의 정확성은 학습 및 분석에 사용되는 데이터의 품질에 달려 있기 때문이다. 데이터 품질이 좋지 않으면 부정확한 예측과 최적화되지 않은 데이터 배치로 이어져 시스템의 효과를 저하시킬 수 있다. 조직은 데이터 품질 관리에 우선순위를 두고, 데이터의 정확성, 일관성, 신뢰성을 확보해야 LLM의 잠재력을 최대한 활용할 수 있다. 확장성 또한 LLM과 분산 스토리지 노드를 통합할 때 고려해야 할 과제다. 데이터 양이 계속해서 증가함에 따라 인프라와 데이터 관리 시스템은 증가하는 부하를 효과적으로 처리할 수 있어야 한다. 대규모 데이터 처리 및 분석의 요구사항을 충족시키기 위해서는 확장 가능한 아키텍처와 강력한 데이터 관리 관행이 필수적이다. 특히, 보안은 매우 중요한 고려 사항이다. 분산 스토리지 노드 전반에 걸쳐 데이터의 기밀성, 무결성, 가용성을 보장하는 것은 특히 민감하거나 규제 대상인 정보의 경우 매우 중요하다. 조직은 암호화, 접근 제어, 모니터링 등 강력한 보안 조치를 구현하여 데이터 자산을 보호하고 관련 규정을 준수해야 한다. 종합하면 지능형 데이터 배치 및 최적화를 위한 대규모 언어 모델의 통합은 데이터 관리 분야에서 혁신적인 발전을 의미한다. LLM의 힘을 활용함으로써 조직은 데이터 배치 최적화, 시스템 성능 향상, 자원 활용도 제고 등 새로운 가능성을 열어젖힐 수 있다. 데이터 품질, 확장성, 보안과 같은 과제들을 주의 깊게 다뤄야 하지만, 이 접근 방식이 가져올 잠재적 이점은 매우 크다. 데이터의 기하급수적 증가에 직면한 조직들에게 LLM과 분산 스토리지 시스템의 통합은 빅데이터 시대의 지능형 데이터 관리를 위한 강력한 해결책을 제시한다.

데이터 웨어하우스와 데이터 마트의 설계와 구축

데이터 웨어하우스와 데이터 마트의 설계와 구축은 기업 전반의 데이터 통합과 부서별 의사 결정 지원을 위해 필수적이다. 이 강력한 도구들은 조직이 귀중한 통찰력을 얻을 수 있도록 해준다. 이 매혹적인 주제를 더 깊이 탐구하기 위해 차원 모델링, ETL 프로세스, 데이터 웨어하우스 아키텍처의 세 가지 핵심 하위 주제를 살펴보자.

차원 모델링은 잘 설계된 데이터 웨어하우스나 데이터 마트의 기반이 된다. 데이터를 팩트 테이블과 차원 테이블로 구성함으로써 효율적인 분석이 가능한 구조화되고 직관적인 형식을 만들 수 있다. 팩트 테이블은 비즈니스 프로세스의 주요 측정값과 메트릭을 저장하는 반면, 차원 테이블은 사용자가 데이터를 다양한 각도에서 분석할 수 있도록 하는 설명 속성을 제공한다. 중앙의 팩트 테이블을 차원 테이블이 둘러싸고 있는 스타 스키마 star schema 는 차원 모델링에서 널리 사용되는 효과적인 접근 방식이다. 이는 효율적인 쿼리 성능, 쉬운 이해, 확장성 등의 이점을 제공한다. 차원 모델을 설계할 때는 차원 테이블과 팩트 테이블을 분리하고, 일관된 단위grain를 보장하며, 단순성과 상세 분석의 필요성 사이에서 균형을 이루는 최적의 모델 설계를 위해 노력하는 것과 같은 모범 사례를 따르는 것이 중요하다. 데이터를 비정규화하고 복잡한 조인 join의 필요성을 줄임으로써 스타 스키마는 쿼리 속도를 향상시키고 사용자가 데이터를 쉽게 탐색하고 해석할 수 있도록 한다.

다음으로 데이터 통합에서 ETL(추출, 변환, 적재) 프로세스의 중요한 역할에 대해 알아보자. ETL은 다양한 출처의 데이터를 통합 저장소로 통합하여 분석과 의사 결정에 활용할 수 있도록 한다. 이 과정은 여러 출처에서 데이터를 추출하는 것으로 시작되며,

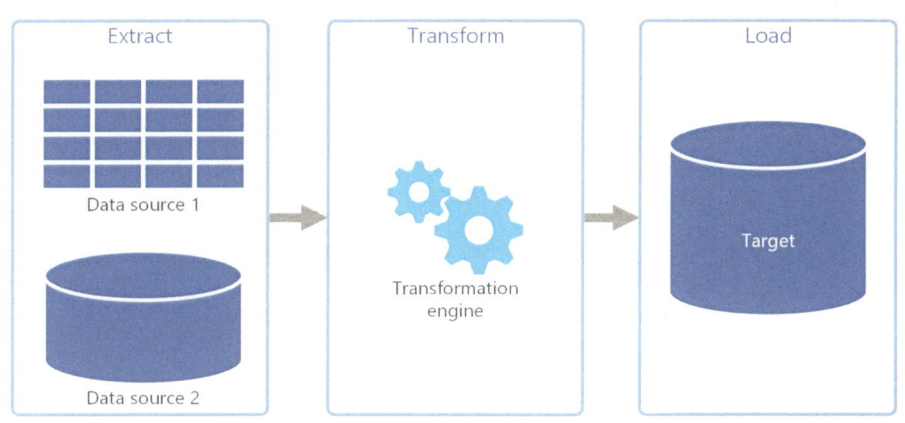

Extract, transform, load (ETL) /출처 : Microsoft Learn

이후 스테이징 영역에 임시로 저장된다. 변환 단계에서는 데이터를 정제하고, 매핑하고, 보강하고, 집계하여 대상 시스템과의 무결성과 호환성을 보장한다. 마지막으로 데이터는 전체 로드 또는 증분 업데이트를 통해 데이터 웨어하우스에 적재된다. 대규모 언어 모델은 다양한 작업을 자동화하고 최적화함으로써 ETL 프로세스를 크게 향상시킬 수 있다. LLM은 정확하고 효율적인 데이터 변환을 보장하는 지능형 데이터 매핑을 지원한다. 또한 LLM은 기존 방법보다 효과적으로 오류를 식별하고 수정하는 고급 데이터 품질 검사를 수행한다. 더욱이 LLM은 ETL 프로세스 중 데이터 손실이나 손상의 위험을 줄이는 강력한 오류 처리 메커니즘 개발에 도움을 준다. LLM을 활용함으로써 조직은 ETL 워크플로를 간소화하고, 데이터 정확성을 향상시키며, 데이터 통합 전략의 효율성을 높일 수 있다.

마지막으로 일반적인 데이터 웨어하우스의 아키텍처와 핵심 구성 요소에 대해 살펴보자. 아키텍처의 핵심에는 저장 및 분석할 원시 데이터를 제공하는 데이터 소스가 있다. ETL 프로세스는 이 데이터를 추출, 변환하여 스테이징 영역에 로드하며, 여기서 데이터는 유효성 검사, 오류 처리, 통합 과정을 거친다. 변환된 데이터는 쿼리 처리와 분석에 최적화된 중앙 저장소인 데이터 웨어하우스 데이터베이스로 이동한다. 데이터베이스 내의 데이터 마트, 큐브 및 기타 모델은 다양한 기능과 분석 요구사항을 향상시킨다. 사용자는 SQL 쿼리, OLAP 큐브, 대시보드, 데이터 시각화 소프트웨어와 같은 도구를 포함하는 데이터 액세스 계층을 통해 데이터와 상호 작용한다. 메타데이터 저장소는 데이터의 구조, 관계 및 세부 정보에 대한 정보를 저장하여 데이터 거버넌스, 분석 및 메타데이터 기반 자동화를 가능하게 한다. 데이터 품질 및 거버넌스 프로세스는 데이터의 정확성, 일관성, 무결성을 보장하는 반면, 확장성과 성능 최적화 기법은 데이터 웨어하우스의 적응력과 효율성을 향상시킨다.

대표적인 데이터 웨어하우징 모델로는 킴볼 모델과 인몬 모델이 있다. 킴볼 모델은 유연성, 신속한 개발, 사용 편의성에 초점을 맞추며 차원 모델링과 상향식bottom-up 접근 방식을 활용한다. 반면 인몬 모델은 중앙 집중식이고 통합된 접근 방식을 우선시하며, 단일 데이터 소스, 정규화된 데이터 구조, 스테이징 계층과 프레젠테이션 계층의 분리를 특징으로 한다. LLM은 다양한 프로세스를 자동화하고 최적화함으로써 데이터 웨어하우징을 더욱 향상시킬 수 있다. LLM은 데이터를 효율적으로 구조화하고, 워크로드 패턴을 기반으로 쿼리를 최적화하며, 자체 튜닝 기능을 제공하고, 사용 패턴과 특성에 따라 데이터를 지능적으로 분할할 수 있다. LLM 기반의 최적화 기술을 활용함으로써 데이터 웨어하우스는 비즈니스 인텔리전스와 의사 결정 지원에 있어 보다 효율적이고 확장 가능하며 효과적으로 된다.

결론적으로 데이터 웨어하우스와 데이터 마트의 설계와 구축은 데이터의 힘을 활용하고자 하는 조직에 매우 중요하다. 차원 모델링, ETL 프로세스, 데이터 웨어하우스 아키텍처를 이해하고 LLM의 기능을 활용함으로써 조직은 강력하고 효율적인 데이터 통합 및 의사 결정 지원 시스템을 구축할 수 있다. 올바른 접근 방식과 도구를 사용하면 데이터 웨어하우스와 데이터 마트는 귀중한 통찰력을 제공하여 기업이 정보에 입각한 의사 결정을 내리고 빅데이터 시대에 성공을 이끌 수 있도록 한다.

클라우드 네이티브 시대의 데이터 관리 전략

클라우드 네이티브 빅데이터 아키텍처는 현대 데이터 기반 기업의 근간이 되어, 조직이 클라우드 서비스의 확장성, 유연성, 비용 효율성을 활용하면서 방대한 양의 데이터를 활용할 수 있게 해준다. 이 장에서는 클라우드 네이티브 빅데이터 아키텍처 설계 및 구현을 위한 모범 사례와 전략을 주요 클라우드 플랫폼에서 제공하는 데이터 관리 서비스, 아키텍처 설계 모범 사례, 효과적인 거버넌스 및 보안 확보라는 세 가지 핵심 측면에 초점을 맞추어 살펴본다.

빅데이터 저장 및 관리를 위한 클라우드 플랫폼 선택과 관련하여 아마존 웹 서비스 AWS, 마이크로소프트 애저 Azure, 구글 클라우드 플랫폼 GCP이라는 3대 주요 업체는 다양한 사용 사례와 요구 사항에 부합하는 광범위한 서비스를 제공한다. 광범위한 데이터 센터 네트워크와 글로벌 영향력으로 잘 알려진 AWS는 객체 저장용 아마존 S3, 블록 저장용 아마존 EBS Amazon Elastic Block Store, EBS, 파일 저장용 아마존 EFS Amazon Elastic File System, AWS에서 제공하는 완전관리형 서버리스 파일 스토리지 서비스 등 포괄적인 서비스 제품군을 제

GCP 클라우드 모니터링 메트릭을 사용하여
Kubernetes 워크로드 자동 확장 /출처 : GCP

공한다. 반면, 애저는 하이브리드 클라우드 솔루션과 마이크로소프트 생태계와의 원활한 통합에서 두각을 나타내어 마이크로소프트 제품에 투자한 기업에게 매력적인 선택지가 된다. 데이터 분석과 쿠버네티스 Kubernetes, 컨테이너화된 애플리케이션의 배포, 확장 및 관리를 자동화하는 오픈소스 컨테이너 오케스트레이션 플랫폼 전문 기술을 갖춘 GCP는 데이터 기반 및 컨테이너화된 애플리케이션에 특히 적합하다. 클라우드 플랫폼을 선택할 때 성능, 확장성, 비용 효율성, 사용 편의성 등의 요인을 평가하는 것이 중요하다. AWS는 경쟁력 있는 가격 정책과 광범위한 커뮤니티 지원을 제공하고, 애저는 기업 고객을 위한 최저 주문형 가격을 자랑하며, GCP는 약정 사용 계약$^{Committed\ Use\ Contracts}$을 통해 할인 혜택을 제공한다. 조직의 특정 요구 사항을 신중히 평가하고 각 플랫폼의 강점과 연계함으로써 빅데이터 전략을 최적화하고 클라우드 컴퓨팅의 잠재력을 최대한 활용할 수 있다.

클라우드 플랫폼을 선택한 후에는 복원력이 뛰어나고 안전하며 변화하는 비즈니스 요구에 적응할 수 있는 클라우드 네이티브 빅데이터 아키텍처를 설계하는 것이 다음 단계이다. 아키텍처 설계 모범 사례로는 실시간 데이터 스트리밍과 마이크로 배치 데이터 버스트를 처리하기 위한 확장 가능한 데이터 파이프라인 구현, 분리되고 확장 가능한 스토리지 설계 보장, 객체 스토리지, 데이터 레이크, 데이터 웨어하우스 등 클라우드 특화 스토리지 옵션 활용 등이 있다. 또한 다양한 데이터 처리 요구 사항을 처리하기 위해 스트림 및 배치 처리 기능을 모두 통합하고, 사전 예방적 의사 결정을 위해 예측 분석을 활용하는 것도 필수적이다.

데이터 시각화는 원시 데이터를 실행 가능한 인사이트로 전환하는 데 있어 중요한 역할을 한다. 대화형 및 실시간 분석을 구현하고 클라우드 네이티브 시각화 도구를 활용함으로써 조직은 성능과 확장성을 최적화하는 동시에 사용자가 데이터를 탐색하고 의미 있는 통찰력을 도출할 수 있도록 지원할 수 있다. 또한 데이터 아키텍처 설계에 도메인 중심 접근 방식을 채택하고 비즈니스 정보 모델과 연계하며 기능에 대한 균형 잡힌 투자를 보장하면 조직이 빅데이터 이니셔티브의 투자 수익률을 극대화하는 데 도움이 될 수 있다. 하지만 효과적인 거버넌스와 보안 조치가 마련되어야만 클라우드 네이티브 빅데이터 아키텍처의 이점을 실현할 수 있다. GDPR(일반 개인정보 보호법), HIPAA(건강보험 이전 및 책임에 관한 법), ISO/IEC 27001 등의 규정 준수와 데이터 프라이버시가 무엇보다 중요하므로, 조직은 강력한 데이터 거버넌스 정책, 접근 제어, 데이터 손실 방지 기술을 구현해야 한다. 데이터 저장 시와 전송 중 암호화는 민감한 데이터를 보호하는 데 필수적이며, 데이터 저장소 지역성과 주권 클라우드 솔루션을 고려하면 데이터 주권 문제를 해결하는 데 도움이 될 수 있다.

거버넌스와 보안 프로세스를 간소화하기 위해 조직은 자동화된 데이터 분류, 이상 징후 탐지, 정책 시행을 위해 LLM의 힘을 활용할 수 있다. 평가, 계획, 구현, 모니터링, 지속적인 개선을 아우르는 포괄적인 클라우드 기반 빅데이터 거버넌스 프레임워크를 구현함으로써 조직은 진화하는 규제를 준수하고 새로운 보안 과제를 해결하면서 데이터의 무결성, 기밀성, 가용성을 보장할 수 있다.

결론적으로 클라우드 네이티브 빅데이터 아키텍처를 설계하고 구현하는 것은 플랫폼 선택, 아키텍처 설계 모범 사례, 효과적인 거버넌스 및 보안 조치 등 다양한 요소를 신중히 고려해야 하는 복잡한 과제이다. 이 장에서 설명한 전략과 모범 사례를 따름으로써 조직은 데이터의 잠재력을 최대한 활용하고, 혁신을 주도하며, 클라우드 컴퓨팅과 빅데이터 시대에 경쟁 우위를 확보할 수 있다. 데이터의 양, 다양성, 속도가 기하급수적으로 증가하는 가운데 클라우드 네이티브 빅데이터 아키텍처를 수용하는 것은 데이터 중심의 미래에서 번영하기 위해 조직에 필수적일 것이다.

LLM 시대의 데이터 보안과 프라이버시 보호

인공지능 언어 모델 LLM 의 시대가 도래하면서 방대한 빅데이터 처리에 수반되는 데이터 보안 위협이 그 어느 때보다 중요해졌다. 데이터 중심 기술이 빠른 속도로 진화하는 가운데, 기업은 LLM의 힘을 빌리는 과정에서 발생하는 복잡한 보안 위협과 프라이버시 고려 사항을 신중히 헤쳐나가야 한다. LLM 학습 과정에서 훈련 데이터로부터 민감한 정보가 유출되거나 악의적인 데이터 주입을 통해 모델의 무결성이 훼손될 위험이 상존한다. 더욱이 LLM이 생성한 합성 데이터 synthetic data 가 오용될 가능성도 간과할 수 없다. 이는 개인정보 유출과 사이버 보안 위협으로 이어질 수 있다. 이러한 위험을 극복하기 위해서는 다각도의 접근이 필요하다. 훈련 데이터를 면밀히 선별하여 편향 bias 을 완화하고 모델의 무결성을 지켜내는 일이 그 출발점이 될 것이다. 아울러 LLM 구조를 무단 간섭으로부터 보호하고, 모델이 구동되는 플랫폼의 안전을 확보하여 사이버 위협을 차단하는 것도 중요하다. 하지만 기술적 조치만으로는 부족하다. LLM의 배치 과정 전반에 걸쳐 윤리적 감독이 이뤄져야 하며, 정기적인 감사와 이해관계자 참여를 통해 이 강력한 도구가 책임감 있게 활용되도록 해야 한다.

암호화 기술과 접근 통제 메커니즘의 발전은 희망의 빛줄기와 같다. 동형 암호 homomorphic encryption는 복호화 없이 암호화된 데이터에 대해 복잡한 연산을 가능케 함으로써, LLM 간 안전하고 효율적인 데이터 공유의 길을 열어준다. 또한 보안 다자간 연산 secure multi-party computation을 통해 여러 주체가 각자의 입력값을 노출하지 않은 채 협력적으로 프라이버시를 보호하며 데이터 분석을 수행할 수 있게 되었다.

보안 다자간 연산 / 출처 : IUDX

사용자 역할과 데이터 민감도에 따라 구체적인 권한과 제한 사항을 정의하는 세밀한 접근 통제 정책fine-grained access control policies은 무단 접근이나 데이터 유출에 대한 추가적인 보호막이 된다. 모든 접근 요청을 잠재적 위협으로 간주하도록 설계된 무신뢰zero-trust 아키텍처는 엄격한 인증, 권한 부여, 암호화 조치를 통

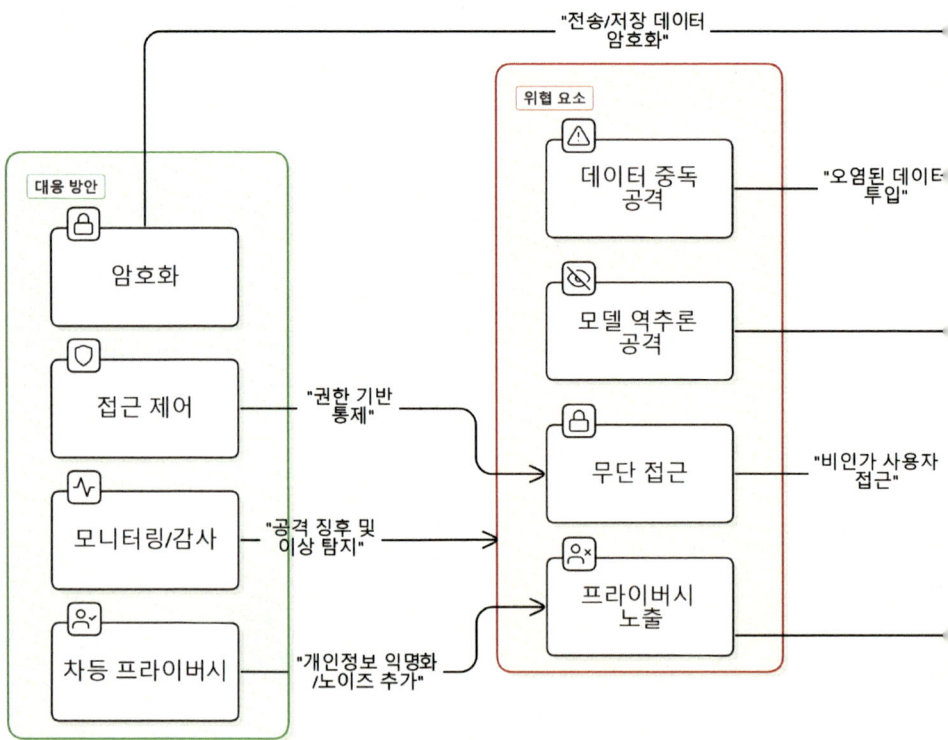

해 LLM 시스템의 보안 체계를 한층 강화한다.

기술적 조치를 넘어, LLM 기반 빅데이터 분석에서 프라이버시를 지켜내기 위해서는 데이터 처리 전 과정에 걸쳐 프라이버시 중심 설계 privacy by design 원칙을 받아들이는 근본적인 사고의 전환이 필요하다. 차등 정보 보호 differential privacy 는 개별 데이터 포인트

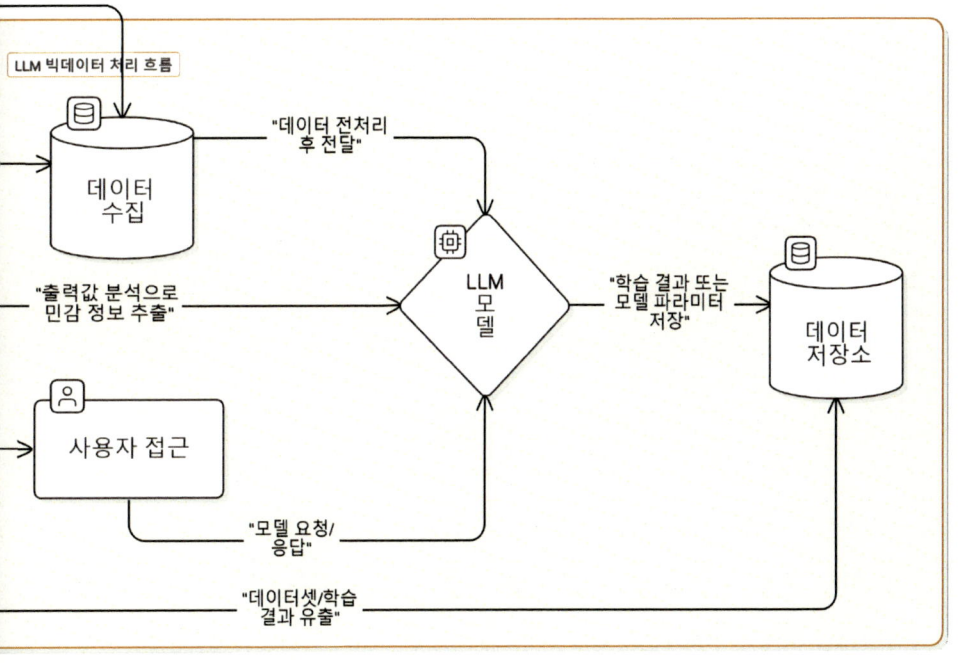

LLM 환경에서 빅데이터의 보안과 프라이버시를 위한 위협 요소와 대응 방안

의 프라이버시를 보장하면서도 유용한 통찰을 이끌어낼 수 있는 수학적 프레임워크로, 정량화 가능한 프라이버시 척도를 제공한다. 데이터나 쿼리 결과에 임의의 노이즈^{noise}를 추가함으로써, 차등 정보 보호는 개별 데이터 포인트의 존재 여부를 추론하기 어렵게 만들어 프라이버시와 효용성 사이의 미묘한 균형을 맞춘다.

연합 학습^{federated learning}은 데이터를 중앙 집중화하지 않고도 여러 주체가 협력적으로 모델을 학습할 수 있게 하는 프라이버시 보호 학습 패러다임이다. 각 클라이언트는 자신의 비공개 데이터를 사용하여 로컬 모델을 학습하고, 모델 업데이트만 중앙 서버와 공유한다. 서버는 이 업데이트를 집계하여 전역 모델을 형성한다. 이를 통해 개별 데이터 포인트의 안전을 지키면서 신뢰와 협업을 도모할 수 있다.

동형 암호는 제3자가 민감한 데이터를 처리할 때조차 강력한 프라이버시 보장을 제공한다. 처리를 위해 전송되기 전에 데이터를 암호화하고, 처리 결과를 데이터 소유자가 복호화함으로써 분석 파이프라인 전체에서 민감한 정보를 안전하게 지킬 수 있다.

프라이버시 보호 데이터 합성^{privacy-preserving data synthesis}은 실제 민감 정보를 포함하지 않으면서도 원본 데이터를 모방하는 가상의 데이터를 생성함으로써 프라이버시를 보호하면서 LLM을 훈련할 수 있는 또 다른 방안이 된다. 원래 데이터셋의 핵심 특성을 담은 가상 데이터를 활용함으로써, 기업은 개인의 프라이버시를 침해하지 않으면서도 LLM의 힘을 빌릴 수 있게 된다. 프라이버시 중심 설계 원칙을 성공적으로 적용하기 위해서는 전사적 접근이 필요하다. 차등 정보 보호, 동형 암호, 연합 학습 같은 첨단 기술을 데이터 분석 시스템의 근간에 통합하는 한편, 강력한 접근 통제를 구현하고 데이터 처리 활동에 대한 정기 감사와 모니터링을 수행해야 한다. 아울러 직원들이 데이터 프라이버시의 중요성과 프라이버시 보호 기법의 활용법을 체득할 수 있도록 교육하고 훈련시켜 책임감과 주인의식의 문화를 함양하는 일도 중요하다. 기업은 GDPR, HIPAA, CCPA 등 데이터 취급과 보호에 엄격한 요건을 부과하는 복잡다단한 데이터 프라이버시 규제의 숲을 헤쳐나가야 한다.

프라이버시와 효용성의 균형점을 찾아내는 것은 지속적인 도전 과제다. 개인 프라이버시를 지키면서도 정확한 분석이 가능하도록 프라이버시 예산과 매개변수를 조정해야 한다. 고도화된 프라이버시 보호 방식과 관련된 확장성 문제와 기술적 복잡성을 극복하는 것 역시 넘어서야 할 허들이다.

LLM 시대의 데이터 보안과 프라이버시 보호는 단순히 기술적 도전이 아닌 윤리적 의무이기도 하다. 최첨단 암호화 기법, 접근 통제 메커니즘, 프라이버시 보호 방법론을 수용함으로써, 기업은 개인의 프라이버시와 보안에 대한 기본권을 수호하면서도 LLM의 힘을 활용할 수 있을 것이다. LLM 시대라는 미지의 영역을 항해하는 우리에게 명심해야 할 점은 민감 정보의 책임 있는 사용이 종착점이 아닌 끊임없는 여정이라는 사실이다. 이는 흔들림 없는 의지, 지속적 혁신, 그리고 데이터의 힘이 공익을 위해 발휘되는 동시에 모든 개인의 프라이버시와 존엄성이 존중받는 미래에 대한 공동의 비전을 필요로 한다.

가능성의 경계가 끊임없이 확장되는 이 새로운 세상에서 우리는 늘 경계를 늦추지 않고 적응력을 갖추며, 개개인의 안녕을 우리 노력의 중심에 두는 도덕적 나침반에 이끌려야 한다. 오직 그래야만 신뢰와 책임의 토대 위에서 LLM의 잠재력을 진정으로 발휘할 수 있을 것이다. 이는 시간이 흘러도 변치 않을 우리 시대의 과제이자 사명이다.

메타데이터 관리와 데이터 자산 가치 제고 전략

빅데이터 시대에 조직은 방대하고 복잡한 데이터 자산을 관리하고 가치를 창출하는 데 어려움을 겪고 있다. "데이터에 대한 데이터"로 알려진 메타데이터는 효율적인 검색, 이해, 거버넌스를 통해 이러한 자산의 잠재력을 끌어내는 데 중요한 역할을 한다. 이 장에서는 메타데이터를 체계적으로 관리하고 데이터 자산의 가치를 높이기 위한 전략과 모범 사례를 심도 있게 다룬다. 이를 통해 조직은 대규모 데이터셋 내에서 필요한 데이터를 신속하게 발견하고 활용할 수 있게 된다.

메타데이터 표준과 프레임워크는 서로 다른 영역과 시스템에서 일관되고 상호 운용 가능한 메타데이터 관리의 근간이 된다. 더블린 코어 Dublin Core, DCAT(데이터 카탈로그 어휘), FAIR(찾을 수 있고, 접근 가능하며, 상호 운용 가능하고, 재사용 가능한) 원칙 등 몇 가지 주요 메타데이터 표준에 대해 살펴본다. 이러한 표준의 역할과 이점을 이해함으로써 조직은 메타데이터 관리를 위한 견고한 기반을 마련하여 일관성, 상호 운용성, 데이터 검색 가능성을 보장할 수 있다. 널리 채택되고 있는 메타데이터 표준인 더블린 코어는 상호 운용 가능한 메타데이터를 만들기 위한 15개의 일반 요소를 제공한다. 이 표준의 애플리케이션 프로필을 통해 잘 알려진 일반 어휘와 특수 어휘를 조합하여 특정 애플리케이션 요구사항을 충족시킬 수 있다. 반면에 DCAT는 RDF(자원 기술 프레임워크)를 기반으로 데이터셋, 서비스, 카탈로그를 설명하기 위한 공통 어휘를 제공하여 데이터 카탈로그에 맞춰져 있다. FAIR 원칙은 데이터를 더 찾기 쉽고, 접근 가능하며, 상호 운용 가능하고, 재사용 가능하게 만들기 위한 지침으로 작용하여 서로 다른 영역 간의 협업과 데이터 재사용을 촉진한다. 조직은 이러한 표준과 프레임워크를 활용하여 데이터 일관성, 상호 운용성, 검색 가능성, 통합, 재사용을 촉진하는 강력한 메타데이터 관리 시스템을 구축할 수 있다. 이는 데이터 자산에서 최대한의 가치를 추출하고 데이터 기반 의사 결정을 추진하기 위한 토대를 마련한다. 특히 대량의 데이터를 다룰 때 메타데이터 생성과 보강을 수작업으로 하는 것은 시간이 많이 걸리고 오류가 발생하기 쉬운 과정이 될 수 있다. 이러한 상황에서 LLM이 등장하여 메타데이터 생성과 보강을 자동화하는 데 강력한 기술을 제공한다. LLM의 기능을 활용함으로써 조직은 수작업을 크게 줄이고, 메타데이터 품질을 개선하며, 데이터 검색 능력을 향상시킬 수 있다.

개체명 인식[NER]은 비정형 텍스트에서 개체명을 식별하고 분류하는 작업을 포함하는 기본적인 자연어 처리 작업이다. LLM은 텍스트 데이터에서 관련 메타데이터를 자동으로 추출하기 위해 NER 작업에 맞게 미세 조정될 수 있다. LDA(잠재 디리클레 할당)와 같은 토픽 모델링 기법은 LLM을 사용하여 대규모 텍스트 컬렉션에서 기본 주제를 식별하고, 설명적 메타데이터 생성을 용이하게 할 수 있다. LLM으로 구동되는 감성 분석은 데이터의 감정적 맥락을 포착함으로써 메타데이터를 보강할 수 있으며, 이는 고객 피드백 분석과 같은 응용 분야에서 특히 유용하다.

메타데이터 생성 및 보강에 다양한 방식으로 기여할 수 있다. 중요한 개체명 인식, 토픽 모델링, 감성 분석, 의미적 이름 확장 등의 기능을 자동화하여 메타데이터 관리 프로세스를 간소화하고 품질을 향상시킨다. 또한 축약된 이름을 더 설명적이고 의미 있는 이름으로 변환하여 메타데이터의 가독성을 개선하는 의미적 이름 확장에도 사용될 수 있다. IBM 지식 카탈로그[IKC]와 같은 도구는 LLM을 활용하여 기술적 메타데이터에 맥락적 비즈니스 의미를 제공하고, 사전 정의된 비즈니스 개념과 지능적으로 일치시킨다. 텍스트 분석, 생성 AI, 자동화된 데이터 처리 및 특성 엔지니어링은 LLM이 메타데이터 생성과 보강에 기여할 수 있는 추가적인 영역이다. LLM의 힘을 활용함으로써 조직은 메타데이터 관리 프로세스를 간소화하고, 메타데이터 품질을 높이며, 데이터 자산의 진정한 잠재력을 끌어낼 수 있다. 사용자가 관련 데이터 자산을 신속하게 찾아 활용할 수 있도록 하는 동시에 데이터 정책 및 규정을 준수할 수 있도록 하는 메타데이터 기반 데이터 검색 및 거버넌스는 오늘날의 데이터 중심 비즈니스 환경에서 혁신과 경쟁력을 주도하는 조직에 필수적이다.

메타데이터 리포지토리는 데이터 카탈로그라고도 하며, 메타데이터 정보를 위한 중앙 집중식 저장소 역할을 하여 데이터 자산에 대한 단일 진실 공급원을 제공한다. 이러한 리포지토리는 직관적인 검색 인터페이스와 메타데이터 기반 탐색을 통해 효율적인 데이터 검색을 촉진한다. 데이터 계보 추적은 또 다른 중요한 측면으로, 사용자가 시스템과 프로세스 전반에 걸쳐 데이터의 출처, 변환, 이동을 이해할 수 있도록 하여 투명성을 보장하고 규정 준수 노력에 도움을 준다. 메타데이터 기반 접근 제어 및 거버넌스 메커니즘은 권한이 있는 사용자만 특정 데이터 세트를 보거나 수정할 수 있도록 하여 데이터 무결성을 유지하고 규제 요구사항을 준수할 수 있도록 한다. 데이터 세트에 대한 주석, 등급, 의견과 같은 협업 및 지식 공유 기능은 데이터 기반 혁신 문화를 조성하고 조직 내 사일로를 제거한다.

다른 데이터 거버넌스, 품질, 계보 도구와의 통합은 데이터 자산에 대한 포괄적인 관점을 제공하는 반면, 데이터 프로파일링과 품질 메트릭은 사용자가 데이터의 내용과 품질을 보다 효과적으로 이해할 수 있도록 도와준다. 메타데이터 관리 관행을 구현하는 것은 거버넌스 프레임워크 수립, 적절한 도구와 기술 활용, 데이터 관리 문화 조성 등 지속적인 개선, 협업, 적응이 필요한 지속적인 과정이다. 이러한 메타데이터 기반 데이터 검색 및 거버넌스 전략을 구현함으로써 조직은 사용자가 관련 데이터 자산을 신속하게 찾아 활용할 수 있도록 하고, 정보에 입각한 의사 결정을 추진하며, 데이터 정책 및 규정을 준수할 수 있도록 한다. 이는 궁극적으로 빠르게 진화하는 빅데이터 환경에서 효율성, 혁신, 경쟁력 향상으로 이어진다.

4장

LLM 기반 빅데이터 처리와 분석의 혁신

LLM 기반 빅데이터 처리와 분석의 혁신

LLM의 등장으로 빅데이터 처리 및 분석 기술에 혁신의 바람이 불고 있다. 기존의 기술과 비교하여 LLM이 가져올 변화와 기회를 살펴보고, 새로운 빅데이터 처리 및 분석 기술의 발전 방향을 전망해보고자 한다.

빅데이터는 단순히 데이터의 양이 크다는 것을 넘어, 다양성과 속도, 그리고 진실성을 내포하는 개념이다. 이러한 빅데이터의 특성은 4V, 즉 Volume(규모), Variety(다양성), Velocity(속도), Veracity(진실성)로 요약할 수 있다. 기존의 빅데이터 처리 및 분석 기술은 이러한 특성을 고려하여 발전해왔다. 하지만 데이터의 증가 속도와 다양성은 기하급수적으로 늘어나고 있어, 기존 기술로는 한계에 부딪히게 되었다. 이러한 상황에서 LLM의 등장은 자연어 처리 분야에 혁신을 가져왔다. LLM은 방대한 텍스트 데이터를 학습하여 문맥을 이해하고, 인간과 유사한 방식으로 언어를 생성할 수 있게 되었다. 이는 단순히 자연어 처리 분야에만 국한되지 않고, 빅데이터 처리 및 분석 전반에 걸쳐 큰 영향을 미치고 있다. LLM을 활용한 빅데이터 처리 및 분석 기술은 다음과 같은 장점을 가진다. 첫째, 비정형 데이터의 처리가 용이해진다. 기존에는 비정형 데이터를 처리하기 위해 복잡한 전처리 과정이 필요했지만, LLM은 텍스트 데이터에서 의미 있는 정보를 추출하고 분석할 수 있다. 둘째, 데이터 분석의 속도와 정확도가 향상된다. LLM은 대규모 데이터를 빠르게 처리할 수 있으며, 문맥을 이해하여 보다 정확한 분석 결과를 도출할 수 있다. 셋째, 데이터 간 연관성 파악이 쉬워진다. LLM은 데이터 간 숨겨진 관계를 발견하고, 이를 바탕으로 새로운 인사이트를 도출할 수 있다. LLM 기반 빅데이터 처리 및 분석 기술의 발전은 다양한 산업 분야에 적용될 수 있다. 예를 들어, 고객 분석 및 마케팅 분야에서는 LLM을 활용하여 고객 리뷰와 피드백을 분석하고, 고객 니즈를 파악하여 맞춤형 마케팅 전략을 수립할 수 있다. 또한, 금융 분야에서는 LLM을 활용하여 금융 뉴스와 보고서를 분석하고, 시장 동향을 예측하여 투자 전략을 최적화할 수 있다.

하지만 LLM 기반 빅데이터 처리 및 분석 기술의 발전에는 몇 가지 고려해야 할 점이 있다. 우선, 데이터 품질 관리가 중요하다. LLM은 학습 데이터의 품질에 크게 의존하므로, 데이터의 정확성과 신뢰성을 확보하는 것이 필수적이다. 또한, 데이터 프라이버시와 보안 문제도 간과할 수 없다. LLM을 활용한 데이터 분석 과정에서 개인정보 보호와 데이터 관리에 대한 철저한 대책이 마련되어야 한다. LLM 기반 빅데이터 처리 및 분석 기술은 아직 초기 단계에 있지만, 그 가능성은 무궁무진하다. 기존 기술의 한계를 극복하고, 데이터 분석의 새로운 지평을 열어줄 것으로 기대된다. 앞으로 LLM 기술의 발전과 함께 빅데이터 처리 및 분석 분야의 혁신이 가속화될 것이며, 이는 다양한 산업 분야에 큰 영향을 미칠 것이다. 우리는 이러한 변화에 능동적으로 대응하고, LLM 기반 빅데이터 처리 및 분석 기술을 적극 활용하여 새로운 가치를 창출해야 할 것이다.

배치에서 실시간으로, 빅데이터 처리 패러다임의 전환

빅데이터 처리 영역에서 배치 처리에서 실시간 처리로의 전환은 대규모 데이터를 다루는 방식에 있어 패러다임의 변화를 가져왔다. 전통적인 데이터 처리 방식의 한계를 극복하고 스트리밍 데이터의 잠재력을 최대한 활용하기 위해서는 이러한 변화가 필수적이다. 이번 장에서는 실시간 처리 아키텍처의 핵심 요소와 LLM이 이러한 아키텍처를 향상시키는 역할, 그리고 이 강력한 조합의 이점을 보여주는 실제 적용 사례에 대해 살펴보고자 한다.

배치 처리의 한계는 빅데이터의 속도와 다양성이 증가함에 따라 더욱 두드러지게 나타나고 있다. 대용량 데이터를 한 번에 처리하는 배치 처리는 종종 높은 지연 시간을 초래하여 즉각적인 통찰과 실시간 분석이 필요한 애플리케이션에는 적합하지 않다. 또한 배치 처리 시스템의 복잡성과 유지 관리는 전문적인 IT 전문 지식과 수동 개입을 필요로 하므로 운영 속도를 늦추고 비용을 증가시킬 수 있다. 더욱이 배치 처리는 데이터의 신선도 저하와 처리 결과의 지연을 초래할 수 있어 신속한 의사 결정과 처리된 데이터에 기반한 조치를 방해한다. 반면에 실시간 데이터 처리는 빅데이터를 효과적으로 활용하고자 하는 기업에게 매력적인 선택이 될 수 있는 여러 장점을 제공한다. 실시간 처리는 정보가 거의 즉시 업데이트되도록 하여 신속한 의사 결정 능력을 통해 더 나은 비즈니스 인텔리전스를 가능하게 한다. 기업은 변화하는 시장 상황, 고객 요구 사항 및 새로운 기회에 신속하게 대응하여 운영 효율성과 고객 경험을 개선할 수 있다. 또한 실시간 처리를 통해 기업은 운영, 고객 및 시장에 대한 소중한 통찰력을 얻을 수 있는 실시간 분석을 수행할 수 있다.

실시간 데이터 처리를 지원하기 위해 새롭게 등장한 아키텍처와 프레임워크는 기업이 대규모 데이터를 처리하고 분석하는 방식에 혁신을 가져왔다. 람다 아키텍처 Lambda Architecture는 배치 처리와 실시간 처리 방법을 결합하여 대규모 데이터를 처리하는 대표적인 설계 패턴이다. 람다 아키텍처는 배치 레이어 Batch Layer, 스피드 레이어 Speed Layer, 서빙 레이어 Serving Layer의 세 개의 레이어로 구성된다. 배치 레이어는 과거 데이터를 처리하고, 스피드 레이어는 실시간 데이터를 처리하며, 서빙 레이어는 배치와 스피드 레이어의 출력을 결합하여 데이터의 통합된 뷰를 제공한다. 또 다른 주목할 만한 아키텍처로는 카파 아키텍처 Kappa Architecture가 있는데, 이는 실시간 스트림 처리와 과거 배치 처리를 모두 처리하기 위해 단일 기술 스택을 사용하며, 스트림 처리 레이어와 서빙 레이어로 구성된다. 실시간 처리를 지원하기 위해 여러 인기 있는 프레임워크가 등장했으며, 각각 고유한 장점과 기능을 가지고 있다. 아파치 스파크 스트리밍 Apache Spark Streaming은 스트림 처리를 위한 고수준 API를 제공하고 다른 스파크 구성 요소와 잘 통합되어 실시간 분석에 많이 사용된다. 아파치 플링크 Apache Flink는 낮은 지연 시간과 높은 처리량의 스트림 처리 기능을 제공하여 실시간 분석과 복잡한 이벤트 처리에 적합하다. 아파치 카프카 Apache Kafka는 메시징 엔진 역할을 하여 실시간 및 배치 처리를 위해 스트리밍 데이터를 저장하고 배포하므로 다른 처리 프레임워크와 원활하게 통합될 수 있다.

대규모 언어 모델 LLM을 실시간 처리 파이프라인에 통합하면 이러한 아키텍처의 기능을 크게 향상시킬 수 있는 잠재력이 있다. LLM는 스트리밍 데이터에 대한 지능형 데이터 분석, 패턴 인식 및 이상 징후 감지를 용이하게 하여 기업이 강점을 활용함으로써 기업은 이상 징후 감지의 정확성과 적시성을 개선하고, 개인화된 추천을 강화하며, 복잡한 데이터 분석 작업을 자동화할 수 있다. 실제 적용 사례는 LLM와 실시간 처리 기술을 결합하여 얻을 수 있는 이점을 잘 보여준다. 사기 감지 영역에서 LLM는 금융 거래의 패턴과 컨텍스트를 분석하여 의심스러운 활동을 신속하게 식별하고

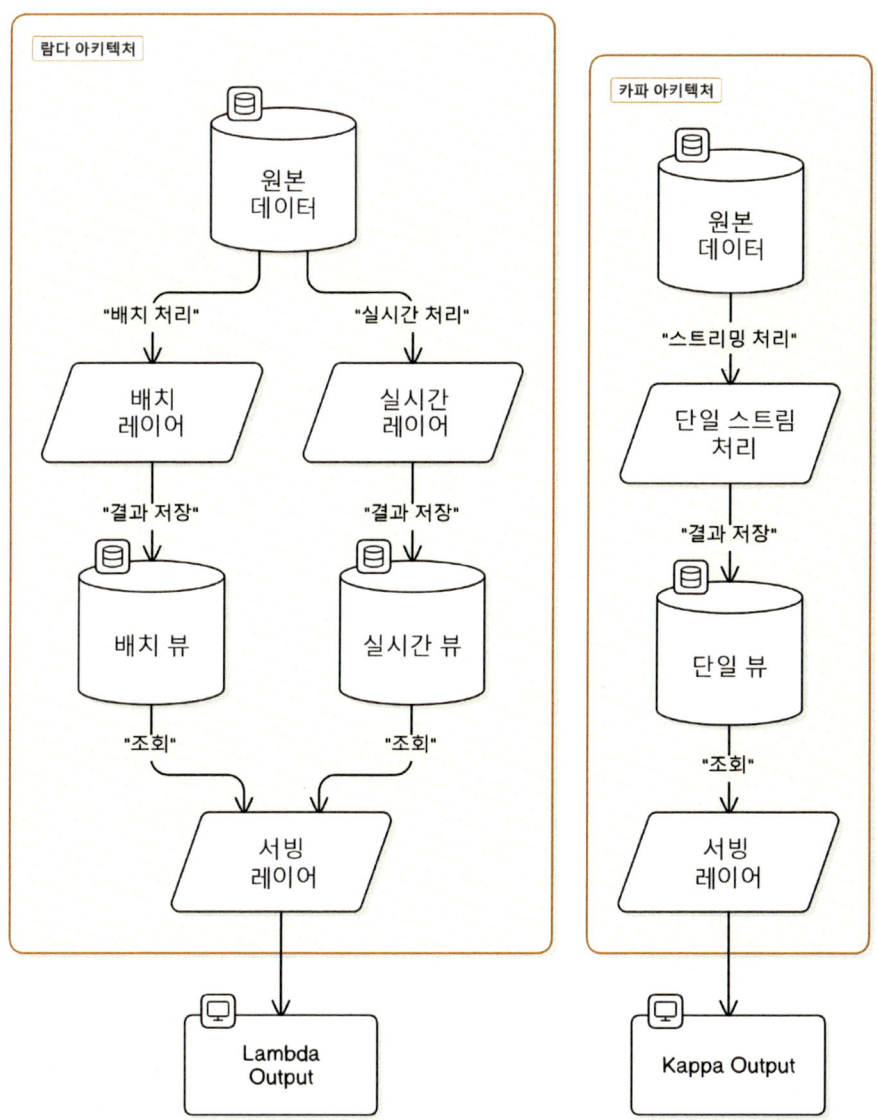

람다 아키텍처와 카파 아키텍처 데이터 흐름

재정적 손실을 줄이기 위해 실시간 처리 파이프라인에 통합될 수 있다. 제조 및 에너지 부문에서는 LLM를 사용하여 실시간 센서 데이터를 분석하고 장비 고장을 나타낼 수 있는 이상 징후를 감지하여 사전 예방 정비를 가능하게 할 수 있다. 개인화된 추천 영역에서 LLM는 고객의 행동과 선호도를 실시간으로 분석하여 고객 경험을 향상시키고 판매를 촉진하는 즉각적인 추천을 생성할 수 있다. LLM를 실시간 처리 파이프라인에 통합하면 정확성 개선, 적시성 향상, 효율성 증대 등 많은 이점을 얻을 수 있다. 이상 징후 감지와 패턴 인식을 자동화함으로써 LLM는 인간 분석가의 작업량을 줄이고 그들이 더 높은 수준의 작업과 전략적 의사 결정에 집중할 수 있도록 한다. LLM와 실시간 처리 기술의 조합은 기업이 빅데이터의 모든 잠재력을 활용하여 실시간으로 귀중한 통찰력을 추출하고 정보에 입각한 결정을 내릴 수 있게 해준다.

결론적으로 배치 처리에서 실시간 처리로의 전환은 빅데이터 시대에 전통적인 데이터 처리 방식의 한계를 극복하고 스트리밍 데이터의 힘을 활용해야 하는 필요성에 의해 추진된 패러다임의 변화였다. 람다 및 카파와 같은 실시간 처리 아키텍처와 아파치 스파크 스트리밍, 아파치 플링크, 아파치 카프카와 같은 인기 있는 프레임워크는 기업이 실시간으로 대규모 데이터를 처리하고 분석할 수 있는 기반을 제공한다. 이러한 아키텍처에 대규모 언어 모델을 통합하면 스트리밍 데이터에 대한 지능형 데이터 분석, 패턴 인식 및 이상 징후 감지 기능이 더욱 향상된다. 사기 감지, 예측 정비, 개인화된 추천 등의 영역에서의 실제 적용 사례는 LLM와 실시간 처리 기술을 결합하여 얻을 수 있는 실질적인 이점을 보여준다. 기업이 빅데이터 환경의 도전과 기회를 계속 모색해 나감에 따라 실시간 처리 아키텍처의 도입과 LLM의 통합은 데이터 기반 통찰력과 의사 결정의 모든 잠재력을 열어줄 핵심 요소가 될 것이다.

하둡 에코시스템과 LLM의 결합

하둡 에코시스템과 LLM의 융합은 기존의 한계를 뛰어넘고 새로운 빅데이터 분석 시너지를 창출할 수 있는 가능성을 열어준다. 하둡의 다양한 구성 요소와 LLM을 통합함으로써 쿼리 성능 향상, 의미론적 데이터 탐색, 지능형 데이터 거버넌스 등 다양한 영역에서 혁신을 이끌어낼 수 있다.

아파치 하이브 Apache Hive 는 하둡 위에 구축된 데이터 웨어하우징 도구로, 사용자가 HiveQL이라는 SQL과 유사한 언어를 사용하여 대규모 데이터 세트를 쿼리할 수 있게 해준다. 그러나 데이터 볼륨이 증가함에 따라 쿼리 성능이 병목 현상이 될 수 있다. LLM(대형 언어 모델)과 Hive의 통합을 통해 쿼리 성능을 향상시키는 방안은 이론적으로 타당하며, 일부 연구 및 프로젝트에서 실험적으로 구현된 사례도 존재한다. LLM은 텍스트 데이터를 이해하고 분석하는 데 뛰어난 능력을 지니고 있어, 이를 활용해 쿼리 패턴, 데이터 통계, 과거 실행 계획을 분석함으로써 최적화된 쿼리 실행 전략을 생성할 수 있다. 예를 들어, 연구에 따르면 LLM을 통해 SQL 쿼리를 최적화하면 중복 계산을 줄이고 효율성을 높일 수 있다는 결과가 나타났다. 또한, LLM을 활용한 지능형 캐싱 전략도 쿼리 성능을 크게 향상시킬 수 있다. 의미적 캐싱 semantic caching 기법을 도입하면 단순한 키워드 일치가 아닌, 쿼리의 의미적 유사성을 기반으로 캐시를 관리할 수 있다. LLM을 SQL 쿼리와 통합하여 쿼리 성능을 개선하는 방법 중 하나로, 데이터 인식 캐싱 Data-Aware Caching 과 요청 스케줄링 Request Scheduling 기법이 사용되었다. 이 방식은 LLM이 동일한 입력 프리픽스를 공유하는 요청을 캐시하여 중복 계산을 줄이고, 캐시 적중률을 높이는 방법이다. 이를 통해 쿼리 응답 시간이 크게 단축될 수 있다. 또한, LLM 기반 쿼리에서 발생하는 비용을 줄이기 위해 중복 제거 Deduplication 와 비용 추정 Cost Estimation 기법이 적용되었으며, 이 기법은 불필요한 LLM 호출을 줄여 전체 성능을 향상시킨다. 예를 들어, 동일한 요청이 반복되면 이를 미리 캐싱하고 재사용하는 방식으로 처리 비용을 최적화할 수 있다

　데이터 탐색은 하둡에 저장된 방대한 양의 데이터를 탐색하고 이해할 수 있게 해주는 빅데이터 분석의 중요한 측면이다. 그러나 전통적인 데이터 탐색 방법은 미리 정의된 스키마와 메타데이터에 의존하는 경향이 있어 숨겨진 통찰력과 관계를 발견하는 능력이 제한적이다. LLM을 하이브와 통합하면 의미론적 탐색을 가능하게 하고 가치 있는 통찰력을 발견할 수 있다. LLM은 데이터의 의미론

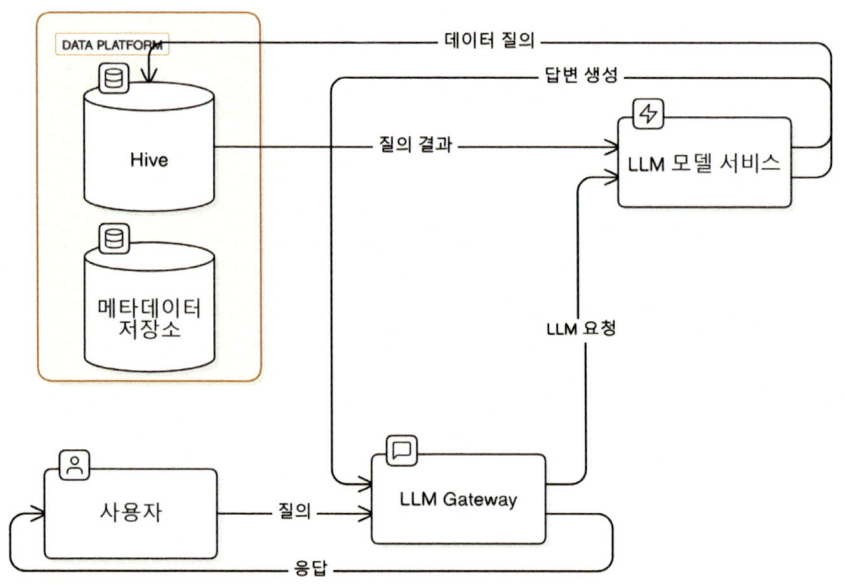

LLM과 하이브의 통합

적 의미를 이해하여 단순한 키워드 매칭을 넘어설 수 있다. 사용자는 자연어로 질문할 수 있고, LLM은 쿼리를 분석하여 의도와 관계를 파악한 후 적절한 HiveQL 문을 생성하여 관련 데이터를 검색할 수 있다.

데이터 거버넌스는 빅데이터를 효과적으로 관리하고 활용하는 데 있어 중요한 측면이다. 그러나 전통적인 데이터 거버넌스 접근 방식은 하둡 환경에서 급증하는 데이터의 양, 다양성, 속도를 따라잡기 어려운 경우가 많다. LLM을 하이브와 통합하면 지능형 자동화된 데이터 관리 실무를 가능하게 하여 데이터 거버넌스를 혁신할 수 있다. LLM은 데이터 스키마, 메타데이터, 실제 데이터 값을 분석하여 잠재적인 품질 문제를 식별할 수 있다. 또한 LLM은 데이터 내용과 맥락을 분석하여 민감도, 중요도, 규정 준수 요구 사항을 추론할 수 있다. 이를 통해 적절한 보안 및 액세스 제어를 민감한 데이터에 적용할 수 있다.

하둡 에코시스템과 LLM의 통합은 빅데이터 분석의 새로운 가능성을 열어준다. 쿼리 최적화와 지능형 캐싱을 통해 더 빠른 쿼리 응답 시간과 리소스 소비 감소를 실현할 수 있을 것으로 예상된다. 의미론적 데이터 탐색을 통해 사용자는 직관적이고 자연스러운 방식으로 데이터 탐색 요구사항을 표현할 수 있다. 지능형 데이터 거버넌스를 통해 데이터 품질, 보안, 개인정보 보호 및 규정 준수를 확보할 수 있다. 이러한 혁신적인 접근 방식을 수용함으로써 조직은 빅데이터 시대의 도전과제를 해결하고 데이터 자산의 잠재력을 최대한 활용할 수 있는 유리한 고지를 선점할 수 있을 것이다.

LLM 기술이 계속 발전함에 따라 하둡 에코시스템과의 통합을 통해 더 많은 기회가 열릴 것이다. 자연어 쿼리 인터페이스부터 자동화된 데이터 탐색 및 이상 탐지에 이르기까지 LLM은 빅데이터

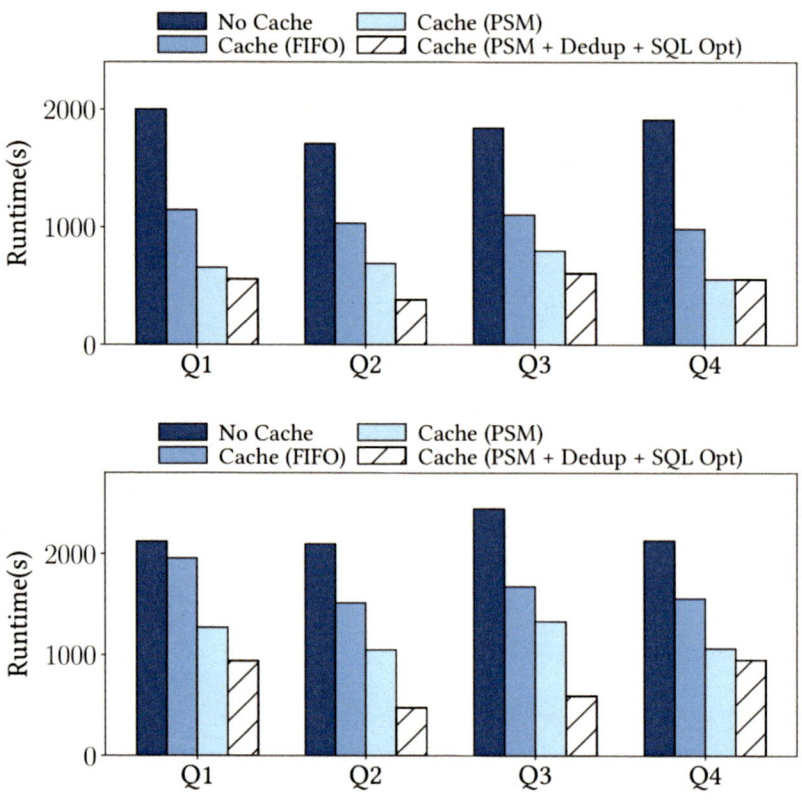

벤치마크 제품군(위 : 로튼 토마토 영화 데이터셋,
아래 : 아마존 제품 데이터셋)에 대한 최적화 기법의 종단 간 지연 시간 결과
/ 출처 : arxiv.org

와 상호 작용하고 분석하는 방식을 혁신할 잠재력을 가지고 있다. 조직은 필요한 인프라와 전문 지식을 구축하고, 모니터링과 튜닝을 위한 모범 사례를 수립하며, 데이터 엔지니어, 데이터 과학자, 도메

인 전문가 간의 협업을 촉진함으로써 LLM 강화 시스템의 이점을 완전히 실현할 수 있다.

결론적으로 LLM과 하둡 에코시스템의 통합은 기존의 한계를 뛰어넘고 빅데이터 분석의 새로운 지평을 열어줄 수 있는 흥미진진한 가능성을 제시한다. 쿼리 성능 향상, 의미론적 데이터 탐색, 지능형 데이터 거버넌스 등 다양한 영역에서 LLM의 힘을 활용함으로써 조직은 더 빠르게 가치 있는 통찰력을 도출하고 데이터 기반 의사 결정을 자신있게 내릴 수 있다. 빅데이터 분석 분야에서 LLM과 하둡의 시너지 효과는 데이터 주도적인 미래를 향한 변향적인 여정의 시작이 될 것이다.

스파크와 LLM, 고성능 인메모리 컴퓨팅의 진화

 Apache Spark와 LLM의 만남은 빅데이터 처리와 분석의 새로운 지평을 열었다. 이 두 기술의 통합은 데이터 과학자와 엔지니어들에게 효율성, 정확성, 그리고 지능적인 데이터 처리의 새로운 경지를 제시한다. Spark의 분산 컴퓨팅 능력과 LLM의 고도화된 자연어 처리 기능을 결합함으로써, 조직은 데이터 파이프라인에서 획기적인 성과를 거둘 수 있게 되었다.

 Spark와 LLM의 통합이 빛을 발하는 주요 영역 중 하나는 데이터 전처리이다. 개체명 인식, 감성 분석, 텍스트 생성과 같은 기술을 활용하여 LLM는 비정형 텍스트 데이터를 지능적으로 처리하고 변환하여 추가 분석과 모델링에 적합한 형태로 만들 수 있다. 이를 통해 데이터 정제, 정규화, 특성 추출 등 다양한 전처리 작업을 자동화하고 최적화할 수 있다. Spark의 분산 처리 프레임워크는 LLM 기반 전처리 작업을 확장하기에 이상적인 플랫폼을 제공한다. 작업 부하를 클러스터의 여러 머신에 분산시킴으로써 Spark는 대량의 텍스트 데이터를 효율적으로 처리할 수 있으며, 조직은 방대한 데이터 세트를 짧은 시간 내에 처리하고 분석할 수 있다. 이러한 확장성은 소셜 미디어 모니터링이나 사기 탐지와 같이 실시간 또는 준실시간 처리가 필요한 시나리오에서 특히 유용하다. 이 통합은 기계 학습 워크플로우를 가속화하는 데에도 흥미로운 가능성을 제시한다. LLM는 단어와 구문 간의 의미론적 의미와 관계를 포착하는 고품질 텍스트 임베딩을 생성하는 데 사용될 수 있다. 이러한 임베딩은 텍스트 분류, 감성 분석, 토픽 모델링 등 다양한 기계 학습 작업에 입력 특성으로 사용될 수 있다. Spark의 분산 컴퓨팅 기능을 활용하면 조직은 기계 학습 모델을 대규모로 학습시키고 배포할 수 있으며, 이를 통해 더 빠르고 정확한 예측 분석이 가능해진다. Spark의 MLlib 라이브러리는 풍부한 기계 학습 알고리즘과 유틸리티를 제공하며, LLM와 원활하게 통합되어 기계 학습 모델의 성능과 정확성을 더욱 향상시킬 수 있다. LLM의 특성 공학 능력과 MLlib의 분산 학습 및 평가 기능을 결합함으로써 데이터 과학자들은 복잡하고 다양한 데이터 세트를 처리할 수 있는 강력하고 확장 가능한 기계 학습 파이프라인을 구축할 수 있다. Spark와 LLM의 통합이 엄청난 잠재력을 지닌 또 다른 영역은 실시간 스트림 처리이다. Spark Streaming은 Spark 핵심 API의 확장으로, 실시간 데이터 스트림의 확장 가능하고 내결함성이 있는 처리를 가능하게 한다. LLM를 Spark Streaming 파이프라인에 통합함으로써 조직은 스트리밍 텍스트 데이터에 대한 지능적이고 상황 인식적인 처리를 수행할 수 있다. 예를 들어, LLM는 소셜 미디어 스트림의 실시간 감성 분석에 사용되어 기업이 고객 피드백과 트렌드를 거의 실시간으로 모니터링하고 대응할 수 있도록 한다. Spark와 LLM의 힘을 최대한 활용하기 위해서는 효율적이고 확장 가능한 데이터 파이프라인을 설계하고 구현하는 것이 중요하다. 이를 위해서는 데이터 수집, 전처리, 출력 단계를 신중하게 고려해야 하며, Spark 클러스터의 성능과 리소스 활용을 최적화해야 한다. 또한 통합 시스템의 원활한 운영과 문제 해결을 위해 모니

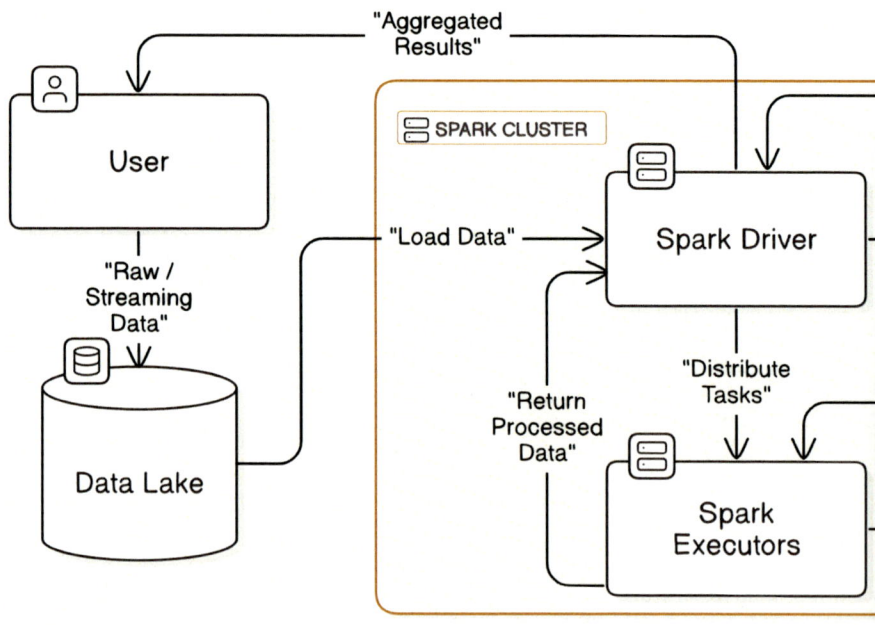

터링 및 관찰 가능성 전략을 수립해야 한다. 데이터의 양과 복잡성이 계속 증가함에 따라 Spark와 LLM의 통합은 더욱 가치 있게 된다. 두 기술의 장점을 활용함으로써 조직은 새로운 통찰력을 얻고, 혁신을 주도하며, 빅데이터 시대에 경쟁 우위를 확보할 수 있다. 지능형 데이터 전처리, 가속화된 기계 학습 워크플로, 실시간 스트림 처리 등 그 가능성은 무궁무진하다. 그러나 Spark와 LLM의 통합에는 전략적이고 책임감 있는 사고방식으로 접근해야 한다. 데이터 프라이버시, 모델 해석 가능성, 윤리적 함의 등을 신중하게 고려하

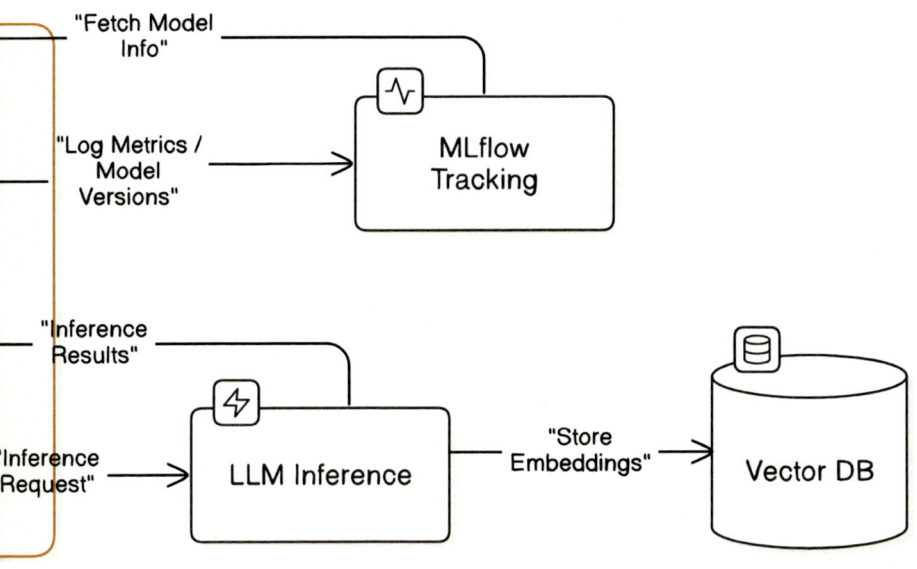

Spark와 LLM의 통합 아키텍처

여 이러한 강력한 기술을 책임감 있고 신뢰할 수 있게 사용해야 한다.

　Apache Spark와 대규모 언어 모델의 통합은 빅데이터 처리 및 분석 분야에서 큰 발전을 의미한다. Spark의 확장성과 성능을 LLM의 고도화된 자연어 처리 기능과 결합함으로써 조직은 지능형 데이터 분석과 의사 결정의 새로운 경계를 개척할 수 있다. 이러한 기술의 도입이 계속 확대됨에 따라, 우리는 다양한 산업 분야에서 혁신과 효율성, 가치 창출을 주도하는 혁신적인 애플리케이션을 기대할 수 있다. 데이터 과학자와 엔지니어들은 Spark와 LLM의 통합을 통해 데이터 처리와 분석의 새로운 차원을 경험할 수 있다. 이 두 기술의 시너지 효과는 데이터 파이프라인의 효율성을 높이고, 정확도를 개선하며, 인사이트 발견을 가속화한다. 앞으로도 Spark와 LLM의 발전과 함께 빅데이터 처리의 지평은 계속해서 확장될 것이다. 우리는 이 강력한 조합이 가져올 변화와 혁신을 기대해 볼 만하다.

SQL-on-Hadoop과 LLM, 빅데이터 분석의 민주화

빅데이터의 시대, 기업들은 엄청난 양의 데이터를 보유하고 있지만, 이를 제대로 활용하지 못하고 있다. 데이터의 복잡성과 규모로 인해 특정 전문가들만이 데이터 분석을 수행할 수 있었기 때문이다. 하지만 SQL-on-Hadoop 도구와 LLM의 등장으로 이러한 패러다임이 변화하고 있다. 이제 기업 내 모든 사용자들이 빅데이터 분석에 참여할 수 있게 되었고, 이를 통해 가치 있는 인사이트를 도출할 수 있게 되었다.

Hive와 Impala와 같은 SQL-on-Hadoop 도구는 익숙한 SQL 쿼리 언어를 빅데이터 세계에 가져왔다. 이러한 도구를 사용하면 Hadoop에 저장된 대규모 데이터셋을 SQL과 유사한 구문으로 다룰 수 있어, 기존 데이터베이스 기술을 가진 사용자들도 쉽게 빅데이터 영역으로 전환할 수 있다. 그러나 SQL-on-Hadoop의 진정한 잠재력은 LLM과 결합했을 때 발휘된다. LLM(대형 언어 모델)을 SQL-on-Hadoop 도구와 통합하는 아이디어는 매우 흥미롭고, 특히 데이터 분석의 접근성을 높이는 데 큰 도움이 될 수 있다. LLM은 자연어를 이해하고 처리하는 능력을 가지고 있어, 기술적인 배경이 없는 사용자도 복잡한 SQL 쿼리를 직접 작성하지 않고도 자연어로 데이터를 쿼리할 수 있는 환경을 제공할 수 있다. 예를 들어, 사용자가 "지난해 매출이 가장 높은 제품을 보여줘"라고 입력하면, LLM이 이를 자동으로 SQL 쿼리로 변환하여 Hadoop에서 실행하는 식이다. 이렇게 되면 데이터 분석의 진입 장벽이 크게 낮아지고, 누구나 쉽게 데이터를 탐색할 수 있는 환경이 만들어진다. 기술적인 배경이 없는 사용자들도 데이터를 활용해 새로운 통찰력을 얻을 수 있으며, 조직 내에서 데이터 기반 의사결정이 더욱 활성화될 수 있다. 뿐만 아니라, LLM은 쿼리 패턴과 모범 사례를 학습함으로써 최적화된 쿼리를 자동으로 생성할 수 있다. 이로 인해 쿼리 실행 시간이 줄어들고, 시스템 자원을 효율적으로 사용할 수 있게 된다. 결국, 데이터 분석에 소요되는 시간과 노력이 줄어들어 더 빠르고 효율적인 결과를 얻을 수 있다. 하지만, 이러한 통합은 아직 연구 단계에 있으며, 실제로 상용화된 사례는 많지 않다. SQL-on-Hadoop 도구와 LLM을 통합하기 위해서는 더 많은 연구와 실험이 필요하다. 현재까지의 연구는 이론적인 가능성을 제시하고 있으며, 앞으로 이를 실제로 구현하기 위한 기술적 도전들이 남아 있다. 따라서, LLM과 SQL-on-Hadoop의 통합은 미래에 데이터 분석을 더 쉽게 하고 효율적으로 만들 가능성이 크지만, 아직 상용화되기까지는 시간이 걸릴 것으로 보인다.

LLM이 단순하고 의미론적으로 풍부한 데이터 모델과 함께 작동하는 지식 그래프 접근 방식은 쿼리 생성 프로세스를 크게 단순화할 수 있다. 물리적 데이터베이스 구조의 복잡성을 추상화하고 엔티티 간의 관계를 명시적으로 정의함으로써 지식 그래프는 LLM이 테이블 관계 및 데이터베이스 특정 최적화의 복잡성이 아닌 사용자 질문의 의도에 집중할 수 있도록 한다. 효과적인 프롬프트 엔지니어링은 SQL 쿼리 생성을 위해 LLM을 활용하는 또 다른 중요한 측면이다. 맥락과 관련 데이터베이스 스키마 세부 정보를 제공하는 명확한 프롬프트를 통해 LLM은 사용자의 의도를 정확하게 SQL 쿼리로 변환할 수 있다. 자연어 프롬프트와 해당 SQL 쿼리의 주석 처리된 예제를 포함하면 모델이 구문을 준수하는 출력을 생성하도록 더욱 유도할 수 있다. 생성된 쿼리의 신뢰성과 효율성을 보장하기 위해 다양한 최적화 기법을 사용할 수 있다. 구문 분석된 SQL과 인식된 쿼리 프롬프트를 캐싱하면 반복되는 쿼리를 재처리하지 않아 대기 시간과 비용 제어가 개선된다. 쿼리 구문 분석, 프롬프트 인식, SQL 생성 및 SQL 결과 모니터링은 LLM 최적화 및 미세 조정을 위한 가시성을 제공한다. 또한 구체화된 뷰를 사용하면 일반적인 텍스트-SQL 쿼리에 대한 SQL 생성을 단순화하고 성능을 개선할 수 있다.

LLM과 SQL-on-Hadoop 도구의 통합은 쿼리 성능을 개선하고 수동 코딩 노력을 줄일 뿐만 아니라 더 넓은 사용자 기반에서 이러한 도구의 채택을 촉진한다. 자연어 인터페이스는 광범위한 SQL 지식이 없는 사용자에게 SQL-on-Hadoop을 더 접근 가능하게 만들며, LLM이 가능하게 하는 고급 데이터 분석 기능은 기업 전반에 걸쳐 새로운 인사이트를 발견하고 데이터 기반 의사 결정을 추진할 수 있다. 데이터 검색 및 인사이트를 더욱 향상시키기 위해 LLM을 데이터 카탈로그와 통합할 수 있다. 비정형 데이터 소스에서 관련 메타데이터를 자동으로 추출함으로써 LLM은 데이터 카탈로그에서 사용 가능한 정보를 보강하여 보다 포괄적이고 탐색하기 쉽게 만든다. LLM의 고급 언어 처리 기능은 또한 일반 언어 쿼리를 사용하여 사용자가 관련 데이터셋을 보다 효율적으로 찾을 수 있도록 검색 정확도를 개선할 수 있다. LLM은 또한 많은 수의 자산에 걸쳐 일관된 메타데이터 태깅을 보장하여 데이터의 품질과 검색 가능성을 향상시킬 수 있다. 메타데이터를 분석함으로써 LLM은 사용량을 기반으로 사용자, 대시보드 또는 테이블 간의 연결과 같이 즉시 명확하지 않을 수 있는 패턴과 관계를 식별할 수 있다. 이러한 통찰력은 데이터 환경에 대한 보다 전체적인 이해로 이어질 수 있다. 또한 LLM은 향상된 데이터 프로파일링을 통해 데이터의 구조와 품질에 대한 귀중한 통찰력을 제공할 수 있다. 이 정보는 조직이 데이터 사용, 유지 관리 및 거버넌스에 대한 정보

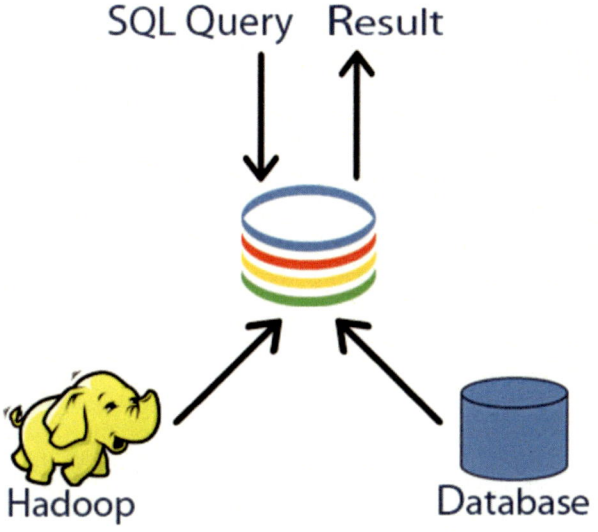

Hadoop SQL Big Data Analytics / 출처 : QueryIO

에 입각한 결정을 내릴 수 있도록 한다. LLM은 또한 자연어 설명을 기반으로 코드 스니펫을 생성하여 데이터 변환 프로세스를 간소화하여 사용자가 데이터를 쉽게 조작하고 분석할 수 있도록 한다. LLM과 데이터 카탈로그 및 기타 메타데이터 도구의 통합은 데이터 검색 및 분석을 위한 강력한 생태계를 만든다. 데이터에 대한 보다 포괄적인 이해를 제공하고 정확한 통찰력과 추천을 생성함으로써 LLM 기반 데이터 카탈로그는 비즈니스 및 기술 팀의 생산성과 효율성을 크게 향상시킬 수 있다.

LLM 기술이 계속 발전함에 따라 SQL-on-Hadoop 환경에서 데이터 검색 및 분석을 위한 기회는 광범위하다. 데이터 스택의 다른 구성 요소와의 통합부터 정확성과 설명 가능성 향상에 이르기까지 빅데이터 분석의 미래는 밝아 보인다. LLM의 힘을 손끝에서 활용함으로써 조직은 데이터의 모든 잠재력을 끌어내어 빅데이터 시대의 혁신과 경쟁 우위를 이끌어 낼 수 있다. 결론적으로 SQL-on-Hadoop 도구와 대규모 언어 모델의 통합은 빅데이터 분석의 민주화를 향한 중요한 발걸음을 나타낸다. 기업 전체의 사용자가 자연어를 사용하여 데이터와 상호 작용할 수 있게 함으로써 이 접근 방식은 진입 장벽을 낮추고 더 빠르고 효율적인 데이터 탐색을 가능하게 한다. 최적화된 SQL 쿼리를 생성하고 데이터 카탈로그를 통해 귀중한 통찰력을 제공하는 LLM의 능력은 이러한 통합의 가치를 더욱 높인다. 조직이 데이터의 힘을 활용하고자 할 때 SQL-on-Hadoop과 LLM의 조합은 대규모로 통찰력을 끌어내고 데이터 기반 의사 결정을 추진하기 위한 매력적인 솔루션을 제공한다.

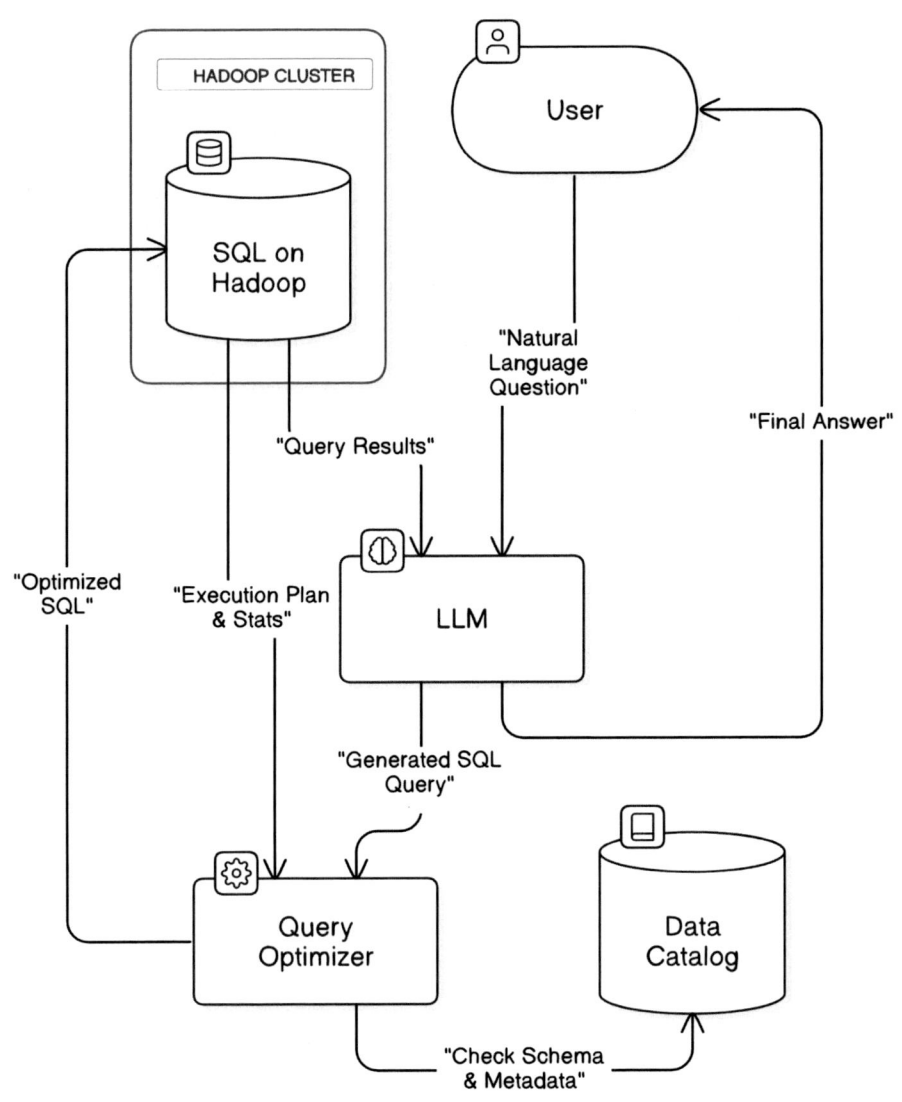

LLM과 SQL-on-Hadoop 도구의 통합

실시간 스트림 처리와
LLM 기반 이벤트 탐지

실시간 데이터 스트림은 마치 거대한 강물과 같다. 이 광활한 정보의 세계를 항해하기 위해서는 최첨단 기술과 고도화된 기계 학습 모델이 결합된 믿을 수 있는 선박이 필요하다. 바로 여기에 실시간 스트림 처리와 LLM의 힘이 발휘된다.

LLM을 실시간 스트림 처리 파이프라인에 통합하는 것이 성공의 열쇠다. 다양한 데이터 소스를 원활하게 연결하고, 데이터 스트림을 정제 및 보강하며, 실시간으로 LLM 기반 분석을 위해 다운스트림 시스템에 전달하는 통합 플랫폼을 활용하는 것이 중요하다. 아파치 카프카Apache Kafka와 아파치 플링크Apache Flink와 같은 프레임워크는 효율적인 데이터 수집, 변환, 전달을 가능하게 하는 이 통합의 근간이 된다. 최적의 성능과 확장성을 보장하기 위해서는 원시 데이터를 LLM이 소비할 수 있는 의미 있는 특성으로 처리하는 특성 파이프라인 구현에 집중해야 한다. 이러한 파이프라인은 변경 데이터 캡처Change Data Capture, CDC와 경량 처리 프레임워크와 같은 기술을 활용하여 지연 시간과 리소스 사용을 최소화하는 실시간 데이터 처리를 염두에 두고 설계되어야 한다. LLM을 활

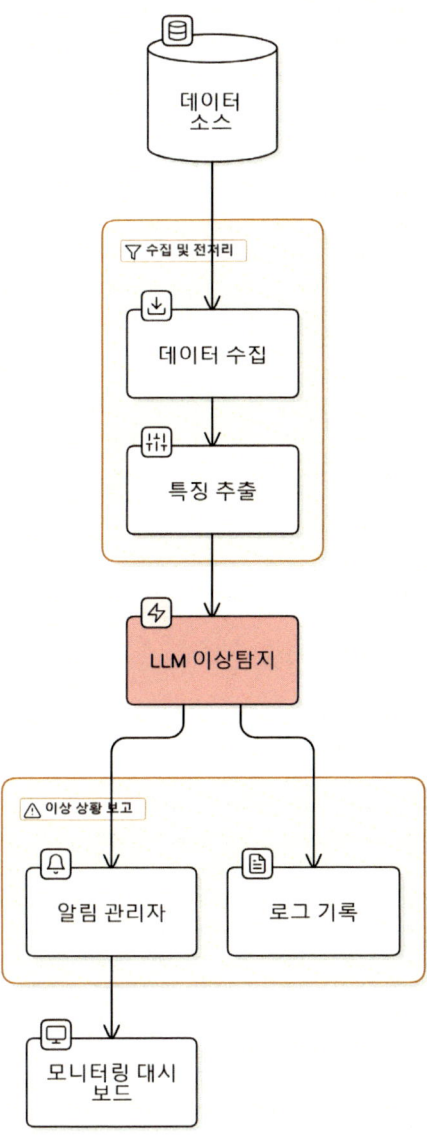

LLM 기반 이상 탐지 시스템의 구조도

용한 이상 탐지와 패턴 인식의 매력적인 세계를 탐구해보자. 이러한 고급 모델의 힘을 활용하면 다양한 영역의 실시간 데이터 스트림에서 숨겨진 통찰력을 발견하고 이상 징후를 감지할 수 있다. 금융 사기 탐지부터 의료 이상 식별에 이르기까지 LLM은 데이터의 복잡한 패턴과 뉘앙스를 분석하는 데 비할 데 없는 기능을 제공한다.

이상 탐지를 위해 LLM을 효과적으로 적용하려면 특정 데이터 세트와 작업에 맞게 적합한 사전 훈련된 모델을 선택하고 미세 조정하는 것이 중요하다. LLM을 시계열 알고리즘이나 클러스터링 기술과 결합한 하이브리드 접근 방식은 이상 탐지 시스템의 정확성과 견고성을 더욱 향상시킬 수 있다. 그러나 이상 징후를 감지하는 것으로 여정이 끝나는 것은 아니다. 진정한 가치는 이러한 통찰력을 실시간 의사 결정과 경고에 활용하는 데 있다. LLM 출력을 규칙 엔진, 의사 결정 지원 시스템, 경고 메커니즘과 통합함으로써 조직은 중요한 프로세스를 자동화하고 적시에 개입할 수 있다. 이러한 시스템의 효과를 보장하기 위해서는 거짓 양성 false positive 을 완화하고 중요한 이벤트에 우선순위를 매기는 메커니즘을 구현하는 것이 필수적이다. 실시간 모니터링 대시보드와 인간 검증 단계와 같은 사람 중심의 개입 human-in-the-loop intervention 은 LLM 기반 이벤트 탐지의 정확성과 관련성을 개선하는 데 중요한 역할을 한다.

실시간 스트림 처리와 LLM 기반 이벤트 탐지의 광활한 영역을 탐색할 때 미래를 주시하는 것이 중요하다. LLM의 해석 가능성을 높이는 설명 가능한 AI 기술은 신뢰와 투명성을 구축하는 데 중요할 것이다. 특정 산업에 맞게 미세 조정된 도메인 특화 모델은 탐지 정확도와 관련성을 더욱 높일 것이다. 그리고 엣지 컴퓨팅의 잠재력은 소스 수준에서 실시간 이상 탐지에 새로운 가능성을 열어준다. 결론적으로, 카프카와 플링크와 같은 실시간 스트림 처리 기술과 LLM의 힘을 결합하는 것은 데이터 전문가에게 변혁의 기회를 제공한다. 이 장에서 제시한 전략과 기술을 익힘으로써 데이터 스트림의 모든 잠재력을 발휘하고, 의미 있는 패턴과 이상 징후를 감지하며, 실시간 의사 결정을 추진할 수 있다. LLM과 실시간 스트림 처리의 시대를 받아들이고 데이터 전문가가 되기 위한 여정을 시작하자.

5장 데이터 스토리텔링과 LLM 기반 시각화

데이터 스토리텔링과 LLM 기반 시각화

데이터는 숫자와 통계로 이루어진 차가운 존재가 아니다. 그것은 우리에게 이야기를 들려주고, 통찰을 제공하며, 변화를 이끄는 살아있는 존재이다.

빅데이터 시대에 복잡한 데이터 속에서 의미 있는 패턴을 찾아내고, 그것을 청중과 공감할 수 있는 이야기로 엮어내는 것, 그것이 바로 데이터 스토리텔링이다. 데이터 스토리텔링의 힘은 데이터를 맥락화하고 청중과 관련성 있게 만드는 데 있다. 비유를 사용하고, 공감할 수 있는 캐릭터를 만들며, 서스펜스를 조성하고, 청중을 이야기에 몰입시키는 것, 이 모든 것이 데이터 스토리텔링의 기술이다. 유쾌한 언어, 절정의 순간, 영웅의 여정 같은 서사 구조는 데이터 스토리의 영향력을 한층 더 높인다.

LLM은 데이터 스토리텔링 과정을 자동화하고 향상시키는 데 중추적인 역할을 한다. 이 강력한 모델은 방대한 데이터셋을 신속하게 분석하고, 핵심 통찰, 추세, 이상 현상을 파악하며, 발견한 내용을 명확하고 매력적인 방식으로 설명하는 자연어 내러티브를 생성한다. LLM를 활용함으로써 데이터 분석가는 분석 과정에서 시간과 노력을 절약하면서도 청중과 공감할 수 있는 이야기를 만들어 낼 수 있다.

데이터 시각화는 효과적인 데이터 스토리텔링의 또 다른 핵심 요소이며, LLM는 이 분야에서도 혁신을 일으키고 있다. 자연어 입력을 기반으로 시각화를 생성할 수 있는 능력 덕분에 LLM는 비전문가도 복잡한 시각화를 활용할 수 있게 만든다. 사용자는 질문을 하고, 시각화를 사용자 정의하며, 직관적으로 데이터 스토리를 탐색할 수 있어 전반적인 사용자 경험이 향상되고 대화형 데이터 탐색이 촉진된다.

가상현실[VR]과 증강현실[AR] 기술과 LLM를 통합하면 데이터 스토리텔링의 몰입감이 한층 더 커진다. 몰입형 분석 도구를 사용하면 사용자는 2D와 몰입형 현실 모드에서 데이터와 상호 작용할 수 있어 매력적이고 기억에 남을 만한 경험을 만들어 낼 수 있다. 이러한 통합은 데이터 발견, 의사 결정, 협업에 새로운 가능성을 열어준다. 그러나 데이터 스토리텔링에 LLM를 활용하는 것은 해결해야 할 과제도 안고 있다. 정확하고 신뢰할 수 있는 결과를 얻으려면 고품질 입력 데이터를 확보하고, LLM가 시각화를 생성하는 방식을 이해하며, 기술적 한계를 해결하는 것이 중요하다. 이 분야가 계속 발전함에 따라 LLM의 힘을 활용하는 도구와 애플리케이션이 데이터 시각화를 더욱 접근 가능하고 효율적으로 만드는 데 중요한 역할을 할 것이다. LLM의 잠재력은 데이터 분석과 스토리텔링 자동화에서 엄청나다. 패턴을 감지하고, 데이터를 분석하며, 맥락적 이해를 제공함으로써 LLM는 핵심 발견 사항을 강조하고, 실행 가능한 권장 사항을 제공하며, 개별 사용자의 역할과 선호도에 맞춘 맞춤형 데이터 스토리를 만들 수 있다. 이러한 자동화는 데이터 분석에 민주화를 가져와 더 많은 사람이 복잡한 데이터에 접근하고 이해할 수 있게 만든다.

우리가 빅데이터 시대를 항해하는 가운데, 데이터 스토리텔링에 LLM를 통합하는 것은 데이터 기반 의사 결정의 모든 잠재력을 이끌어 내는 열쇠를 쥐고 있다. 설득력 있는 내러티브를 만들고, 몰입형 시각화를 생성하며, 통찰 생성을 자동화함으로써 LLM는 조직이 데이터를 이해하고, 혁신을 주도하며, 목표를 달성할 수 있도록 한다. 데이터가 새로운 통화가 되는 세상에서 스토리텔링을 통해 통찰력을 효과적으로 전달할 수 있는 능력은 경쟁 우위가 된다. LLM의 힘을 받아들이고 데이터 스토리텔링의 기술을 습득함으로써 조직은 원시 데이터를 실행 가능한 지능으로 변환하고, 청중에게 영감을 주며, 의미 있는 변화를 이끌어 낼 수 있다. 데이터 커뮤니케이션의 미래가 여기 있으며, 그것은 인간의 창의성과 기계 지능의 시너지로 인해 힘을 얻는다.

데이터 스토리텔링의 기술을 익히는 것은 단순히 데이터를 이해하는 것 이상의 의미를 지닌다. 그것은 우리가 세상을 이해하고, 변화를 이끌어 내며, 더 나은 미래를 만들어 가는 방법이기도 하다. 데이터는 우리에게 많은 것을 말해주지만, 그 목소리에 귀 기울이고 그 이야기를 전하는 것은 우리의 몫이다. 이제 우리는 데이터 스토리텔링이라는 강력한 도구를 손에 쥐고 있다. 이 도구를 현명하게 사용한다면, 우리는 데이터의 힘을 이용해 세상을 변화시킬 수 있을 것이다. 데이터 스토리텔링과 LLM 기반 시각화는 빅데이터 분석의 결과를 효과적으로 전달하는 혁신적인 방법을 제시한다. 우리는 이 기술을 통해 데이터를 단순한 숫자의 나열이 아닌, 공감과 행동을 이끄는 생생한 이야기로 만들어 낼 수 있다. 복잡하고 방대한 데이터 속에서 의미를 찾아내고, 그 의미를 모두와 공유하는 것, 그것이 바로 우리가 데이터 스토리텔링을 통해 이루고자 하는 목표이다. 이제 데이터와 기술, 그리고 인간의 창의성이 만나는 곳에서 새로운 이야기가 시작된다.

빅데이터 시각화의 기본기, 차트 유형과 시각화 원칙

데이터 시각화는 방대한 양의 정보 속에 숨겨진 통찰과 트렌드를 효과적으로 전달할 수 있게 해주는 빅데이터 분야의 필수 스킬이다. 이번 장에서는 다양한 차트 유형과 효과적인 시각화 설계의 기본 원칙에 초점을 맞추어 빅데이터 시각화의 기초를 살펴보고자 한다. 이러한 개념을 숙지함으로써 데이터에 생명을 불어넣는 매력적이고 유익한 시각화를 만들 수 있는 역량을 갖추게 될 것이다.

적절한 차트 유형을 선택하는 것은 데이터의 특성과 전달하고자 하는 메시지를 이해하는 데서 시작된다. 각 차트 유형은 고유한 장단점을 가지고 있어 특정 유형의 데이터와 스토리텔링에 적합하다. 예를 들어, 막대 차트는 이산적인 범주를 비교하는 데 이상적이며, 선 차트는 시간에 따른 추세를 보여주는 데 탁월하다. 파이 차트는 인기가 있음에도 불구하고, 특히 많은 세그먼트를 다룰 때 비율을 정확하게 표현하는 능력이 제한적이라는 점에서 종종 비판을 받는다. 반면에 히트맵은 지리적 또는 시간적 데이터를 다룰 때 대규모 데이터셋 내의 패턴과 관계를 시각화하는 강력한 도구이다. 적절한 차트 유형을 선택하는 것 외에도, 효과적인 시각화를 만들기 위해서는 시각적 인지와 설계를 지배하는 원칙에 대한 깊은 이해가 필요하다. 에드워드 터프티 Edward Tufte 가 도입한 개념인 데이터-잉크 비율 data-ink ratio 은 데이터를 표시하는 데 사용되는 잉크의 양을 최대화하고 비데이터 요소를 최소화하는 것의 중요성을 강조한다. 이를 통해 불필요한 장식에 가려지지 않고 정보 자체에 초점을 맞출 수 있다. 또한 크기, 색상, 위치를 사용하여 명확한 시각적 계층을 설정하면 주요 통찰과 트렌드를 쉽게 파악할 수 있도록 뷰어의 주의를 유도할 수 있다.

색채 이론은 데이터 시각화에서 중요한 역할을 한다. 색상은 의미를 전달하고, 데이터 포인트를 구별하며, 가독성을 높이는 데 사용될 수 있기 때문이다. 그러나 색맹과 같은 요인을 고려하고 대비되는 색상을 신중하게 사용하여 모든 뷰어가 시각화에 접근할 수 있도록 해야 한다. 또한 인간의 뇌가 시각 정보를 의미 있는 패턴으로 구성하는 방식을 설명하는 게슈탈트 원칙 Gestalt principles 도 효과적인 시각화를 만드는 데 중요한 역할을 한다. 근접성, 유사성, 연속성, 폐쇄성, 폐합성 등의 원칙을 활용함으로써 직관적이고 해석하기 쉬운 시각화를 만들 수 있다.

단순성, 명확성, 일관성은 매력적인 데이터 시각화의 근간이 된다. 디자인을 간결하게 유지하고 핵심 메시지에 집중함으로써 뷰어

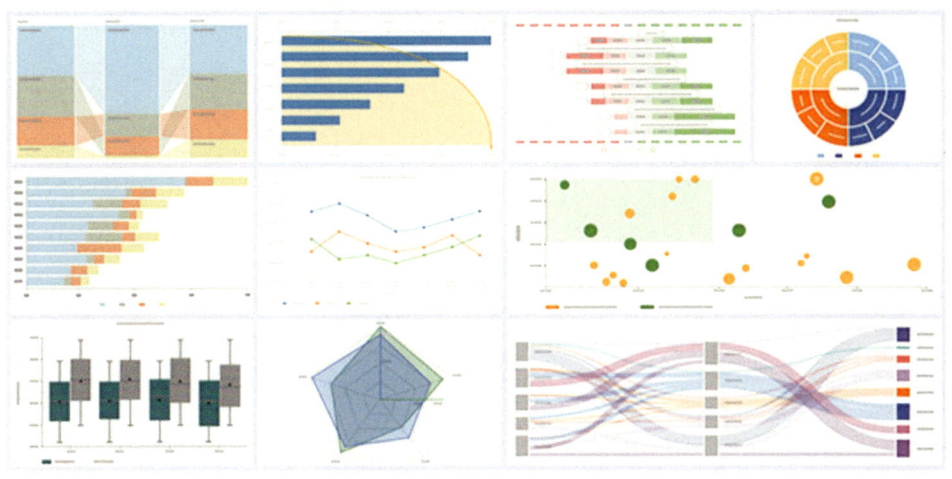

데이터 시각화를 위한 차트 및 그래프 유형 / 출처 : chartexpo.com

는 제시된 통찰을 신속하게 파악할 수 있다. 명확하고 간결한 레이블링과 직관적인 디자인 요소는 데이터 전문 지식이 많지 않은 사람들도 시각화를 쉽게 이해할 수 있도록 보장한다. 색상 구성표와 타이포그래피와 같은 디자인 요소의 일관성을 유지하면 통합되고 전문적인 모습을 만들어 공유되는 인사이트의 신뢰성을 더욱 높일 수 있다. 데이터 시각화의 가독성과 해석 가능성을 더욱 높이기 위해 디자이너는 다양한 전략을 활용할 수 있다. 예를 들어, 여백을 효과적으로 사용하여 혼잡을 줄이고 뷰어의 주의를 유도할 수 있다. 사용자가 데이터를 더 자세히 탐색하고 다양한 각도에서 살펴볼 수 있는 대화형 시각화는 이해도와 참여도를 높이는 강력한 도구가 될 수 있다. 또한 데이터 시각화를 내러티브의 일부로 제시하면 인사이트를 더 기억에 남고 임팩트 있게 만들어 통찰력의 보존을 촉진하고 데이터 기반 의사결정을 장려할 수 있다. 다양한 청중과 맥락에 맞는 시각화를 설계하는 것은 효과적인 데이터 커뮤니케이션의 핵심 측면이다. 이는 대상 청중의 기술 수준, 발표 매체, 시각화가 보여질 특정 맥락에 맞게 시각화를 조정하는 것을 포함한다. 정교한 뷰어를 위해서는 Tableau와 같은 대화형 도구를 사용하여 깊이 있는 데이터 탐색이 가능한 대시보드를 만들 수 있는 반면, 일반 청중은 Excel과 같은 도구를 사용하여 만든 더 단순한 시각화에서 핵심 메시지에 초점을 맞추는 것이 도움이 될 수 있다. 고위 경영진에게 발표할 때는 Power BI와 같은 도구를 활용하여 핵심 성과 지표를 강조하고 명확하고 실행 가능한 통찰력을 제공하는 대시보드를 만들 수 있다.

발표 매체 또한 시각화 설계에 중요한 역할을 한다. 정적 보고서는 대화형 요소에 의존하지 않고 주요 메시지를 전달하는 명확하고 간결한 시각화가 필요하며, 대화형 대시보드는 필터와 드릴다운drill-down 옵션과 같은 기능이 있는 매력적인 시각화를 만들기 위해 Tableau와 같은 도구를 활용할 수 있다. 프레젠테이션을 만들 때는 PowerPoint와 같은 소프트웨어를 사용하여 제목, 주석, 캡션과 같은 스토리텔링 요소를 활용해 공유되는 통찰력을 통해 청중을 안내하는 매력적인 내러티브를 만들 수 있다. 결국 효과적인 데이터 시각화를 만드는 것은 청중과 통찰력이 전달될 맥락에 대한 깊은 이해가 필요하다. 설문 조사를 실시하고, 피드백을 수집하며, 청중의 데이터 리터러시 수준과 관심 분야에 맞게 시각화를 조정함으로써 디자이너는 메시지가 명확하고 매력적이며 관련성 있는 방식으로 전달되도록 할 수 있다. 적절한 도구를 선택하고, 대상 청중과 함께 디자인을 테스트하고, 피드백에 기반하여 반복하는 것은 모두 뷰어와 공감하고 데이터 기반 의사결정을 이끄는 시각화를 만드는 데 필수적인 단계이다. 빅데이터 환경이 계속 진화함에 따라 효과적인 데이터 시각화의 중요성은 계속해서 커질 것이다. 차트 유형, 시각화 원칙, 청중 중심 설계의 기초를 숙달함으로써 데이터의 잠재력을 최대한 발휘하는 매력적인 시각화를 만들 수 있는 좋은 위치에 서게 될 것이다. 시각적 커뮤니케이션의 힘을 받아들이고 데이터를 통해 청중을 매혹하고, 정보를 전달하며, 영감을 줄 수 있는 스토리텔링을 구현하자.

BI 도구와 LLM 기반 자연어 인터페이스 결합

데이터 분석의 발전과 함께 비즈니스 인텔리전스 BI 도구와 LLM 기반 자연어 인터페이스의 결합이 주목받고 있다. 이러한 강력한 조합은 사용자가 손쉽게 데이터를 탐색하고 시각화할 수 있게 함으로써 조직 전반에 걸쳐 데이터 기반 의사 결정을 가능케 한다.

BI 분야의 선두주자로 자리매김한 Tableau와 Power BI는 각각 고유한 특징과 기능을 제공한다. Tableau의 강점은 사용자 정의가 가능한 광범위한 시각화 라이브러리로, 사용자는 시각적으로 눈에 띄고 상호작용이 가능한 대시보드를 만들 수 있다. 직관적인 드래그 앤 드롭 인터페이스는 비기술 사용자도 손쉽게 데이터를 탐색하고 숨겨진 패턴을 발견할 수 있게 한다. 대용량 데이터 세트를 처리하고 다양한 데이터 소스와 원활하게 통합되는 Tableau의 능력은 강력한 데이터 시각화 솔루션을 추구하는 조직에게 최고의 선택이 된다. 반면, 마이크로소프트 제품인 Power BI는 마이크로소프트 생태계와의 긴밀한 통합을 활용하여 매끄러운 사용자 경험을 제공한다. 사용하기 쉬운 인터페이스와 사전 구축된 광범위한 커넥터 라이브러리를 통해 사용자는 Excel, SQL 데이터베이스, 클라우드 기반 서비스 등 다양한 데이터 소스에 쉽게 연결할 수 있다. Power BI의 자연어 쿼리 기능은 사용자가 일상 언어로 질문할 수 있어 데이터 탐색을 더욱 접근하기 쉽고 직관적으로 만든다.

Tableau와 Power BI가 각자의 영역에서 뛰어난 성능을 보이는 가운데, LLM 기반 자연어 인터페이스의 등장은 사용자가 이러한 도구와 상호작용하는 방식에 혁신을 가져왔다. 자연어 처리와

Tableau Desktop 화면 / 출처 : Tableau

Power BI / 출처 : Microsoft Power Platform

　기계 학습의 힘을 활용하여 이러한 인터페이스는 사용자가 일상 언어를 사용하여 데이터와 상호 작용할 수 있게 하여 복잡한 쿼리나 기술 전문 지식의 필요성을 제거한다.
　영업 관리자가 고객 이탈에 영향을 미치는 요인을 이해하려는 시나리오를 상상해 보자. 복잡한 SQL 쿼리를 작성하거나 메뉴와 옵션의 미로를 탐색하는 대신, 관리자는 단순히 "지난 분기 고객 이탈의 주요 원인은 무엇입니까?"라고 물을 수 있다. LLM 기반 인터페이스는 쿼리를 처리하고 의도를 이해하며 적절한 시각화 자료와 통찰력을 생성하여 명확하고 간결하게 제시한다.

BI 도구와 LLM 기반 인터페이스의 이러한 원활한 통합은 산업 전반에 걸쳐 조직에 광범위한 영향을 미친다. 이는 비즈니스 분석가, 마케터, 임원과 같은 비기술 사용자가 IT 팀이나 데이터 과학자에 의존하지 않고도 데이터의 힘을 활용할 수 있게 한다. 이러한 데이터 접근의 민주화는 데이터 기반 의사 결정 문화를 조성하여 조직이 시장 변화에 신속하게 대응하고 성장을 위한 새로운 기회를 파악할 수 있도록 한다. 더욱이 LLM 기반 인터페이스와 BI 도구의 통합은 협업과 지식 공유를 위한 새로운 길을 열어준다. 사용자는 시스템과 자연어로 대화하며 후속 질문을 하고, 설명을 구하며, 데이터의 다양한 측면을 탐구할 수 있다. 이러한 상호작용적이고 반복적인 과정은 통찰력에 대한 더 깊은 이해를 장려하고 더 많은 정보에 입각한 의사 결정을 촉진한다.

BI 도구와 LLM 기반 인터페이스를 결합하는 이점은 개별 사용자를 넘어 조직 차원으로 확장된다. 이러한 통합은 데이터 탐색 및 분석 프로세스를 간소화하여 실행 가능한 통찰력을 도출하는 데 필요한 시간과 노력을 줄인다. 이를 통해 팀은 더욱 효과적으로 협력하고 통찰력을 공유하며 서로의 발견을 바탕으로 구축할 수 있어 궁극적으로 더 혁신적이고 데이터 기반의 전략으로 이어진다.한다. 하지만 이러한 통합을 구현하려면 신중한 계획과 고려가 필요

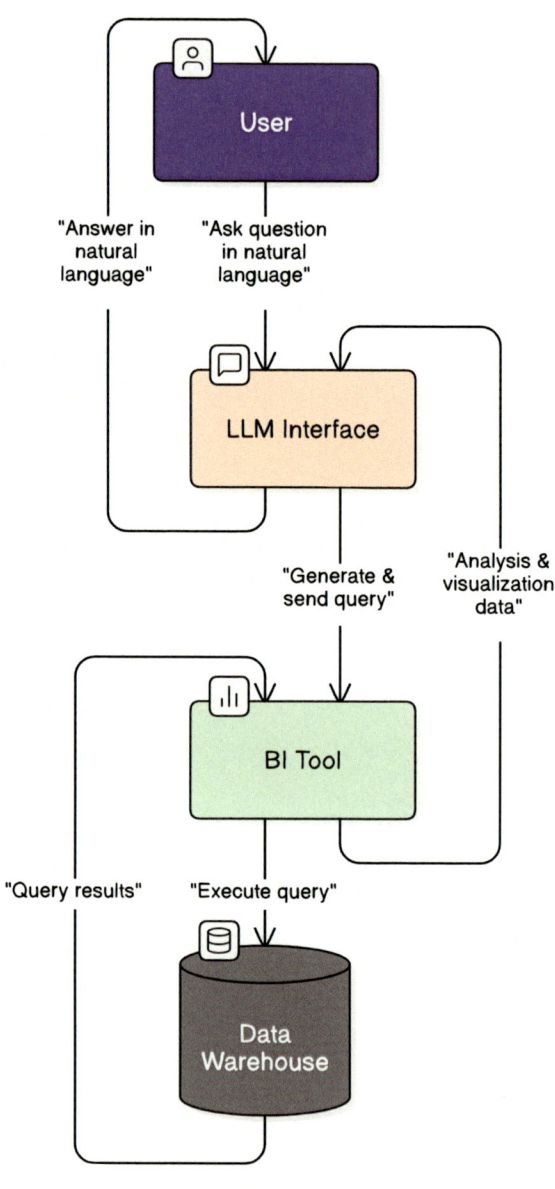

BI 도구와 LLM 기반 자연어 인터페이스의 통합

하다. 조직은 민감한 정보를 보호하기 위한 필요한 거버넌스 조치와 함께 강력하고 안전한 데이터 인프라를 확보해야 한다. 또한 BI 도구와 LLM 기반 인터페이스의 선택은 확장성, 사용 편의성, 기존 시스템과의 호환성 등의 요소를 고려하여 조직의 특정 요구 사항에 부합해야 한다.

데이터 기반 통찰력에 대한 수요가 계속 증가함에 따라 LLM 기반 자연어 인터페이스와 BI 도구의 통합은 현대 데이터 분석 전략의 핵심 요소가 될 것으로 예상된다. 사용자가 손쉽게 데이터를 탐색하고 시각화할 수 있게 함으로써 이 강력한 조합은 데이터의 모든 잠재력을 열어주어 혁신을 주도하고 조직이 더 나은 의사결정을 내릴 수 있도록 한다.

미래를 내다보면 데이터 분석의 미래는 BI 도구, LLM 기반 인터페이스, 인공지능 및 기계 학습과 같은 기타 신흥 기술의 원활한 융합에 있다. 이러한 기술이 계속 발전하고 성숙해 감에 따라 우리는 더욱 정교하고 직관적인 데이터 탐색 기능을 기대할 수 있으며, 이는 통찰력에 대한 접근을 더욱 민주화하고 조직이 데이터를 활용하여 성공을 이끄는 방식을 변화시킬 것이다. 결론적으로 Tableau 및 Power BI와 같은 BI 도구와 LLM 기반 자연어 인터페이스의 통합은 데이터 분석의 발전에 있어 중요한 이정표를 나타낸다. 사용자가 일상 언어를 사용하여 데이터를 탐색하고 시각화할 수 있게 함으로써 이 강력한 조합은 데이터 접근에 대한 장벽을 허물고 조직이 데이터 자산의 모든 잠재력을 활용할 수 있도록 한다. 우리가 미래의 데이터 주도 환경을 탐색함에 따라 이러한 통합을 수용하는 것은 혁신을 주도하고 성공을 이끄는 정보에 입각한 데이터 기반 의사결정을 내리고자 하는 조직에 매우 중요할 것이다.

지리정보 시각화, 공간 데이터의 분석과 표현

공간 데이터는 다른 유형의 데이터와는 구별되는 독특한 특성을 지니고 있다. 그 중 가장 두드러지는 특징은 공간적 자기상관 Spatial autocorrelation 으로, 이는 인접한 데이터 포인트들이 서로 유사한 값을 나타내는 경향을 설명한다. 공간 분석에서 이 근본적인 개념은 가까운 위치의 값들이 먼 위치의 값들보다 서로 더 유사할 가능성이 높다는 아이디어를 강조한다. 또 다른 중요한 측면은 공간적 이질성 Spatial heterogeneity 으로, 이는 서로 다른 위치에서 데이터 값의 변화를 의미한다. 이 특성은 공간 모델과 예측의 정확성에 상당한 영향을 미칠 수 있어 반드시 고려해야 할 중요한 요소이다. 더불어, 공간 데이터를 분석하는 척도 Scale 는 공간 분석의 결과와 해석을 형성하는 데 중추적인 역할을 한다. 척도의 선택은 지역에서 전 세계에 이르기까지 다양할 수 있으며, 의미 있는 통찰력을 확보하기 위해서는 적절한 수준의 세부 사항을 선택하는 것이 중요하다. LLM을 사용한 시각화 및 분석을 위해 데이터의 품질과 호환성을 보장하기 위해서는 몇 가지 전처리 기법이 필수적이다. 예를 들어, 공간 내삽 Spatial interpolation 은 인접 위치의 값

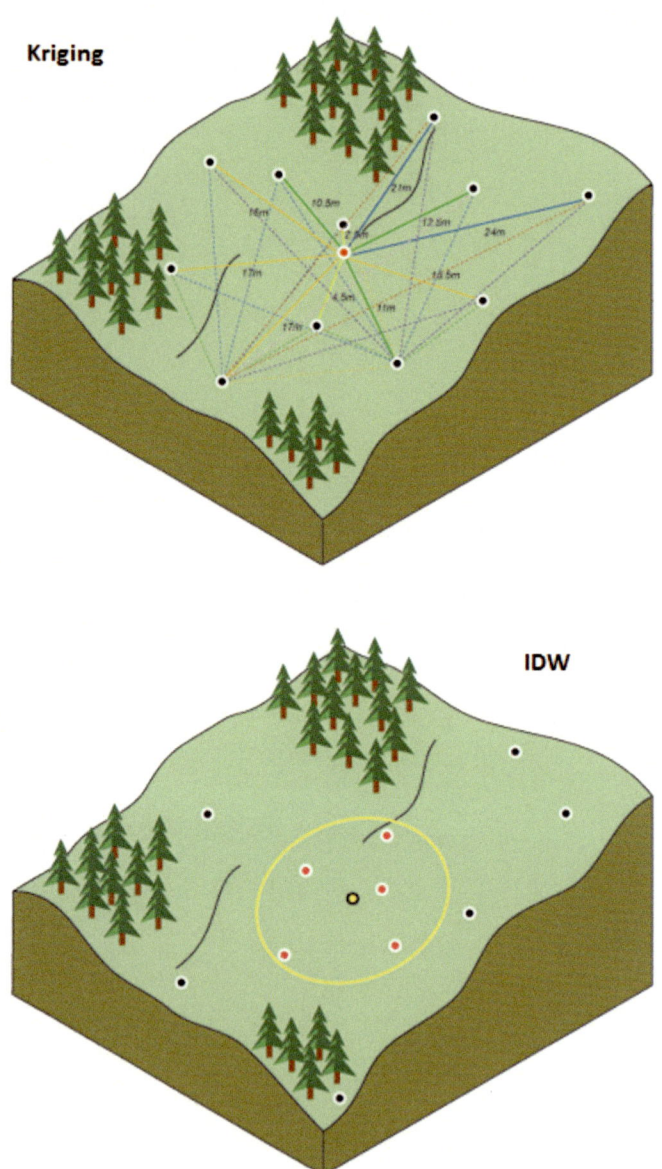

공간 내삽 기법(위 : KRIGIN, 아래 : IDW) 예시 / 출처 : Trang Vo

을 기반으로 데이터 세트에서 누락된 값을 추정하는 과정으로, 역거리 가중 Inverse distance weighting이나 크리깅 Kriging 등의 방법이 일반적으로 사용된다.

데이터 병합 Aggregation은 작은 공간 단위의 데이터를 더 큰 단위로 결합하는 또 다른 중요한 기법으로, 데이터의 복잡성을 간소화하고 분석 효율성을 높일 수 있다. 좌표계 변환 Coordinate system transformations 역시 데이터 호환성을 보장하기 위해 자주 필요하며, 이는 위도와 경도 같은 한 좌표계에서 UTM과 같은 다른 좌표계로 데이터를 변환하는 과정을 포함한다. 또한 데이터 정제 Data cleaning와 필터링은 정확한 분석을 방해할 수 있는 오류나 무관한 정보를 제거하는 데 필수적이다. 서로 다른 출처의 데이터를 원활하게 통합하고 분석하기 위해서는 데이터 형식과 구조를 표준화하는 것도 마찬가지로 중요하다. 빅데이터 시대에 아파치 스파크 Apache Spark와 같은 분산 처리 기술은 여러 노드에서 데이터를 병렬로 처리하고 분석함으로써 대규모 공간 데이터 세트를 효율적으로 처리할 수 있는 강력한 도구로 부상했다. 뿐만 아니라 센서, 데이터베이스, 위성 영상 등 다양한 출처의 데이터를 결합하는 공간 데이터 융합 Geospatial data fusion은 지리적 현상에 대한 더욱 포괄적인 이해를 제공할 수 있다. 이러한 독특한 특성을 신중하게 다루고 적절한 전처리 기법을 적용함으로써 공간 데이터는 LLM를 사용한

ArcGIS Deep Learning Workflow / 출처 : Esri

분석과 시각화를 위해 효과적으로 준비될 수 있으며, 이는 우리 세계의 복잡성을 조명하는 더욱 정확하고 유익한 결과로 이어질 수 있다.

지도 기반 시각화 기법은 공간 데이터 내의 공간 패턴과 관계를 효과적으로 전달하는 데 매우 중요한 역할을 한다. 가장 널리 사용되는 기법 중 하나는 단계구분도 Choropleth maps 로, 색상, 음영 또는 패턴을 사용하여 정의된 지역이나 지정학적 영역에 걸친 변수의 값을 표현한다. 이러한 지도는 특히 미국의 카운티별 정당 투표

Leaflet Web Maps with qgis2leaf / 출처 : Qgis

총계와 같이 서로 다른 지리적 경계에 걸쳐 변수가 어떻게 변화하는지 시각화하는 데 유용하다. 반면에 열지도 Heat maps는 정해진 경계나 경계에 의존하지 않고 데이터 세트 내에서 사건 발생 강도를 표현하기 위해 색상을 사용한다. 이 기법은 영향 영역이 지정학적 구분과 일치하지 않을 수 있는 날씨 및 자연 현상을 추적할 때 일반적으로 적용된다.

비례 기호 지도 Proportional symbol maps는 원이나 사각형과 같은 기호를 사용하여 서로 다른 값이나 값 범위를 나타내며, 기호의 크기는 묘사되는 값에 비례한다. 이러한 지도는 데이터의 이면에 있는 스토리를 명확하게 전달하는 데 탁월하며, 색맹인 사람들도 쉽게 이해할 수 있다. 반면에 점 밀도 지도 Dot density maps는 점을 사용하여 데이터의 특징이나 속성을 일대일 기준으로 표현하거나 여러 특징을 나타내기 위해 집계한다. 이 기법은 특히 지리적 영역에 걸친 데이터 포인트의 분포를 시각화하는 데 효과적이다.

카토그램 Cartograms은 표시되는 데이터의 크기를 반영하기 위

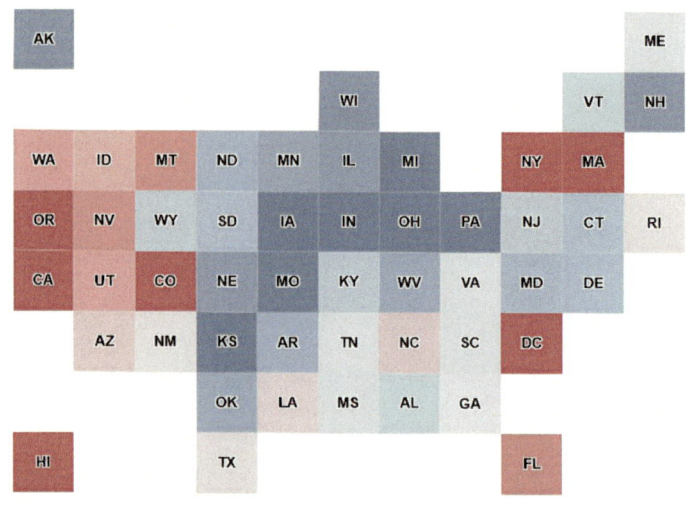

카토그램 예시 / 출처 : Esri

해 지리적 영역의 크기를 왜곡함으로써 독특한 관점을 제공한다. 이 매력적인 시각화 방법은 인구 카토그램에서 각 지역의 크기를 인구 규모에 맞게 조정하는 것과 같이 지리적 데이터를 설득력 있게 표현하는 데 사용될 수 있다. 이러한 시각화 기법을 활용하기 위해 ArcGIS, QGIS, Leaflet과 같은 널리 사용되는 공간 정보 도구와 라이브러리는 데이터 탐색과 분석을 위한 다양한 기능을 제공한다.

이러한 도구를 LLM와 통합하면 데이터 탐색과 상호 작용적인 스토리텔링을 더욱 향상시킬 수 있다. 예를 들어, LLM는 인터랙티브 지도에 대한 설명 텍스트를 생성하여 사용자에게 시각화된 데이터에 대한 보다 상세한 정보를 제공할 수 있다. 이러한 통합은 사용자 경험을 크게 개선하고 데이터에 대한 더 깊이 있는 통찰력을 촉진하여, 사용자가 그렇지 않으면 감추어질 수 있는 숨겨진 패턴과 관계를 발견할 수 있게 한다. 지도 기반 표현 방법의 힘을 활용하고 LLM의 기능을 이용함으로써 공간 데이터는 시각적으로 설득력 있고 유익한 표현으로 변환될 수 있으며, 이는 우리 세계에 대한 더 나은 의사 결정과 이해를 이끌어낼 수 있다.

LLM의 출현은 공간 데이터 분석 분야에 혁신을 가져왔으며, 연구자와 실무자들이 전례 없는 정확성과 효율성으로 숨겨진 공간 패턴을 발견하고, 클러스터를 식별하며, 이상치를 감지할 수 있게 해주었다. 이러한 강력한 도구는 도시 계획 및 환경 모니터링에서 공중 보건 및 자원 할당에 이르기까지 다양한 영역에서 활용되고 있다. 공간 데이터 분석에서 LLM의 가장 설득력 있는 사용 사례 중 하나는 주변 패턴과 크게 다른 고립된 데이터 포인트를 식별하는 공간 이상치 감지 Spatial outlier detection이다. 예를 들어, 대기질 모니터링 영역에서 LLM는 추가 데이터 수집이 필요한 모니터링 스테이션을 식별하는 데 사용될 수 있어 이러한 스테이션의 배치를 최적화하고 대기질 표면 내삽의 정확성을 향상시킬 수 있다. 마찬가지로 헌혈 캠페인의 맥락에서 LLM는 먼 곳에 거주하여 참여를 위해 추가 인센티브가 필요할 수 있는 기부자를 식별하는 데 도움을 주어 보다 효율적이고 효과적인 기부 과정을 보장할 수 있다. 이상치 감지를 넘어 LLM는 공간 회귀 Spatial regression와 지리적 가중 회귀 Geographically weighted regression에 적용되어 다양한 공간 현상을 예측하는 예측 모델링 시나리오에서도 그 가치를 입증했다. 또, 도시 계획에서 LLM는 인구 증가, 교통 패턴, 도시 개발을 예측하는 데 사용될 수 있어 의사 결정자에게 자원을 효과적으로 배분하고 미래를 계획하는 데 필요한 통찰력을 제공한다. 환경 영역에서 LLM는 대기질, 수질 또는 기후 패턴의 패턴과 이상을 식별하여 환경 변화의 영향을 예측하고 완화하는 데 도움을 줄 수 있다. 공중 보건 전문가들 또한 질병 발생에 대한 공간 데이터를 분석하여 클러스터와 이상치를 식별함으로써 정책 결정과 자원 할당에 정보를 제공할 수 있다.

공간 분석에서 LLM의 힘을 완전히 활용하기 위해 연구자와 실무자는 다양한 기법과 응용 프로그램을 사용할 수 있다. 예를 들어, 지리적 가중 회귀는 공간 데이터의 공간 자기상관과 비정상성을 고려하여 공간 예측의 정확성을 개선하고 보다 효과적인 의사 결정을 지원한다. 국소 이상치 계수 Local Outlier Factor, LOF와 같은 이상치 감지 방법은 특징의 이웃 밀도를 그 주변의 다른 특징의 이웃과 비교하여 전역 이상치 감지로는 명확하지 않을 수 있는 지역 이상치를 식별할 수 있다. 더욱이 LLM는 데이터 분석을 안내하고 공간 패턴 분석의 효율성을 개선하기 위해 패턴과 프로토콜을 식별함으로써 모델링 워크플로의 지루한 단계를 자동화할 수 있다. 공간 데이터의 양과 복잡성이 계속 증가함에 따라 숨겨진 패턴을 발견하고, 클러스터를 식별하며, 이상치를 감지하는 데 있어 LLM의 중요성은 더욱 커질 것이다. 예측 모델링 시나리오에서 이러한 강력한 도구를 활용함으로써 도시 계획, 환경 모니터링, 공중 보건 등 다양한 영역의 의사 결정자들은 보다 정보에 입각한 결정을 내릴 수 있으며, 이는 우리 세계를 형성하는 복잡한 공간 관계를 이해하고 대응하는 데 있어 더 나은 결과로 이어질 수 있다.

LLM은 공간 데이터 분석 분야에서 새로운 가능성을 열어주고 있지만, 이러한 강력한 도구를 효과적으로 활용하기 위해서는 몇 가지 과제와 고려 사항을 해결해야 한다. 데이터 품질은 분석 결과의 정확성에 직접적인 영향을 미치므로 데이터 수집, 전처리, 정제 프로세스에 각별한 주의를 기울여야 한다. 데이터 편향과 불균형은 모델 성능을 저하시킬 수 있으므로 적절한 샘플링 및 보정 기법을 사용하여 해결해야 한다.

 모델 해석 가능성과 투명성도 LLM 기반 공간 분석에서 중요한 고려 사항이다. 모델이 내린 결정과 예측의 근거를 이해하는 것은 사용자의 신뢰를 구축하고 책임 있는 의사 결정을 보장하는 데 필수적이다. 이는 모델의 내부 작동을 시각화하고 주요 예측 인자를 식별하기 위한 기법을 사용함으로써 달성될 수 있다. 더욱이 LLM은 계산 집약적일 수 있으므로 대규모 공간 데이터 세트를 효율적으로 처리하기 위해서는 적절한 하드웨어와 인프라가 필요하다. 클라우드 컴퓨팅과 분산 처리 프레임워크의 활용은 계산 비용을 줄이고 분석 속도를 높이는 데 도움이 될 수 있다. 마지막으로 LLM 기반 공간 분석에는 데이터 프라이버시와 보안에 대한 신중한 고려가 필요하다. 민감한 위치 정보를 다룰 때는 데이터 익명화와 액세스 제어와 같은 적절한 보호 조치를 마련해야 한다. 결론적으로 대규모 언어 모델은 공간 데이터 분석 분야에 변혁을 가져오고 있다. 숨겨진 패턴 발견, 클러스터 식별, 이상치 감지 능력을 통해

LLM은 연구자와 실무자가 복잡한 공간 현상을 더 잘 이해하고 예측할 수 있도록 해준다. 도시 계획, 환경 모니터링, 공중 보건 등 다양한 분야에서 이러한 강력한 도구를 활용함으로써 우리는 보다 정보에 입각한 의사 결정을 내리고 직면한 문제에 효과적으로 대응할 수 있다. 그러나 LLM의 잠재력을 최대한 발휘하기 위해서는 데이터 품질, 모델 해석 가능성, 계산 효율성, 데이터 프라이버시 등의 과제를 해결해야 한다. 적절한 전략과 도구를 사용하여 이러한 과제를 해결함으로써 우리는 LLM이 제공하는 통찰력을 충분히 활용하고 공간 데이터 분석의 미래를 형성할 수 있을 것이다. 공간 분석 분야에서 빅데이터와 인공지능의 융합이 계속됨에 따라 LLM은 세상을 이해하고 더 나은 미래를 만드는 데 점점 더 중요한 역할을 할 것으로 기대된다.

대시보드 설계와
LLM 기반 개인화 추천

대시보드 설계와 LLM 기반 개인화 추천의 융합은 데이터 시각화와 분석 분야에 강력한 패러다임 전환을 예고한다. 사용자 중심의 대시보드 설계 원칙과 프로세스를 익히고, 대형 언어 모델(을 활용하여 개인의 관심사와 행동 패턴에 맞춤화된 시각화 요소를 추천하는 기술을 도입함으로써, 사용자의 고유한 요구사항에 부합하는 매력적이고 통찰력 있는 대시보드를 제작할 수 있게 될 것이다.

대시보드가 단순히 데이터를 정적으로 표시하는 것이 아니라, 사용자의 필요와 선호도에 따라 진화하는 동적이고 적응형 인터페이스가 되는 세상을 상상해 보자. 이것이 바로 사용자 중심 설계와 LLM의 지능이 결합된 힘이다. 대시보드의 목적과 대상 사용자를 이해함으로써, 중요한 정보에 우선순위를 부여하고 레이아웃의 명확성과 단순성을 보장하는 시각적 계층 구조를 만들 수 있다. 필터와 드릴다운drill-down 같은 대화형 요소는 사용자가 자신의 속도에 맞춰 데이터를 탐색할 수 있게 해주며, 접근성을 고려하면 다양한 기기와 환경에서 대시보드를 효과적으로 사용할 수 있다. 그러

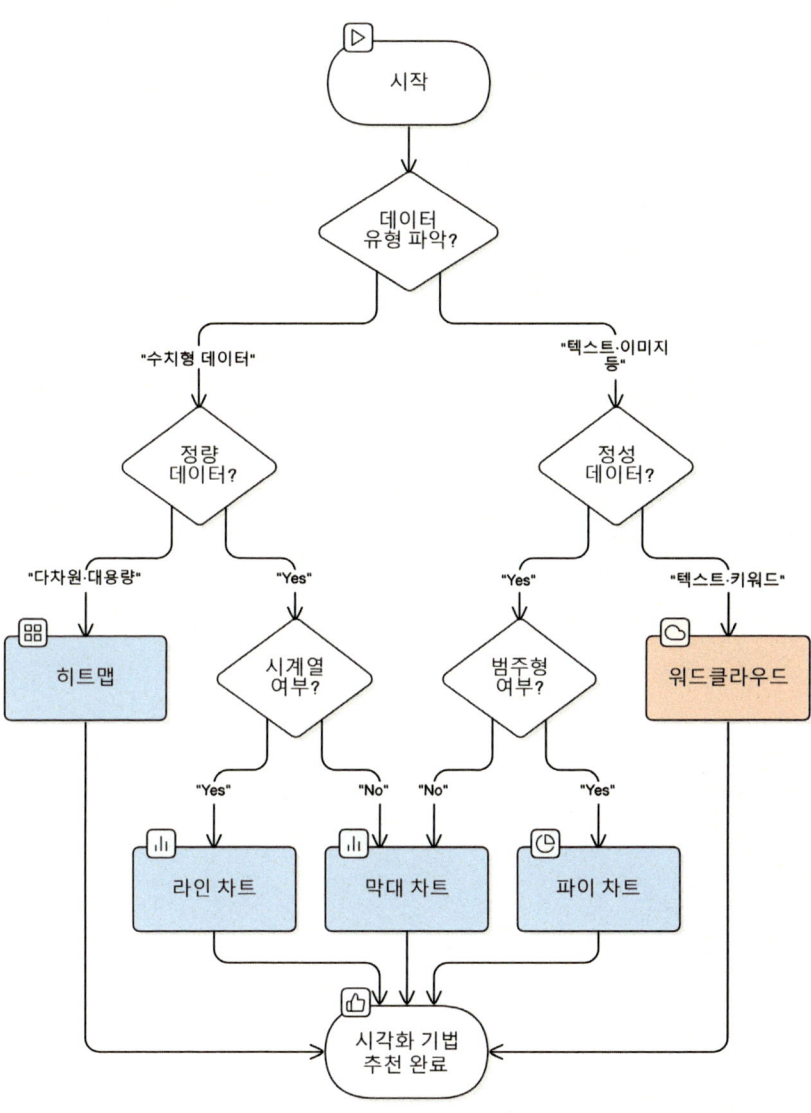

데이터 시각화 요소 추천 프로세스

나 진정한 마법은 LLM의 힘을 활용하여 대시보드 경험을 개인화할 때 일어난다. 이러한 고급 모델은 사용자 행동, 선호도, 데이터 특성을 분석하여 각 사용자에게 가장 적합한 시각화 유형, 차트 구성, 레이아웃 옵션을 추천할 수 있다. 이 수준의 개인화는 사용자 경험을 향상시킬 뿐만 아니라, 보다 정확하고 효율적인 의사 결정을 촉진한다.

물론 시각화 추천을 위해 LLM을 구현하는 것은 데이터 시각화의 잠재적 편향과 모델 실행에 따른 계산 비용 등 고유한 과제를 동반한다. 하지만 훈련 데이터셋을 정기적으로 감사하고 업데이트하며, 모델 성능을 최적화하고, 강력한 데이터 보호 조치를 시행함으로써 이러한 과제를 완화하고 대시보드 설계 프로세스에서 LLM의 잠재력을 최대한 발휘할 수 있다.

미래를 내다보면, LLM을 활용한 적응형 대시보드와 실시간 개인화의 가능성은 정말 흥미진진하다. 실시간으로 데이터를 분석하여 사용자 질의와 진화하는 요구사항에 따라 최신 통찰력과 개인화된 보고서를 제공하는 대시보드를 상상해 보자. 상황 인식 인터페이스와 동적 적응을 통해 사용자는 자연어 질의를 통해 데이터와 상호작용할 수 있으며, 모든 가능한 시나리오에 대해 미리 구축된 대시보드가 필요하지 않게 된다. LLM이 적용된 적응형 대시보드의 이점은 사용자 경험 향상, 의사 결정 개선, 효율성 증대, 자원

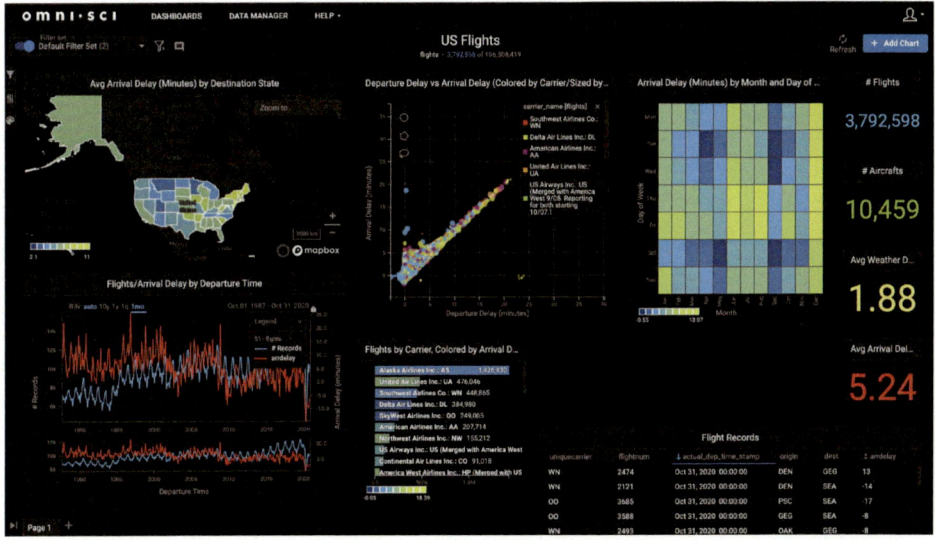

빅데이터 분석 대시보드 예시 / 출처 : HEAVY.ai

최적화에 이르기까지 광범위하다. 이러한 기술이 계속 진화함에 따라, 초개인화 hyper-personalization 와 개인화된 콘텐츠와 추천을 선제적으로 제공하는 예측 시스템과 같은 더욱 고도화된 기능을 기대할 수 있다. 결론적으로, 사용자 중심의 대시보드 설계와 LLM 기반 개인화 추천의 융합은 데이터 시각화와 분석 분야에 강력한 패러다임 전환을 나타낸다. 이러한 개념을 습득하고 적절한 도구와 플랫폼을 활용함으로써, 사용자에게 정보를 제공하고 참여시킬 뿐만 아니라 그들의 요구에 따라 적응하고 진화하는 대시보드를 만들 수 있다. 따라서 LLM의 힘을 받아들이고, 사용자 중심 설계의 세계로 뛰어들어, 데이터의 모든 잠재력을 끌어내야 한다. 대시보드의 미래는 바로 여기에 있으며, 그것은 개인화되고, 적응형이며, 대형 언어 모델의 지능으로 구동된다.

이제 우리는 데이터 시각화와 분석의 새로운 지평을 향해 나아가고 있다. LLM과 사용자 중심 설계의 힘을 빌려, 사용자의 고유한 요구사항에 맞춤화된 통찰력을 제공하는 동적이고 적응형 대시보드를 구현할 수 있게 되었다. 이는 단순히 데이터를 표시하는 것 이상의 의미를 지닌다. 사용자와 데이터 간의 상호작용을 촉진하고, 의사 결정 프로세스를 혁신하며, 조직 전반에 걸쳐 효율성과 생산성을 높이는 것이다. 그러나 이 여정은 결코 순탄하지만은 않을 것이다. LLM 구현에 따른 기술적 과제, 데이터 편향 문제, 개인정보 보호 고려사항 등 극복해야 할 장애물이 있다. 하지만 우리가 이러한 도전에 맞서 혁신을 이뤄낼 때, 적응형 대시보드와 개인화 추천이 가져다줄 잠재적 이익은 엄청나다. 사용자 경험 향상, 의사 결정 개선, 자원 최적화는 물론, 조직 전반에 걸친 데이터 문화 확산과 데이터 리터러시 data literacy 향상까지 기대할 수 있다.

이제 우리 앞에는 무한한 가능성이 펼쳐져 있다. LLM과 사용자 중심 설계를 활용한 적응형 대시보드의 잠재력을 실현하기 위해서는, 우리 모두가 데이터 시각화와 분석의 미래를 향한 열정과 노력을 아끼지 말아야 한다. 데이터 전문가, 설계자, 개발자, 의사 결정권자 등 다양한 이해관계자들이 서로 협력하여, 사용자의 요구사항을 깊이 이해하고 LLM의 힘을 최대한 활용하는 혁신적인 대시보드 솔루션을 만들어 나가야 할 것이다.

우리가 이 도전에 함께 맞선다면, 적응형 대시보드와 개인화 추천이 가져올 변화의 물결을 타고 데이터 시각화와 분석의 새로운 지평을 열어갈 수 있을 것이다. 이는 단순히 기술적 혁신을 넘어, 조직 문화와 업무 방식 자체를 변화시킬 수 있는 계기가 될 것이다. 사용자 중심의 접근 방식과 LLM의 지능을 바탕으로, 우리는 데이터를 보다 효과적으로 활용하고 더 나은 의사 결정을 내리며, 조직의 성공을 이끌어갈 수 있을 것이다. 변화의 시대를 맞이하여, 우리는 데이터 시각화와 분석의 미래를 향해 전진하고 있다. 적응형 대시보드와 LLM 기반 개인화 추천은 이 여정에서 핵심적인 역할을 할 것이다. 우리 모두가 사용자 중심 설계와 LLM의 잠재력을 받아들이고, 데이터 기반 의사 결정과 조직 혁신을 위해 협력해 나간다면, 더 밝고 지능화된 미래를 만들어갈 수 있을 것이라 확신한다.

6장
빅데이터 분석의 미래

빅데이터 분석의 미래

빅데이터 분석의 미래, LLM과 하이브리드 AI가 이끈다. 빅데이터 시대에 데이터의 폭발적 증가와 함께 분석 기술의 발전은 필연적이었다. 기존의 기계학습 알고리즘은 구조화된 데이터를 다루는 데 효과적이었지만, 비정형 데이터의 증가로 한계에 직면했다. 이러한 상황에서 등장한 LLM은 자연어 처리 분야에 혁신을 가져왔다.

LLM은 방대한 텍스트 데이터를 학습하여 문맥을 이해하고, 인간과 유사한 방식으로 언어를 생성할 수 있게 되었다. 이는 비정형 데이터 분석에 새로운 가능성을 열어주었다. 하지만 LLM만으로는 빅데이터 분석의 모든 문제를 해결할 수 없다. 여전히 구조화된 데이터 분석에는 기존의 기계학습 알고리즘이 유용하기 때문이다. 따라서 빅데이터 분석의 정확성과 효율성을 극대화하기 위해서는 LLM과 기존 기계학습 알고리즘을 결합한 하이브리드 AI 전략이 필요하다. 하이브리드 AI는 각 알고리즘의 장점을 활용하여 데이터 분석 성능을 향상시킬 수 있다. 예를 들어, LLM은 비정형 데이터에서 유의미한 정보를 추출하고, 기계학습 알고리즘은 추출된

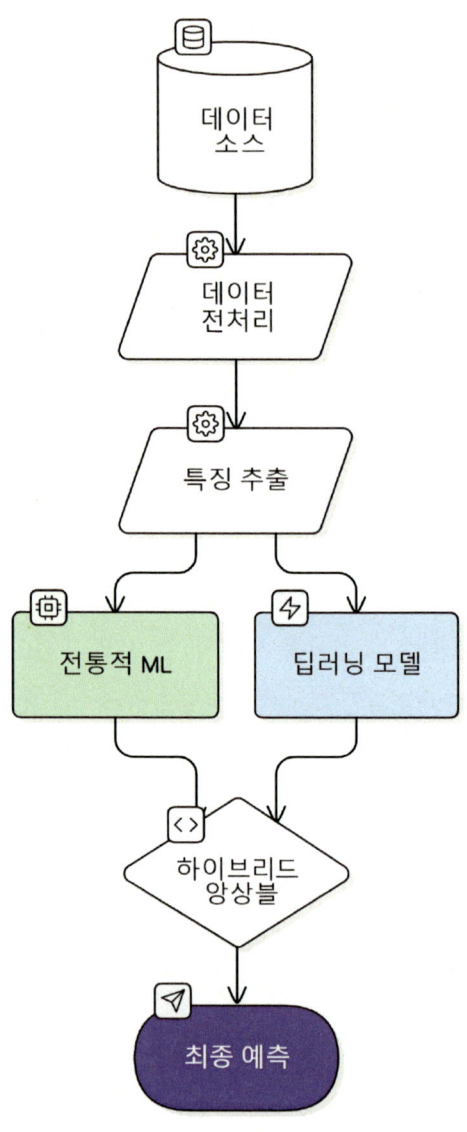

하이브리드 AI 구조도

정보를 기반으로 예측 모델을 구축할 수 있다.

하이브리드 AI 전략을 구현하기 위해서는 먼저 데이터의 특성을 파악해야 한다. 데이터의 유형, 크기, 품질 등을 분석하여 적합한 알고리즘을 선택할 수 있다. 이후 LLM과 기계학습 알고리즘을 단계적으로 적용하여 데이터를 처리한다. LLM은 비정형 데이터에서 키워드, 개체, 관계 등을 추출하고, 이를 구조화된 형태로 변환한다. 변환된 데이터는 기계학습 알고리즘의 입력으로 사용되어 패턴을 파악하고 예측 모델을 생성한다. 성공을 위해서는 알고리즘 간 원활한 데이터 흐름과 통합이 중요하다. 이를 위해 데이터 파이프라인을 설계하고, 각 단계에서 데이터 품질을 관리해야 한다. 또한 알고리즘의 하이퍼파라미터를 최적화하여 성능을 극대화할 수 있다. 하이퍼파라미터 튜닝은 데이터의 특성과 분석 목적에 따라 달라질 수 있으므로, 도메인 전문가와의 협업이 필요하다. 하이브리드 AI 전략은 다양한 산업 분야에서 활용될 수 있다. 금융 분야에서는 비정형 데이터를 활용한 고객 행동 분석, 이상 거래 탐지 등에 적용할 수 있다. 의료 분야에서는 의료 기록, 영상 데이터 등을 분석하여 질병 진단 및 예측에 활용할 수 있다. 제조 분야에서는 센서 데이터와 설비 로그 데이터를 결합하여 설비 고장을 예측하고 최적의 유지보수 전략을 수립할 수 있다. 이 전략의 성공적인 구현을 위해서는 기술적 역량뿐만 아니라 조직적 준비도 필요하다. 데이터 분석 전문가, 도메인 전문가, IT 인프라 관리자 등 다양한 분야의 인력이 협업해야 한다. 또한 데이터 거버넌스 체계를 수립하여 데이터의 수집, 저장, 활용에 대한 원칙을 정립해야 한다. 이는 데이터 분석 결과의 신뢰성과 재현성을 확보하는 데 중요하다.

빅데이터 분석의 미래는 LLM과 하이브리드 AI에 달려 있다. 기술의 발전과 함께 데이터 분석 방법론도 진화해야 한다. 하이브리드 AI 전략은 빅데이터 분석의 정확성과 효율성을 높이는 핵심 수단이 될 것이다. 이를 통해 기업은 데이터 기반의 의사결정을 내리고, 새로운 비즈니스 기회를 창출할 수 있을 것이다. 빅데이터와 AI 기술의 발전은 앞으로도 가속화될 것이며, 이에 대한 이해와 대비가 필요한 시점이다.

머신러닝 파이프라인 구축과 LLM의 활용

 데이터 기반 조직의 성공을 위해서는 효율적인 머신러닝 파이프라인 구축이 필수적이다. 데이터 수집부터 배포에 이르는 전 과정을 체계화함으로써 조직은 워크플로를 간소화하고, 오류를 줄이며, 모델의 전반적인 성능을 향상시킬 수 있다. 이 장에서는 머신러닝 파이프라인 구축의 핵심 요소와 각 단계에서 LLM을 활용하여 프로세스를 개선하는 방법에 대해 살펴볼 것이다.

 데이터는 모든 머신러닝 프로젝트의 생명줄과 같다. 고품질의 관련 데이터가 없다면 아무리 정교한 모델이라도 의미 있는 결과를 도출하기 어려울 것이다. 따라서 머신러닝 파이프라인 구축의 첫 단계는 강력한 데이터 수집 및 전처리 프레임워크를 수립하는 것이다. 이는 관련 데이터 소스를 식별하고, 데이터를 정리 및 변환하며, 모델이 쉽게 소비할 수 있는 형식으로 만드는 것을 포함한다. LLM은 중복 제거, 누락값 처리, 데이터 정규화와 같은 데이터 정리 작업을 자동화함으로써 이 과정에서 중요한 역할을 수행할 수 있다. 또한 텍스트나 이미지와 같은 비정형 데이터 소스에서 관련 특성을 추출하여 모델에 입력할 수 있다.

데이터 수집과 전처리가 완료되면 다음 단계는 모델 학습이다. 이는 적절한 알고리즘을 선택하고, 하이퍼파라미터를 조정하며, 검증 데이터셋에서 모델의 성능을 평가하는 것을 포함한다. LLM은 하이퍼파라미터 최적화와 모델 선택 등 많은 작업을 자동화하는 데 사용될 수 있다. 이러한 모델에 내재된 방대한 지식을 활용함으로써 데이터 과학자들은 주어진 문제에 대해 가장 유망한 알고리

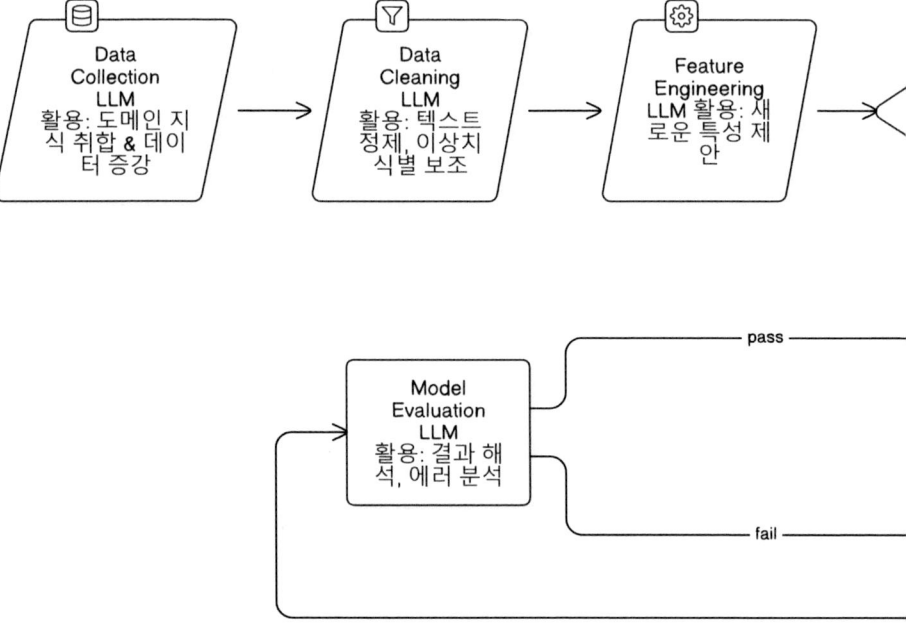

즘과 하이퍼파라미터를 신속하게 식별하여 시간과 자원을 절약할 수 있다. 그러나 모델 학습은 전체 과정의 절반에 불과하다. 머신러닝의 진정한 가치를 실현하기 위해서는 모델을 프로덕션 환경에 배포하고 기존 비즈니스 프로세스와 통합해야 한다. 이는 많은 조직이 어려움을 겪는 부분으로, 배포 과정이 복잡하고 시간이 많이 소요될 수 있기 때문이다. LLM은 컨테이너화, 테스팅, 모니터링 등 모델 배포에 필요한 많은 작업을 자동화함으로써 이 과정을 간소

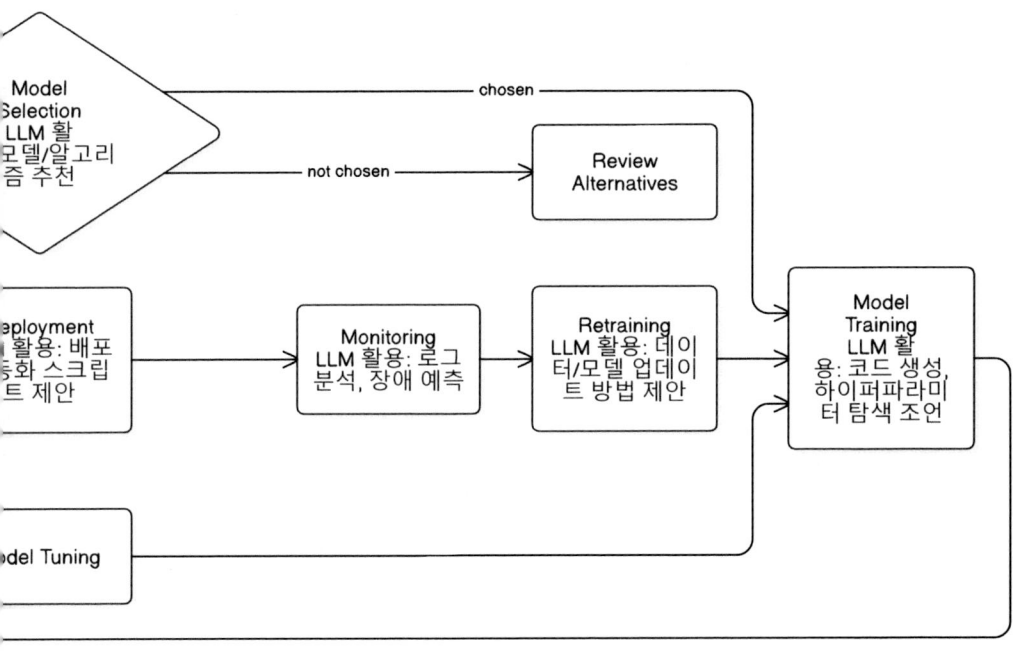

머신러닝 파이프라인의 전체 프로세스

화하는 데 도움을 줄 수 있다. 이러한 모델의 힘을 활용하면 조직은 모델을 더 빠르고 자신 있게 배포할 수 있으며, 비즈니스에 신속하게 가치를 제공할 수 있다.

머신러닝 파이프라인 구축 시 직면하는 주요 과제 중 하나는 대용량 데이터를 처리할 수 있는 확장성을 확보하는 것이다. 이는 LLM의 진정한 힘이 빛을 발하는 부분이다. 이러한 모델의 분산 컴퓨팅 기능을 활용하면 조직은 대규모 데이터를 병렬로 처리할 수 있어 더 복잡하고 정확한 모델을 구축할 수 있다. 또한 LLM은 병목 현상과 비효율성을 식별하고 개선 사항을 제안함으로써 파이프라인 자체의 성능을 최적화하는 데에도 사용될 수 있다.

머신러닝 파이프라인을 구축할 때 또 다른 중요한 고려 사항은 다양한 팀과 이해관계자 간의 협업과 소통의 필요성이다. 데이터 과학자, 엔지니어, 비즈니스 리더는 파이프라인이 비즈니스 목표와 일치하고 조직에 가치를 제공하도록 협력해야 한다. LLM은 머신러닝 개념을 논의하기 위한 공통 언어와 프레임워크를 제공하고 문서화 및 보고에 필요한 많은 작업을 자동화함으로써 이러한 협업을 촉진할 수 있다.

LLM을 머신러닝 파이프라인에 활용하는 것은 많은 이점이 있지만, 주의해야 할 잠재적인 위험도 있다. 가장 큰 과제 중 하나는 과적합Overfitting의 위험으로, 모델이 학습 데이터에 너무 특화되어 새로운 데이터에 일반화되지 못하는 경우를 말한다. 이는 교차 검증Cross-validation과 정규화Regularization 기법을 사용하고, 모델이 실제 데이터를 대표할 수 있도록 학습 데이터를 신중하게 선택함으로써 완화될 수 있다. 또 다른 잠재적인 문제는 LLM의 학습 및 배포에 드는 계산 비용이다. 이러한 모델은 상당한 컴퓨팅 자원을 필요로 하므로 확보 및 유지 관리에 비용과 시간이 많이 소요될 수 있다. 조직은 파이프라인에 LLM을 사용할지 여부를 결정할 때 모델 성능과 계산 비용 간의 균형을 신중히 고려해야 한다.

결론적으로, 효율적인 머신러닝 파이프라인 구축은 신중한 계획, 실행, 협업이 필요한 복잡하고 다면적인 과정이다. 파이프라인의 각 단계에서 LLM의 힘을 활용함으로써 조직은 워크플로를 간소화하고, 모델 성능을 개선하며, 비즈니스에 더 빠르게 가치를 제공할 수 있다. 그러나 이러한 강력한 모델을 사용할 때의 잠재적인 위험을 인식하고, 관련된 장단점을 신중히 고려하는 것이 중요하다. 적절한 접근 방식과 올바른 도구를 사용한다면 조직은 머신러닝의 모든 잠재력을 발휘하여 빅데이터 시대의 혁신과 성장을 주도할 수 있을 것이다.

LLM 기반 전이학습과 도메인 적응

대규모 사전 학습 언어 모델 LLM의 급속한 발전은 자연어 처리 NLP 분야에 혁신을 가져왔다. 기계가 인간과 유사한 방식으로 놀라운 정확도로 텍스트를 이해하고 생성할 수 있게 되었다. 이 분야에서 가장 중요한 돌파구 중 하나는 전이 학습 transfer learning과 도메인 적응 domain adaptation 기술 덕분에 최소한의 데이터로 새로운 도메인과 작업에 적응할 수 있는 LLM의 능력이다.

전이 학습은 대규모의 다양한 데이터셋에 대한 사전 학습에서 얻은 지식을 활용하여 새롭고 관련된 작업에 적용할 수 있는 강력한 접근 방식이다. 도메인 특화 데이터에 대해 사전 학습된 모델을 미세 조정 fine-tuning함으로써 처음부터 광범위한 재학습 없이도 목표 작업에서 높은 성능을 달성할 수 있다. 이는 시간과 계산 자원을 절약할 뿐만 아니라 LLM이 다양한 데이터셋에 걸쳐 더 잘 일반화할 수 있게 하여 실제 시나리오에서의 적용 가능성과 견고성을 높인다. 전이 학습의 주요 개념 중 하나는 도메인 시프트 domain shift로, 소스 도메인과 타겟 도메인 간에 관찰된 데이터와 레이블의 결합 확률 분포의 차이를 말한다. 한 도메인에서 학습된 모델을 다른 도메인에 직접 적용하면 이러한 차이로 인해 성능이 저하되는 경우가 많다. 또 도메인 시프트를 해결하기 위해서는 모델이 다양한 환경에서 잘 일반화될 수 있도록 더 다양한 데이터를 사용해 훈련하거나, 도메인 적응domain adaptation 기법을 사용해 타깃 도메인에 적응하도록 해야 한다.

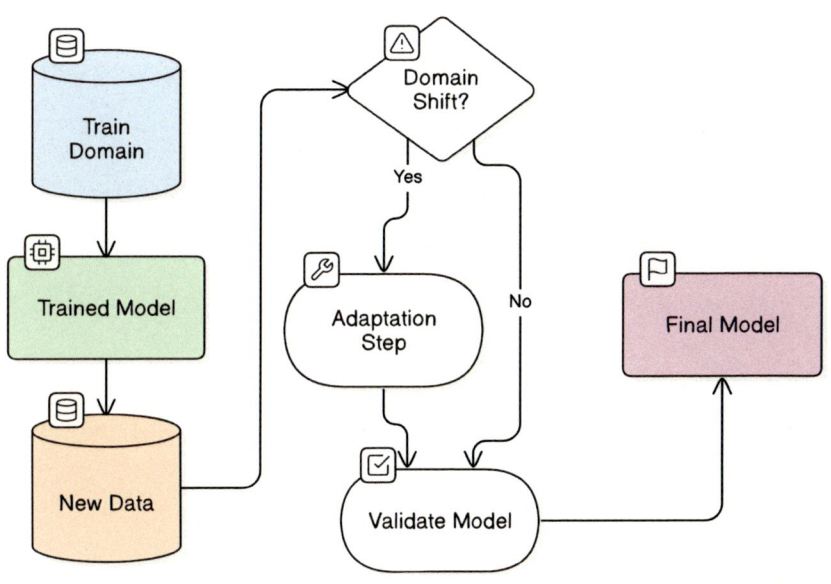

도메인 시프트 예시

점진적 소스 도메인 확장GSDE은 네트워크를 여러 번 처음부터 학습시키는 방법으로, 매번 타겟 데이터로 소스 데이터셋을 확장하고 의사 레이블pseudo-label을 사용하여 도메인 간 정렬을 개선한다. 점진적 특징 정렬Progressive Feature Alignment은 쉬운 샘플부터 적응하고 점진적으로 어려운 샘플을 도입하여 정렬을 개선하는 또 다른 접근 방식이다. 즉, 도메인 간 정렬을 개선하고, 소스 도메인과 타겟 도메인 간의 차이를 줄이기 위한 접근 방식이다. 클러스터링과 클래스 인식 샘플링Clustering and Class-Aware Sampling 기술도 도메인 적응 기술 중의 하나로 모델이 처음부터 복잡한 샘플을 다루지 않도록 하여, 학습 초기 단계에서 발생할 수 있는 오류가 점점 더 누적되는 것을 방지하는 것이다.

와서스타인 메트릭Wasserstein Metric은 두 확률 분포 간의 거리를 측정하는 방법으로, 도메인 적응에서 두 도메인 간의 분포 차이를 줄이는 데 사용된다. 이 메트릭은 특히 특징 분포 간의 차이를 최소화하여 도메인 간 격차를 줄이는 데 효과적이다.

미세 조정fine-tuning은 전이 학습transfer learning의 중요한 부분으로, LLM이 특정 작업이나 도메인에 적응할 수 있도록 추가적인 학습을 통해 성능을 향상시키는 기술이다. 미세 조정은 사전 학습을 통해 습득한 일반적인 언어 이해를 기반으로, 특정 작업이나 도메인에 맞게 모델을 최적화하는 과정이다. 이를 통해 LLM은 제로

샷 학습zero-shot learning 보다 더 나은 성능을 발휘할 수 있으며, 사전 학습 데이터에서 발생할 수 있는 편향을 줄이는 데도 기여할 수 있다. 다단계 전이 학습은 더욱 발전된 접근 방식으로, 모델이 여러 도메인에서 지식을 학습하고 이를 타겟 도메인에 적용할 수 있도록 하는 기술이다. 이 방식은 특징 추출feature extraction과 미세 조정과 같은 적응 기술을 활용해 도메인 간 지식 전달을 강화한다. 이를 통해 모델은 다양한 작업에 대한 성능을 높일 수 있으며, 더 많은 도메인에 걸쳐 유연하게 적용될 수 있다. 따라서, 다단계 전이 학습은 LLM을 보다 다재다능하게 만들어 여러 도메인과 다양한 작업에 적응할 수 있는 능력을 크게 높여준다. 전이 학습과 도메인 적응 기술은 감성 분석, 창의적 텍스트 생성, 챗봇, 추천 시스템 등 다양한 분야에서 많은 응용 분야를 가지고 있다. 예를 들어, 감성 분석에서는 특정 도메인에 특화된 감성 분석 모델을 통해 더 정교한 감정 분류를 수행할 수 있다. 다양한 창의적 텍스트 형식은 미세조정을 통하여 특정주제나 스타일에 맞춘 텍스트를 생성하고 LLM을 특정 작문 스타일에 특화시키는 데 사용될 수 있다. 챗봇 시스템에서 특정 도메인에 적응한 대화를 생성하도록 모델을 미세 조정할 수 있다. 추천 시스템 또한 전이 학습과 미세 조정의 혜택을 받아 사용자 질의를 더 효과적으로 이해하고 대응하여 더 개인화된 추천 결과를 향상시킬 수 있다.

NLP 분야가 계속 진화함에 따라 연구자들은 다양한 도메인에 걸쳐 모델의 견고성을 개선하고, 보다 효율적인 알고리즘을 개발하며, 머신 러닝, 통계, 도메인 특화 지식의 기술을 결합하는 학제 간 접근 방식을 통합하는 새로운 방법을 모색하고 있다. 전이 학습과 LLM의 최신 연구와 모범 사례를 최신 상태로 유지함으로써 실무자는 각 방법의 장점을 활용하여 NLP 작업에서 최적의 결과를 달성하기 위해 전이 학습 또는 미세 조정을 언제 사용할지에 대해 정보에 입각한 결정을 내릴 수 있다.

전이 학습과 미세 조정을 비즈니스 워크플로우에 성공적으로 통합하려면 현재와 미래의 데이터 처리 요구 사항을 명확히 정의하고, 인프라 역량을 평가하며, 머신 러닝 분야의 경험 있는 파트너와 협력하고, 전문 과정과 워크숍을 통해 지식을 지속적으로 업데이트하는 등의 모범 사례를 따르는 것이 중요하다. 이렇게 함으로써 조직은 LLM과 전이 학습의 힘을 활용하여 혁신을 주도하고 효율성을 개선하며 각 산업 분야에서 경쟁 우위를 확보할 수 있다.

LLM의 등장은 자연어 처리(NLP)에 패러다임 전환을 가져왔다. 기계가 몇 가지 예시로부터 학습하고 최소한의 데이터로 새로운 작업에 적응할 수 있게 되었다. 이 놀라운 능력은 인-컨텍스트 학습(ICL)과 퓨샷 학습(few-shot learning) 기술 덕분인데, 이는 개체명 인식(NER), 관계 추출 등 다양한 응용 분야에 상당한 영향을 미친다.

인-컨텍스트 학습ICL은 LLM이 추론 시 컨텍스트에 제공된 몇 가지 예시로부터 가중치 업데이트 없이 학습할 수 있게 하는 강력한 메커니즘이다. 사전 학습 동안 습득한 방대한 지식을 활용하여 LLM은 적은 데이터를 필요로 하는 새로운 작업에 신속하게 적응할 수 있어 매우 적응력이 높고 효율적이다. 이 접근 방식은 대규모 레이블 데이터셋에 대한 필요성을 줄이고 다양한 응용 분야를 위한 모델의 신속한 개발을 가능하게 함으로써 NLP에 혁신을 일으킬 수 있는 잠재력을 가지고 있다.

퓨샷 프롬프팅few-shot prompting은 ICL의 또 다른 핵심 기술로, 데모 예제를 컨텍스트 윈도우에 직접 통합하여 다양한 작업에 대한 LLM의 성능을 향상시킨다. 이러한 퓨샷 예제의 순서와 품질은 성능에 상당한 영향을 미칠 수 있어 ICL의 효과를 극대화하기 위해 프롬프트를 신중하게 작성하는 것이 중요하다.

메니샷 학습many-shot learning은 퓨샷 학습의 대비되는 개념으로, 수백 또는 수천 개의 예제를 사용하여 사전 학습 편향을 극복하고 수치 입력을 가진 고차원 함수를 학습하는 것을 포함한다. 이 접근 방식은 LLM을 보다 다재다능하고 적응력 있게 만들어 입력 데이터에 대한 더 깊은 이해가 필요한 복잡한 작업을 처리할 수 있게 한다.

강화 및 비지도 ICL 기술 또한 NLP 커뮤니티에서 주목받고 있는데, 이는 인간이 생성한 데이터에 대한 의존도를 줄이고 메니샷 학습을 보다 효과적으로 만든다. 모델 생성 근거 model-generated rationale를 사용하거나 도메인 특화 입력만 제공함으로써 이러한 기술은 퓨샷 시나리오에서 LLM의 성능을 크게 향상시켜 실제 응용 분야에서 더 실용적이고 확장 가능하게 만든다.

기존의 메니샷 학습은 많은 예시 데이터를 모델에게 제공해 학습시키는 방식이었다. 그러나 이런 방식은 많은 양의 데이터를 준비하는 데 시간과 비용이 많이 들고, 데이터 품질 관리가 어려운 문제가 있었다. 여기서 강화 학습과 비지도 학습 같은 기술이 주목받는 이유는, 모델이 스스로 학습할 수 있는 환경을 만들어준다는 점이다. 즉, 사람이 만든 데이터가 없어도, 모델이 학습 환경 내에서 행동을 시도하고, 그 결과를 바탕으로 스스로 학습하며 성능을 향상시킬 수 있다. 예를 들어, 모델이 모델 생성 근거 model-generated rationale를 사용해 자기 자신이 내린 결정을 설명하거나, 특정 도메인에 맞춰 제공된 데이터를 이용해 학습할 수 있다. 이렇게 하면 퓨샷 학습 시나리오에서 성능을 더욱 향상시킬 수 있다. 예시 데이터가 적을 때에도 모델이 더 많은 정보와 추론 능력을 발휘할 수 있게 되는 것이다. 결과적으로, 이러한 기술을 활용하면 모델이 실제 응용 분야에서 더 실용적이고 확장 가능해진다.

이 기술들은 특히 퓨샷 학습이 필요한 상황에서 LLM의 성능

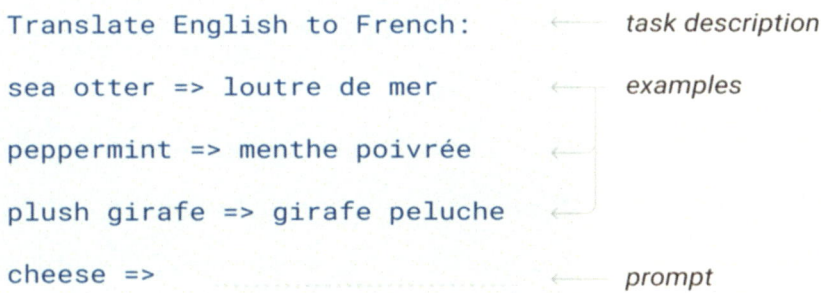

퓨샷 학습 / 출처 :thegradient.pub

을 크게 향상시킬 수 있으며, 이는 적은 데이터로도 충분히 강력한 성능을 발휘할 수 있도록 돕는 중요한 방법론이다.

LLM과 관련된 퓨샷 학습Few-shot learning과 인컨텍스트 학습In-Context Learning, ICL은 현재 NLP자연어 처리, Natural Language Processing 분야에서 중요한 혁신을 이끌고 있다. 이 두 기술은 적은 데이터로도 효율적인 학습을 가능하게 하며, 다양한 응용 분야에서 큰 변화를 가져오고 있다. 이제 이러한 기술들이 실제로 어떻게 활용될 수 있는지 알아보자.

퓨샷 학습은 모델이 적은 수의 예시만으로도 작업을 수행할 수 있도록 하는 방식이다. 몇 가지 예시를 제공하면, 모델이 이를 기반으로 새로운 데이터를 처리할 수 있는 능력을 발휘한다. 예를 들어, 모델에게 단 몇 개의 번역 예시를 제공하면, 다른 언어 쌍도 쉽게 번역할 수 있다.

인컨텍스트 학습In-Context Learning, ICL은 모델이 특정 작업에서 주어진 예시를 활용해 새로운 작업을 수행하는 능력을 향상시키는 기술이다. 이 방식은 특히 적은 양의 데이터로도 새로운 작업에 빠르게 적응할 수 있다는 장점이 있다. 예를 들어, 모델이 주어진 문

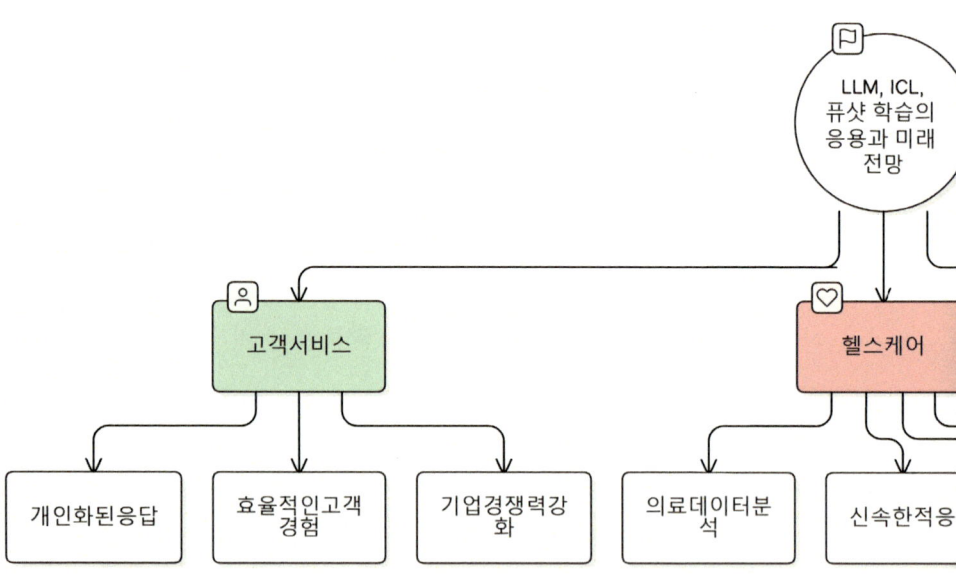

장과 그에 따른 답변 몇 개만 보고, 유사한 질문에 답할 수 있게 되는 것이다. ICL은 퓨샷 학습을 보완하며, 모델이 적응하고 새로운 작업을 빠르게 이해할 수 있도록 돕는다.

강화 학습Reinforcement Learning, RL과 ICL은 함께 사용될 때 매우 강력한 시너지를 발휘할 수 있다. 강화 학습은 모델이 환경과 상호작용하면서 보상을 통해 스스로 학습하는 방식이다. 이 과정에서 ICL은 모델이 주어진 예시에서 빠르게 학습하고 적응하는 능

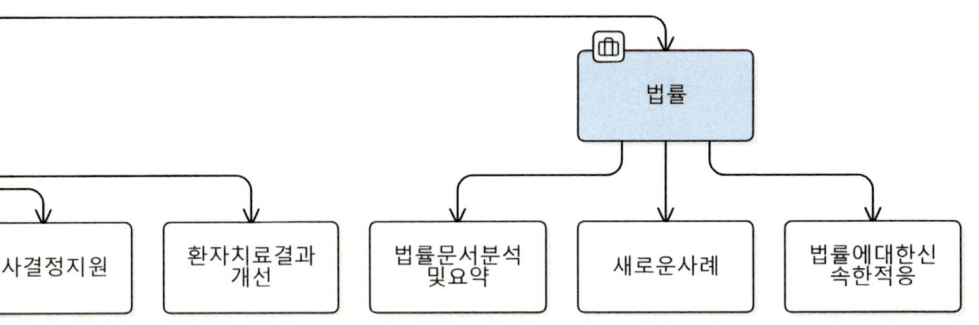

LLM, ICL, 퓨샷 학습의 다양한 응용 분야와 미래 잠재력

력을 극대화할 수 있다. 두 기술이 결합되면 모델은 더 적은 데이터로도 높은 성능을 발휘할 수 있다.

예를 들어, 고객 서비스 분야에서 LLM은 ICL과 퓨샷 학습을 통해 사용자의 질문을 더 잘 이해하고, 그에 맞는 적절한 답변을 제공할 수 있다. 이는 고객 경험을 개선하고, 더 개인화된 서비스를 제공하는 데 기여할 수 있다.

의료 분야에서도 LLM은 의료 기록이나 연구 논문에서 중요한 정보를 빠르게 추출할 수 있다. ICL과 퓨샷 학습을 통해 모델은 새로운 질병이나 치료법에 대한 정보를 신속하게 학습하여, 의료진이 더 나은 의사 결정을 내릴 수 있도록 돕는다.

퓨샷 학습과 ICL을 비즈니스에 성공적으로 통합하기 위해서는 몇 가지 모범 사례를 따르는 것이 중요하다. 우선, 조직은 현재와 미래의 데이터 처리 요구 사항을 명확히 정의하고, 이를 위한 인프라 역량을 평가해야 한다. 또한, NLP와 머신 러닝^{Machine Learning} 분야에서 경험 있는 파트너와 협력해 구현 과정을 효율적으로 진행할 수 있다.

지속적으로 지식을 업데이트하고, 모델의 성능을 모니터링하며, 필요한 경우 개선하는 것도 매우 중요하다. 퓨샷 학습과 ICL은 빠르게 진화하는 기술이기 때문에, 최신 동향을 파악하는 것이 성공의 열쇠가 될 수 있다.

LLM, ICL^{In-Context Learning}, 퓨샷 학습^{Few-shot learning}의 발전은 NLP^{Natural Language Processing} 분야에서 매우 중요한 역할을 하고 있으며, 다양한 산업에서 혁신을 이끌고 있다. 이러한 기술들은 적은 데이터로도 높은 성능을 발휘할 수 있게 만들어, 조직의 효율성을 높이고 새로운 가능성을 열어준다. 앞으로도 이 기술들이 발전하면서 우리는 더 많은 혁신적인 응용 사례를 보게 될 것이다.

그래프 뉴럴 네트워크

그래프 신경망(GNN)과 LLM의 통합이 복잡한 관계 데이터 분석 및 활용 방식에 혁신을 불러일으키고 있다.

이 강력한 조합은 추천 시스템과 소셜 네트워크 분석과 같은 분야에서 숨겨진 패턴을 발견하고, 더 깊은 통찰력을 얻으며, 정확한 예측을 가능하게 하는 새로운 기회를 제공하고 있다.

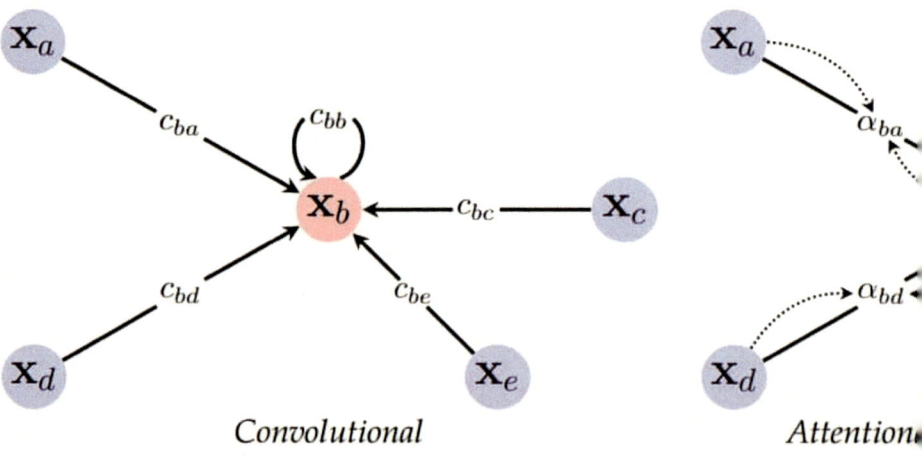

그래프 신경망GNN은 데이터를 그래프 구조로 표현하여, 노드 (데이터 포인트)와 엣지(연결 관계) 간의 복잡한 상호작용을 효과적으로 포착할 수 있는 기술이다. GNN은 전통적인 방식으로는 식별하기 어려운 복잡한 패턴과 관계를 모델링하는 데 뛰어나며, 특히 세션 기반 추천 시스템에서 사용자 행동을 분석하거나 소셜 네트워크에서 영향력 있는 개인을 식별하는 데 중요한 역할을 한다. 이처럼 GNN은 데이터 분석에서 게임 체인저로 떠오르고 있다.

반면, LLM은 방대한 양의 텍스트 데이터를 학습하여 언어 이해와 생성 능력을 통해 놀라운 성능을 발휘하고 있다. LLM은 텍스트 문서, 소셜 미디어 게시물 등 비정형 데이터에서 의미 있는 통

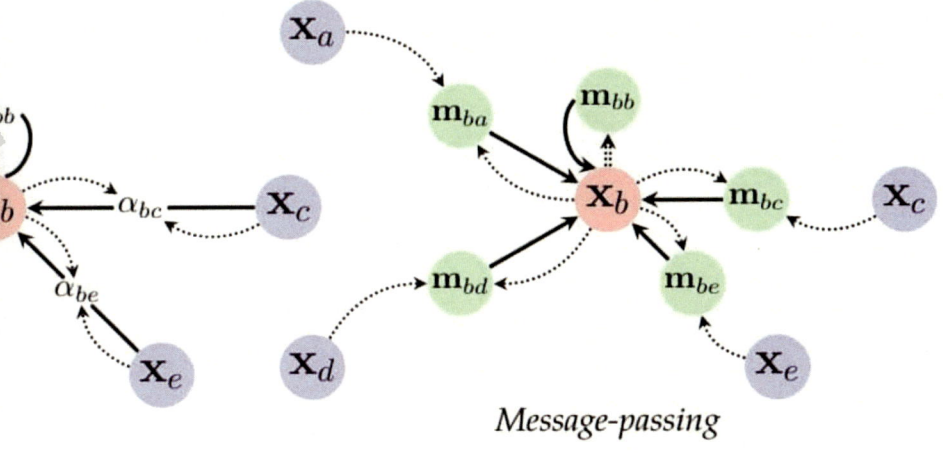

세 가지 유형의 GNN / 출처 : NVIDIA

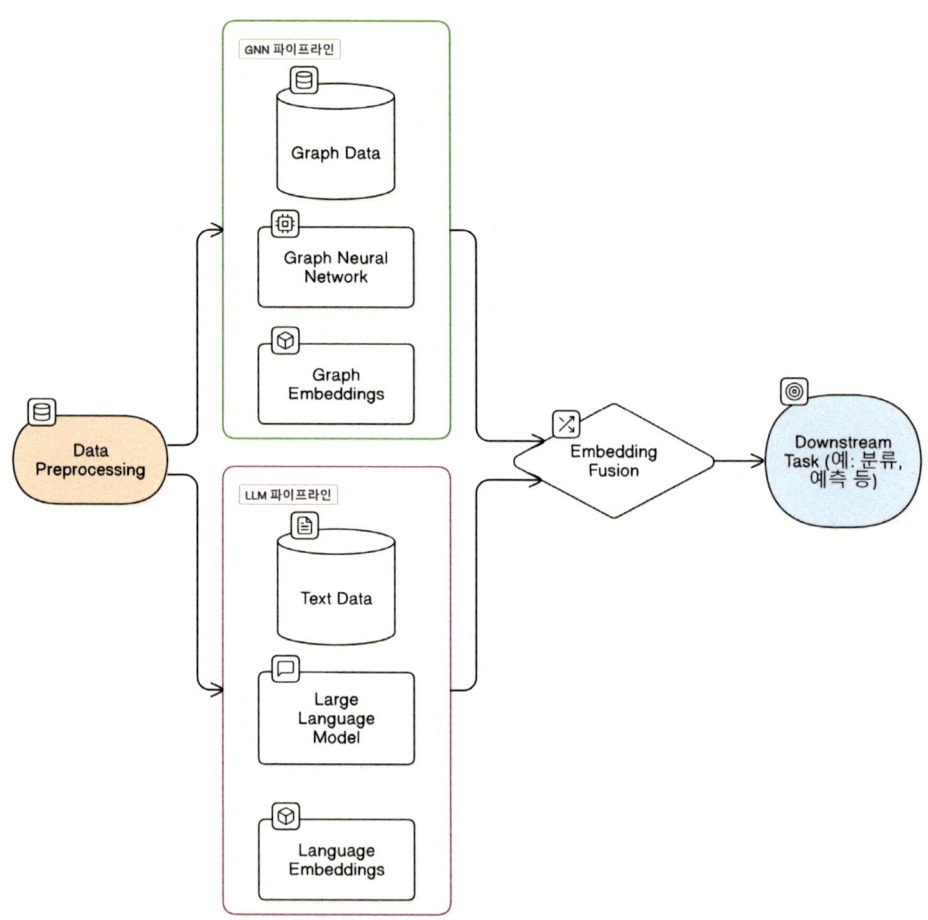

GNN과 LLM의 통합 프로세스

찰력을 추출하며, 이러한 모델은 숨겨진 패턴이나 이상 현상을 발견하는 데 강력한 도구로 사용되고 있다.

GNN과 LLM의 통합은 두 기술의 장점을 결합하여 더욱 강력한 분석 도구를 만들어낸다. 예를 들어, LLM은 텍스트 데이터를 기반으로 의미를 포착하여, 이를 GNN의 그래프 구조에 통합할 수 있다. 이로 인해 노드 임베딩의 정확도가 높아지고, 예측 성능이 향상된다. 또한, LLM은 개체 간의 의미적 관계를 분석하여 엣지 가중치 계산에 기여함으로써, 더 맥락을 인식하는 그래프를 만들어낼 수 있다. 이러한 통합의 주요 적용 분야 중 하나는 추천 시스템이다. GNN을 사용해 복잡한 사용자-아이템 상호작용을 모델링하고, LLM을 통해 사용자 선호도와 아이템 속성을 이해하면 더욱 개인화된 추천이 가능해진다. 이는 사용자 경험을 개선하고, 더 정확하고 만족스러운 추천을 제공하는 데 기여한다.

또 다른 분야는 소셜 네트워크 분석으로, GNN이 네트워크 구조를 모델링하는 동안, LLM은 소셜 미디어 게시물의 텍스트 데이터를 분석하여 더 깊은 통찰력을 제공할 수 있다. 이를 통해 이상 패턴 탐지나 영향력 분석이 가능해지며, 사기 행위나 잘못된 정보의 확산을 막는 데에도 활용될 수 있다. 이와 같은 GNN과 LLM의 통합은 데이터 분석에서 새로운 가능성을 열어주고 있으며, 다양한 응용 분야에서 실질적인 성과를 내고 있다.

이 통합의 가장 흥미로운 적용 분야 중 하나는 추천 시스템이다. GNN을 활용하여 복잡한 사용자-아이템 상호작용을 모델링하고 LLM을 사용하여 사용자 선호도와 아이템 속성을 이해함으로써 맥락을 인식하는 개인화된 추천기를 구축할 수 있다. 실험 결과, 이러한 조합은 전통적인 기준을 능가하며 사용자에게 더욱 정확하고 만족스러운 추천을 제공하는 것으로 나타났다. 과거 상호작용뿐만 아니라 아이템과 연관된 풍부한 텍스트 정보에서 선호도를 추론하여 개인의 독특한 취향에 맞춘 적중률 높은 추천을 제공하는 시스템을 상상해 보라.

GNN과 LLM의 통합이 또 다른 파장을 일으키고 있는 분야는 소셜 네트워크 분석이다. 소셜 네트워크는 복잡한 관계와 상호작용을 가진 복잡계로, 전통적인 방법으로는 그 역동성을 완전히 포착하기 어려운 경우가 많다. 소셜 미디어 게시물이나 사용자 생성 콘텐츠와 같은 방대한 비정형 데이터를 처리하고 분석하기 위해 LLM을 활용함으로써 그렇지 않으면 발견되지 않을 수 있는 의미 있는 통찰력과 특이 패턴을 추출할 수 있다. 반면, GNN은 복잡한 관계를 모델링하고 네트워크를 통해 정보를 전파할 수 있어 노드 분류, 커뮤니티 탐지, 영향력 전파 분석과 같은 작업을 가능케 한다. GNN과 LLM의 시너지 효과는 소셜 네트워크 분석에 무한한 가능성을 열어준다. LLM의 의미론적 지식으로 노드 표현을

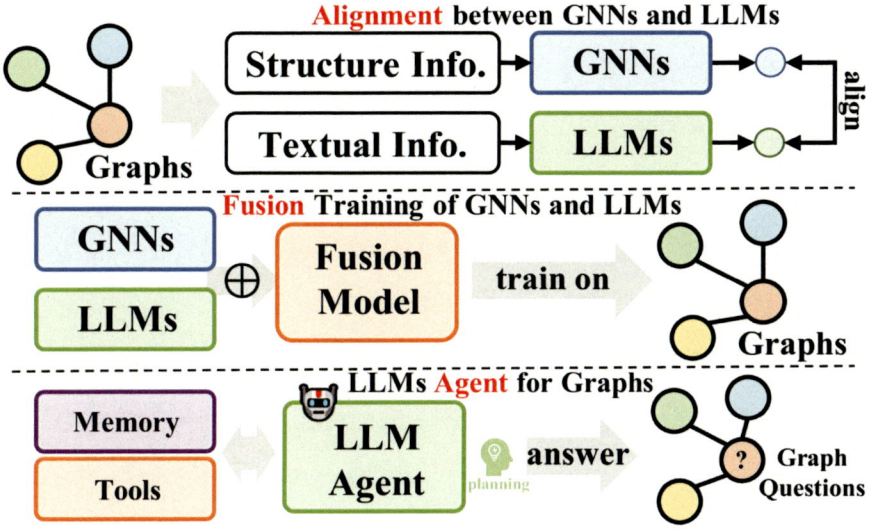

GNN과 LLM의 통합 / 출처 : Xubin Ren

향상시킴으로써 노드 임베딩과 분류 작업의 정확도를 개선할 수 있다. 이러한 통합은 사기 행위나 여론 조작을 위한 공조된 노력을 나타낼 수 있는 비정상적인 패턴과 관계를 식별하여 이상 탐지 능력 또한 향상시킬 수 있다. 더 나아가 네트워크 내에서 정보 확산과 전파를 시뮬레이션함으로써 영향력 전파, 트렌드 예측, 아이디어나 혁신의 확산에 대한 통찰력을 얻을 수 있다.

이 강력한 조합의 실제 응용 분야는 광범위하고 변혁적이다. 예를 들어, 인플루언서 마케팅 분야에서는 단순한 팔로워 수 이상의 요인을 고려하여 상호작용과 관계의 질과 영향력을 기반으로 영향력 있는 개인을 식별할 수 있다. 사회적 연결을 통합하여 추천 시스템을 강화함으로써 더욱 개인화되고 정확한 추천이 가능해진다. 전염병학과 공중보건 분야에서는 사회적 상호작용과 인구 이동 패턴을 고려하여 인구 내 질병 확산을 더욱 정확하게 모델링할 수 있어 발병 예측과 통제에 도움이 된다.

GNN과 LLM의 통합이 엄청난 잠재력을 가지고 있지만, 연구자들이 적극적으로 해결하기 위해 노력하고 있는 과제들도 안고 있다. 확장성은 큰 관심사로, 대규모 복잡 그래프 처리는 계산 집약적일 수 있다. 파라미터 미세 조정 및 모델 가지치기와 같은 기법이 운영 효율성 개선을 위해 연구되고 있다. 또 다른 과제는 다양한 그래프 데이터와 양식을 처리할 수 있는 다중 모달 기반 모델 개발로, 이러한 접근법의 적용 가능성을 보다 넓은 영역으로 확장하는 것이다. 더욱이 환각과 프라이버시 유출이 심각한 결과를 초래할 수 있는 응용 분야에서는 통합 모델의 안전성과 견고성을 확보하는 것이 매우 중요하다. 연구자들은 이러한 위험을 완화하고 보다 신뢰할 수 있고 신뢰할 만한 시스템을 구축하기 위한 방법을 모색하고 있다. 이러한 도전에도 불구하고 GNN과 LLM 통합의 미래는 밝다. 연구가 진행되고 새로운 아키텍처가 등장함에 따라 더욱 복잡한 문제를 다룰 수 있는 강력하고 해석 가능한 모델을 기대할 수 있다. 개인 맞춤형 의료와 신약 개발에서부터 도시 계획과 환경 모니터링에 이르기까지 잠재적 응용 분야는 무한하다.

그래프 신경망과 대규모 언어 모델의 통합은 복잡한 관계 데이터 분석 및 활용 방식에 패러다임 변화를 의미한다. 두 접근법의 장점을 활용함으로써 추천 시스템과 소셜 네트워크 분석 분야에서 숨겨진 패턴을 발견하고, 더 깊은 통찰력을 얻으며, 더 정확한 예측을 할 수 있다. 이러한 기술의 한계를 계속 넓혀감에 따라 빅데이터와 인공지능의 새로운 영역을 개척하고 있으며, 더욱 스마트하고 연결되며 통찰력 있는 세상을 위한 길을 열어가고 있다.

7장

빅데이터 거버넌스와 LLM의 역할

빅데이터 거버넌스와 LLM의 역할

빅데이터의 폭발적인 증가와 함께, 기업들은 방대한 데이터를 효과적으로 관리하고 활용하는 데 있어 많은 어려움을 겪고 있다. 이러한 상황에서 대규모 언어 모델LLM의 등장은 빅데이터 거버넌스에 새로운 패러다임을 제시하고 있다. LLM을 활용하면 체계적인 데이터 관리, 윤리적 활용, 자동화된 품질 모니터링 및 규제 준수가 가능해지며, 기업이 데이터 자산을 더 효과적으로 통제할 수 있는 도구를 제공한다. 그러나 이러한 기술을 효과적으로 활용하려면, 기업은 포괄적인 데이터 거버넌스 체계를 구축해야 한다. 이는 빅데이터의 잠재력을 최대한 활용하면서도 데이터의 무결성, 보안, 그리고 규제 준수를 보장하는 데 필수적이다. 이를 위해서는 우선 기업의 비즈니스 목표와 부합하는 명확한 목표와 정책을 수립하고, 데이터 관리 관행, 접근 및 보안을 아우르는 포괄적인 데이터 정책과 표준을 개발해야 한다. 또한 데이터 소유권과 역할의 명확한 할당이 중요한 요소이다. 협력적이고 다학제적인 팀을 데이터 소유자로 지정하고, 데이터 관리자의 역할과 책임을 명확히 정의하여 모든 구성원이 데이터 무결성과 규정 준수를 유지하는 데 기여할 수 있게 해야 한다. 이러한 접근은 책임감을 높이고, 데이터 기반 의사결정 문화를 조성하는 데 필수적이다. LLM을 활용한 데이터 거버넌스는 단순한 기술적 도입이 아니라, 기업의 전반적인 데이터 관리 체계를 강화하는 데 중요한 도구로 작용할 수 있다.

빅데이터의 폭발적인 증가로 인해 기업들은 방대한 데이터를 효과적으로 관리하고 활용하는 데 많은 어려움을 겪고 있다. 이와 같은 상황에서 LLM의 등장은 빅데이터 거버넌스에 새로운 패러다임을 제시하고 있다. LLM을 활용하면 데이터 관리에서 체계화된 접근, 윤리적 데이터 활용, 자동화된 품질 모니터링, 그리고 규제 준수를 보다 쉽게 구현할 수 있으며, 이를 통해 기업은 데이터 자산을 더욱 효율적으로 통제하고 활용할 수 있는 도구를 얻을 수 있다. 그러나 이러한 기술을 효과적으로 활용하기 위해서는 포괄적인 데이터 거버넌스 체계를 구축하는 것이 필수적이다. 기업은 LLM의 도입을 통해 빅데이터의 잠재력을 최대한 활용하면서도, 데이터의 무결성, 보안, 윤리적 활용, 그리고 규제 준수를 보장해야 한다. 이를 위해 기업은 명확한 비즈니스 목표와 일치하는 데이터 관리 정책을 수립하고, 데이터 접근과 보안을 아우르는 포괄적인 데이터 정책과 표준을 개발할 필요가 있다. 또한, 데이터 소유권과 역할의 명확한 할당이 중요한 요소로 작용한다. 협력적이고 다학제적인 팀을 구성해 데이터 소유자를 지정하고, 데이터 관리자의 역할과 책임을 명확히 정의해야 한다. 이를 통해 모든 구성원이 데이터 무결성과 규정 준수를 유지하는 데 기여할 수 있으며, 데이터 기반 의사결정 문화를 조성할 수 있다. 이 과정에서 LLM은 데이터 관리의 복잡성을 줄이고, 데이터 품질을 유지하며, 데이터 사용이 윤리적이고 규제에 부합하도록 도움을 줄 수 있다. 그러나 LLM을 도입하면서도 몇 가지 윤리적 문제를 고려해야 한다. 모델이 학습하는 데이터에 내재된 편향이나 프라이버시 침해 가능성, 책임성 문제 등은 매우 중요한 고려사항이다. 또한 환각^{Hallucination} 현상, 즉 모델이 정확하지 않은 정보를 생성할 가능성도 관리해야 한다. 이러한 문제들은 모델이 예측한 결과가 중요한 결정에 영향을 미치는 경우 큰 리스크가 될 수 있다.

LLM을 활용한 데이터 거버넌스는 단순한 기술 도입 이상의 의미를 가지며, 기업의 전반적인 데이터 관리 체계를 강화하는 데 핵심적인 도구로 작용할 수 있다. 이를 통해 기업은 빅데이터와 인공지능의 가능성을 극대화하고, 데이터 기반의 혁신을 이끌 수 있을 것이다.

데이터 자산 관리와 메타데이터 거버넌스

데이터는 곧 가치다. 데이터를 제대로 관리하고 활용할 때 비로소 그 진정한 가치를 발휘할 수 있다. 특히 LLM의 등장으로 데이터 자산 관리와 메타데이터 거버넌스의 중요성이 더욱 강조되고 있다. LLM을 활용한 효과적인 메타데이터 관리 전략을 통해 조직은 데이터의 잠재력을 극대화할 수 있다.

데이터 자산 관리의 기반이 되는 것은 포괄적인 데이터 자산 카탈로그의 구축이다. LLM을 활용하면 정형, 반정형, 비정형 데이터를 포함한 다양한 데이터 소스에서 메타데이터를 자동으로 추출할 수 있다. 이는 효율성, 일관성, 확장성 측면에서 큰 이점을 제공한다. 구글 클라우드 서비스 Google Cloud Services 와 같은 기존 데이터 관리 도구와 세코다 Secoda, 라이트데이터 RightData 와 같은 맞춤형 솔루션에 LLM을 통합하면 시스템 간 일관성을 보장하는 통합 메타데이터 전략을 수립할 수 있다. 빅데이터의 폭발적인 증가와 함께 기업들은 방대한 데이터를 효과적으로 관리하고 활용하는 데 어려움을 겪고 있다. 이러한 상황에서 LLM의 등장은 메타데이터 거버넌스에 새로운 패러다임을 제시하고 있다. LLM은 데이터 관리, 윤리적 활용, 자동화된 품질 모니터링 및 규제 준수 등에서 중요한 역할을 수행할 수 있으며, 이를 통해 기업은 데이터 자산을 더욱 효과적으로 통제하고 활용할 수 있다.

LLM의 도입은 메타데이터 관리에 있어 자동화와 효율성을 높이는 데 기여한다. LLM은 자연어 처리 NLP 기술을 활용하여 메타데이터를 자동으로 생성하고 검토하며, 오류를 탐지하여 수정할 수 있다. 이를 통해 메타데이터 입력 과정에서 발생할 수 있는 실수를 줄이고, 정확한 데이터 관리가 가능해진다. 또한 LLM은 자연어 쿼리를 사용하여 데이터 카탈로그와 상호작용할 수 있는 고급 검색 기능을 제공함으로써 관련 데이터 세트를 보다 쉽게 찾을 수 있게 한다. 이러한 기능은 메타데이터 거버넌스에 필수적인 정기적인 감사와 검토를 자동화하는 데 도움을 준다. LLM은 메타데이터의 보강과 프로파일링을 통해 데이터의 구조와 품질에 대한 유용한 통찰력을 제공한다. 이를 통해 기업은 데이터 사용 및 유지 관리에 대한 정보에 입각한 의사 결정을 내릴 수 있으며, 의미론적 주석 달기, 개체 인식, 감성 분석, 주제 모델링과 같은 기법을 활용해 데이터를 보다 설명적이고 의미 있게 만들 수 있다. 예를 들어, IBM 나리지 카탈로그 IBM Knowledge Catalog 와 히타치 반타라 페더럴 Hitachi Vantara Federal 같은 사례에서 LLM은 데이터 접근성과 신뢰도를 크게 향상시키고 있다.

IBM 나리지 카탈로그는 메타데이터 관리와 데이터 자산에 대한 자동화된 카탈로그 기능을 제공하며, LLM을 활용해 데이터를 보다 쉽게 검색하고 접근할 수 있도록 돕는다. 이를 통해 조직 내에서의 데이터 공유와 협업이 원활해지며, 데이터 관리 프로세스가 더 체계적이고 효율적으로 운영된다. 메타데이터의 보강과 태깅 기능을 통해 더 나은 데이터 분석과 의사 결정을 가능하게 한다.

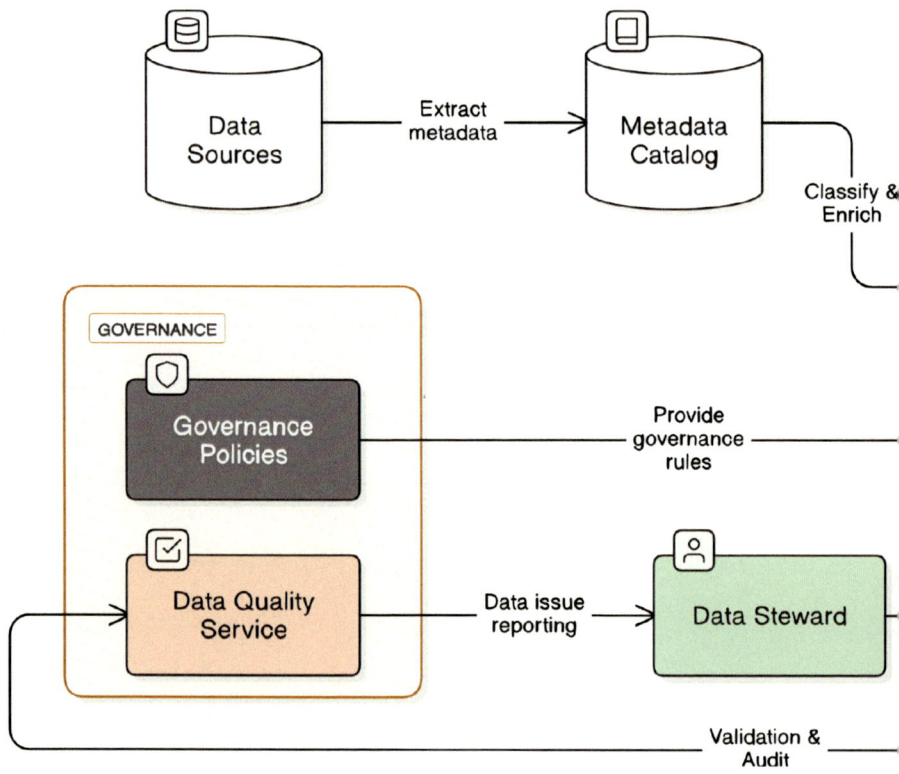

히타치 반타라 페더럴도 LLM을 활용하여 데이터 자산 관리와 메타데이터 보강에서 혁신적인 변화를 보여준다. 이 회사는 데이터 통합 및 관리 솔루션을 제공하여 조직이 데이터 자산을 더 쉽게 관리하고 분석할 수 있도록 지원한다. LLM 기반 기술은 데이터에 의미론적 주석을 추가하고, 데이터 간의 관계를 자동으로 인식하며, 감성 분석 등 고급 데이터 분석 기법을 통해 더 깊은 인사이

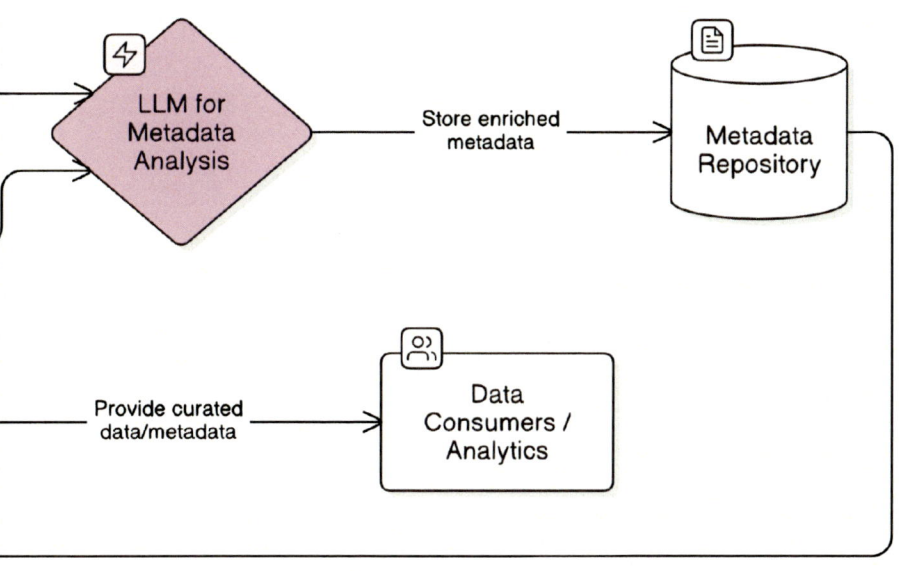

LLM을 활용한 메타데이터 거버넌스 프레임워크 데이터 흐름

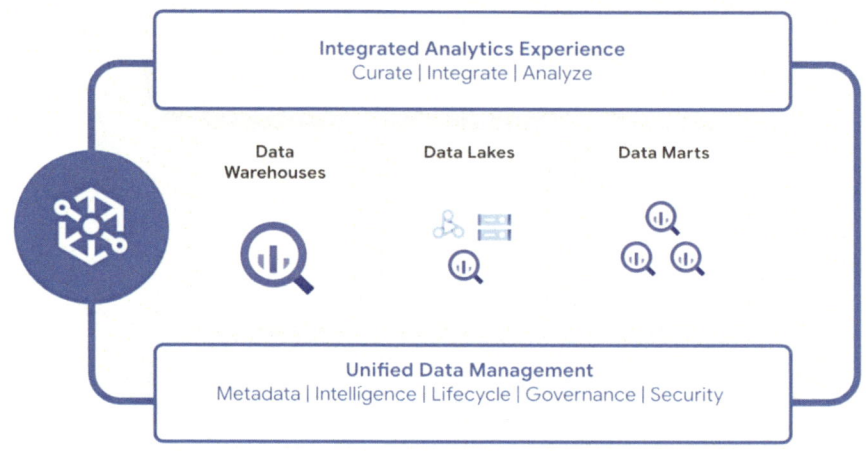

구글 클라우드 데이터플렉스, 분산 데이터 통합 / 출처 : GCD

트를 제공하는 역할을 한다. Google의 Dataplex는 데이터를 중앙에서 관리하고 이를 위한 지능형 메타데이터 레이어를 제공하는 플랫폼이다. Dataplex는 자동화된 데이터 관리 및 메타데이터 관리 기능을 통해 데이터 수집과 분석을 더 쉽게 하고, 데이터의 신뢰성을 높인다. 이를 통해 데이터를 더 효과적으로 검색하고 활용할 수 있게 하며, LLM을 사용하여 자연어 기반의 메타데이터 검색 기능을 강화한다.

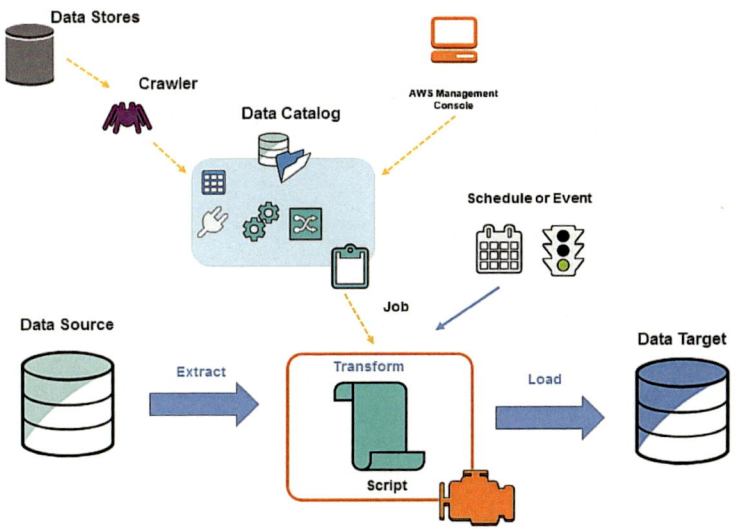

AWS Glue / 출처 : cloudzero.com

Amazon Web Services AWS Glue:

AWS Glue는 자동화된 데이터 준비, 탐색 및 관리 기능을 제공하는 서버리스 데이터 통합 서비스다. 이 시스템은 기계 학습을 사용하여 데이터의 의미와 구조를 파악하고, 메타 데이터를 자동으로 생성해 관리하는 기능을 지원한다. 이를 통해 데이터 엔지니어와 과학자가 더 쉽게 데이터를 검색하고 처리할 수 있게 한다.

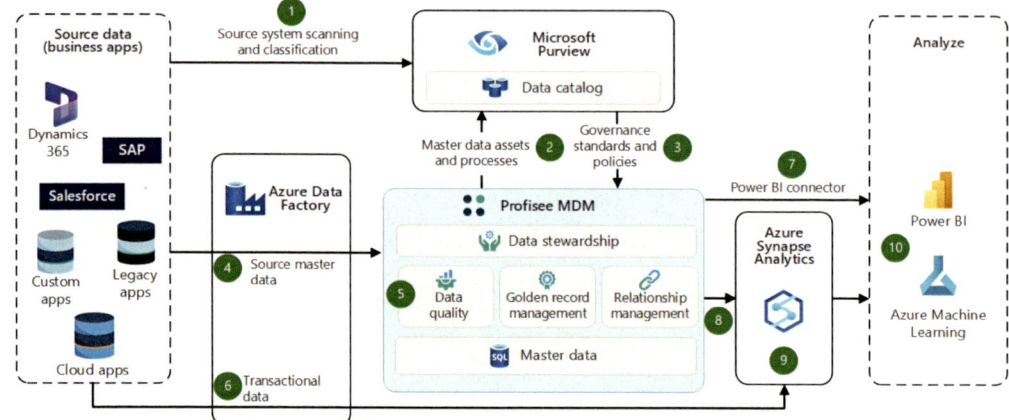

마스터 데이터 관리(MDM)를 위한
Microsoft Purview 및 Profisee 통합 / 출처 : MS Learn

Microsoft Azure Purview:

Microsoft의 Azure Purview는 메타데이터 및 데이터 자산을 관리하는 통합된 데이터 거버넌스 솔루션이다. Azure Purview는 LLM 기술을 활용하여 데이터 카탈로그를 자동으로 구축하고, 데이터에 대한 이해도를 높인다. 이를 통해 기업은 더 나은 데이터 거버넌스와 규정 준수를 실현할 수 있으며, 데이터 간의 관계를 자동으로 탐색하고 분석할 수 있다. 그러나 LLM을 활용한 메타데이터 거버넌스를 효과적으로 구현하기 위해서는 포괄적인 프레임워크가 필요하다. 이 프레임워크는 메타데이터 표준, 소유권과 관리, 품질 보증, 접근 제어, 변경 관리 등을 포함해야 한다. 또한, 이 거버넌스 체계는 전반적인 데이터 거버넌스 정책 및 비즈니스 목표와 일치해야 하며, 이를 통해 데이터 자산의 정확성, 무결성, 보안, 그리고 개인 정보 보호를 보장할 수 있다.

메타데이터 관리에서 자동화는 게임 체인저 역할을 한다. 자동화는 방대한 양의 메타데이터를 신속하고 정확하게 처리할 수 있기 때문에 효율성을 크게 향상시킨다. 이 과정에서 일관된 메타데이터 수집과 품질 보장을 통해 데이터 무결성을 유지하며, 실시간으로 메타데이터를 추적하고 업데이트할 수 있어 최신성을 지속적으로 관리할 수 있다. 또한 자동화된 메타데이터 관리 시스템은 확장성이 뛰어나 데이터의 양이 증가해도 문제없이 관리할 수 있으며, 데이터 접근성과 검색성을 크게 향상시킨다. 이를 통해 사용자는 원하는 데이터를 보다 직관적이고 효율적으로 탐색할 수 있다. 기계 학습과 인공지능 기술을 활용하여 메타데이터 수집, 분석, 보고가 자동화되면 메타데이터 품질과 일관성이 크게 향상된다. LLM은 데이터 검색을 강화하고, 비즈니스 사용자와 데이터 과학자들이 데이터를 더 효과적으로 활용할 수 있도록 돕는다. 이를 통해 정확하고 관련성 있는 데이터에서 통찰력을 도출하고, 더 나은 의사 결정을 내리는 데 기여할 수 있다.

    LLM 시대를 대비하기 위해서는 메타데이터 거버넌스의 신흥 트렌드와 기술에 대한 최신 정보를 지속적으로 파악하는 것이 중요하다. 정책과 절차를 지속적으로 검토하고 업데이트하여, 빠르게 진화하는 데이터 관리 분야에서 앞서 나갈 수 있다. LLM을 활용한 메타데이터 거버넌스는 단순한 기술적 도입 이상의 의미를 가지며, 기업의 전반적인 데이터 관리 체계를 강화하고 혁신적인 비즈니스 성과를 이끌어내는 전략적 필수 요소다.

효과적인 데이터 거버넌스와 윤리 체계 수립

LLM 시대, 데이터 활용의 신뢰성과 공정성 확보를 위한 효과적인 데이터 거버넌스와 윤리 프레임워크 구축 전략

데이터는 현대 조직의 생명선과 같다. LLM의 등장으로 방대한 정보에서 인사이트를 도출하고 분석하는 방식이 혁신되었다. 그러나 LLM의 힘을 받아들이면서, 이 새로운 시대에 데이터 활용의 신뢰성과 공정성을 보장하기 위한 포괄적인 데이터 거버넌스 프레임워크를 수립하고 전략을 실행하는 것이 중요하다.

신뢰할 수 있고 공정한 데이터 분석의 기반은 데이터 자체의 품질과 무결성에 있다. 조직은 강력한 품질 보증 및 관리 메커니즘을 구현하여 데이터의 정확성, 완전성, 일관성을 우선시해야 한다. 데이터 품질 문제에 대한 정기적인 모니터링과 해결은 LLM에서 도출된 인사이트의 무결성을 유지하는 데 필수적이다.

LLM 시대에는 데이터 프라이버시와 보안이 최우선 과제이다. 데이터 최소화 및 익명화 기술을 구현하면 사용되는 데이터의 양과 민감도가 줄어들고, 데이터 액세스에 대한 명확한 정책과 절차는 권한 있는 개인만 민감한 정보와 상호 작용할 수 있도록 보장한

다. 암호화 기술은 전송 및 저장 중인 데이터를 보호하고, 최신 보안 패치 및 프로토콜을 최신 상태로 유지하면 취약성이 완화된다.

책임감 있는 데이터 활용의 핵심은 윤리적 고려사항이다. 데이터 윤리 및 영향 평가를 수행하면 LLM과 관련된 잠재적 이점과 위험을 평가하여 데이터 관행이 수립된 정책 및 절차에 부합하는지 확인할 수 있다. 데이터 사용의 투명성과 책임성이 필수적이며, LLM 생성 콘텐츠에 대한 정기적인 모니터링은 규정 준수 이탈을 식별하여 신속한 시정 조치를 취할 수 있도록 한다.

관련 규정 및 윤리 지침 준수는 타협의 여지가 없다. 조직은 데이터 처리 방법을 명시한 명확한 정책을 수립하여 법적 요구 사항 및 윤리 기준과 일치하도록 해야 한다. 데이터 소유자, 관리자, 생산자, 소비자 등 데이터 관리와 관련된 역할과 책임을 명확히 정의하고, 데이터 수집, 저장, 처리, 공유, 폐기에 대한 표준과 규칙을 수립해야 한다.

투명성과 설명 가능성은 LLM 기반 데이터 분석에 대한 신뢰를 구축하는 핵심이다. 설명 가능성 방법을 통합하면 LLM이 어떻게 의사 결정을 내리는지에 대한 통찰력을 제공하여 기본 프로세스를 이해할 수 있다. 잠재적 편향에 대한 LLM 생성 콘텐츠의 정기적인 평가는 공정성과 포용성을 보장하며, 필요할 때 시정 조치를 취할 수 있도록 한다.

빠르게 진화하는 LLM 환경에서는 확장성과 민첩성이 필수적인 고려 사항이다. 데이터 볼륨이 증가하고 AI 이니셔티브가 발전함에 따라 거버넌스 프레임워크는 확장할 수 있도록 설계되어야 하며, LLM이 제시하는 새로운 도전과 기회에 적응할 수 있는 유연하고 민첩한 접근 방식을 채택해야 한다.

LLM 기반 데이터 분석의 신뢰성과 공정성을 보장하는 것은 데이터와 사용된 모델 모두에서 편향을 식별하고 완화하기 위한 전략을 구현하는 것도 포함한다. 다양하고 대표성 있는 데이터 소스

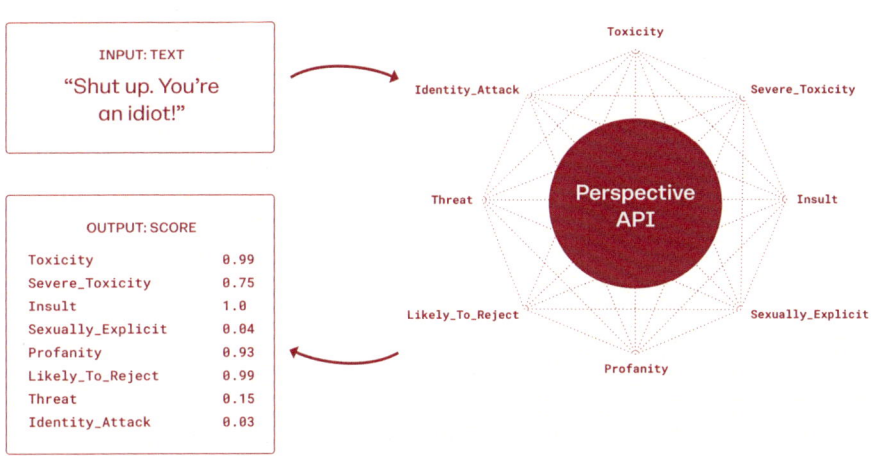

Perspective API model / 출처 : perspectiveapi.com

는 편향의 위험을 최소화하는 반면, 데이터 정리 및 전처리는 내재된 편향이나 부정확성을 제거한다. 공정성 지향 학습 방법과 모델 학습 중 편향 제거 기술은 편향을 줄이고, WEAT, Perspective API, StereoSet, LLM 정렬 방법과 같은 평가 지표는 모델의 편향을 감지하는 데 도움이 된다. 인간 평가Human Evaluation는 편향 탐지 방법의 정확성을 검증하여 모델이 공정하고 편향되지 않도록 보장한다.

모델 해석 가능성과 설명 가능성은 LLM이 어떻게 의사 결정을 내리고 편향을 식별하는지 이해하는 데 중요하다. 정기적인 감사와 피드백 메커니즘을 통한 지속적인 모니터링과 개선은 조직이 편향이나 부정확성을 식별하고 해결하여

> **편향 감지 및 평가 지표**
>
> **WEAT**
> Word Embedding Association Test
> 1) 단어 임베딩에서의 의미론적 편향을 평가하는 데 사용.
> 2) SD-WEAT와 같은 개선된 버전은 더 안정적이고 일관된 결과를 제공한다.
>
> **Perspective API**
> 1) 온라인 토론에서의 독성을 감지하고 평가하는 데 사용된다.
> 2) 다양한 언어와 문화적 맥락에서의 공정성을 유지하는 것이 중요하다.
>
> **StereoSet**
> 1) 성별, 직업, 인종, 종교 등 4개 영역에서 고정관념적 편향을 측정하는 대규모 데이터셋이다.
> 2) 언어 모델링 점수LMS, 고정관념 점수SS, iCAT 점수 등을 통해 편향을 평가한다.
>
> **LLM 정렬 방법**
> 1) 지도 미세 조정SFT, 직접 선호도 최적화DPO 등의 방법을 통해 모델의 편향을 평가하고 조정한다.
> 2) 소수 그룹에 대한 편향을 평가하는 새로운 방법을 제시한다.

보다 정확하고 신뢰할 수 있는 통찰력으로 이어질 수 있게 한다.

LLM 시대에는 조직 내에서 책임감 있는 데이터 사용과 윤리에 대한 문화를 조성하는 것이 필수적이다. 데이터 윤리의 중요성과 LLM 기반 데이터 분석과 관련된 잠재적 위험에 대한 교육과 인식이 중요하며, 책임감 있는 데이터 관행과 의사 결정 프로세스를 설명하는 명확한 윤리 지침과 프레임워크도 마찬가지이다.

정기적인 교육 세션과 워크숍은 직원들에게 LLM 기반 데이터 분석으로 작업할 때 윤리적인 의사 결정을 내리는 데 필요한 지식과 기술을 갖추게 하고, 지속적인 지원과 리소스는 복잡한 윤리적 딜레마를 해결하는 데 도움이 된다. 데이터 수집 및 사용 관행에 대한 명확한 의사소통을 통해 투명성과 책임성이 촉진되며, 강력한 데이터 거버넌스 구조는 데이터 품질, 보안 및 규정 준수를 보장한다.

알고리즘 편향, 개인정보 보호 및 동의, 의사 결정의 투명성은 LLM 기반 데이터 분석의 주요 고려사항이다. 편향에 대한 정기적인 감사, 개인 프라이버시 존중, LLM이 어떻게 사용되고 의사 결정이 이루어지는지 설명하는 투명한 의사 결정 프로세스는 책임감 있는 데이터 활용에 필수적이다.

우리가 LLM 시대의 미지의 영역을 항해하면서, 포괄적인 데이터 거버넌스 프레임워크를 수립하고 신뢰할 수 있고 공정한 데이터 분석을 위한 전략을 구현하는 것은 단순히 모범 사례가 아니라 필수 사항이다. 데이터 품질, 프라이버시, 보안, 윤리, 규정 준수, 투명성, 확장성을 우선시함으로써 조직은 책임감 있고 신뢰할 수 있는 데이터 활용을 보장하면서 LLM의 힘을 활용할 수 있다. LLM 시대의 성공으로 가는 길은 데이터 거버넌스와 책임감 있는 데이터 사용 및 윤리 문화에 대한 헌신으로 포장되어 있다.

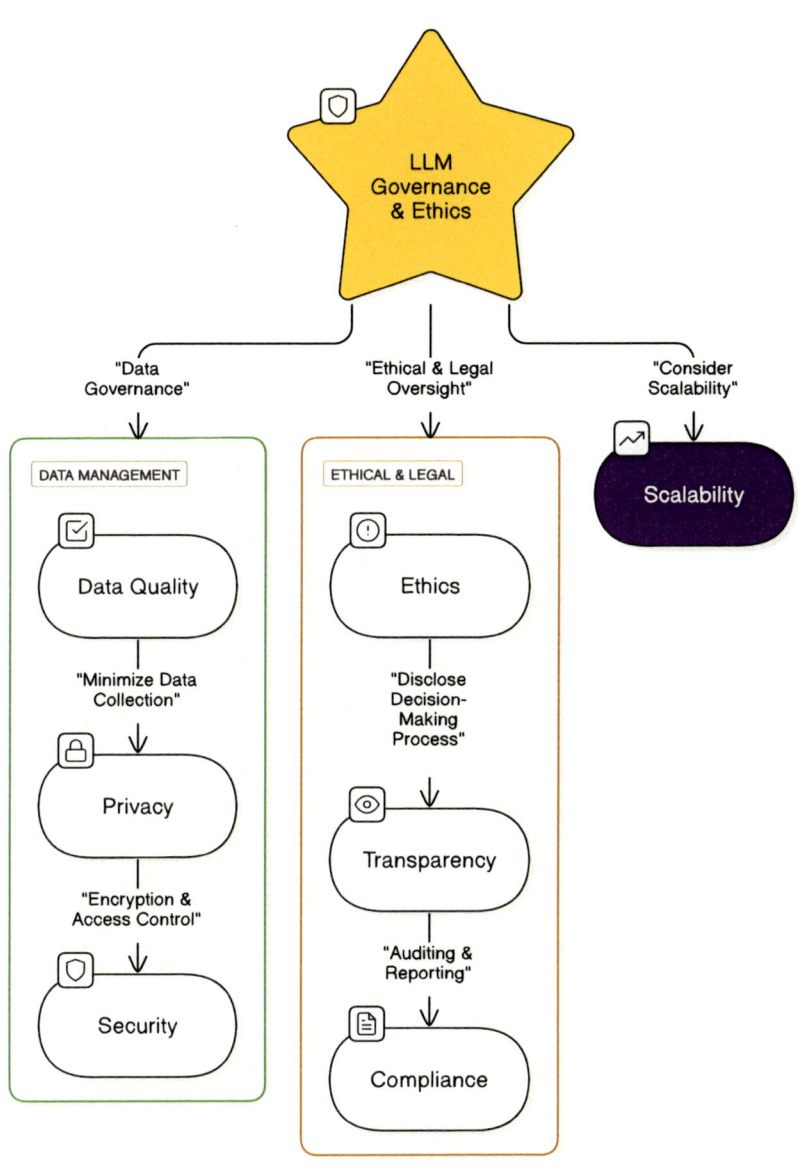

LLM 시대의 데이터 거버넌스와 윤리 프레임워크의 전략

데이터 거버넌스
성숙도 모델과 구현 로드맵

데이터 거버넌스는 빅데이터와 인공지능 시대에 성공적인 데이터 관리의 핵심이다. 당신의 집을 상상해보라. 모든 물건이 정확한 위치에 정돈되어 있고, 누구나 필요한 것을 쉽게 찾을 수 있으며, 중요한 물건은 안전하게 보관되어 있다. 이것이 바로 효과적인 데이터 거버넌스가 조직에 제공하는 환경이다. 반면, 데이터 거버넌스가 없는 조직은 마치 폭풍이 휩쓸고 간 집과 같다. 중요한 정보가 어디에 있는지 알 수 없고, 찾더라도 그것이 정확한지, 최신 버전인지 확신할 수 없다.

데이터 거버넌스는 빅데이터와 인공지능 시대에 성공적인 데이터 관리의 핵심이다. 데이터 자산을 효과적으로 관리, 보호, 활용하여 비즈니스 가치를 창출하기 위한 정책, 프로세스, 관행의 집합을 포괄한다. 폭발적으로 증가하는 데이터로 인한 도전과 씨름하는 조직에게 강력한 데이터 거버넌스 프레임워크를 구축하는 것은 전략적 필수 요소가 되었다.

"당신의 조직은 매일 쏟아지는 데이터의 홍수 속에서 진주를 찾을 수 있는가?" 이 질문에 자신 있게 답할 수 없다면, 당신은 이미 데이터 거버넌스의 부재로 인한 문제를 경험하고 있는 것이다. 한 글로벌 금융 기관은 데이터 거버넌스 체계 없이 수년간 운영한 결과, 고객 정보 불일치로 인해 연간 약 1,200만 달러의 손실을 입었다. 이후 체계적인 데이터 거버넌스를 도입한 후 단 6개월 만에 이 손실의 60%를 회복했다.

데이터 거버넌스 프레임워크 구축의 첫 단계는 조직 내 데이터 관리의 현 상태를 평가하는 것이다. 이는 마치 여행을 떠나기 전에 지도를 펼쳐 현재 위치를 확인하는 것과 같다. 데이터베이스, 데이터 웨어하우스, 클라우드 스토리지, 기타 저장소를 포함한 모든 데이터 소스에 대한 철저한 인벤토리를 수행해야 한다. 각 데이터 자산을 책임지는 부서나 개인을 파악하고, 핵심 프로세스와 의사결정 활동에서 데이터가 어떻게 사용되는지 이해하는 것이 중요하다. 이를 통해 조직은 격차, 불일치, 개선 기회를 식별할 수 있다.

현 상태 평가 후에는 명확하고 측정 가능한 데이터 거버넌스 목표를 정의해야 한다. 목표 없는 데이터 거버넌스는 나침반 없는 항해와 같다. 목표는 구체적이고, 측정 가능하며, 달성 가능하고, 관련성 있으며, 시간 제한이 있어야 한다. 데이터 거버넌스 이니셔티브의 성공을 측정하기 위한 핵심 성과 지표도 수립해야 한다. 명확한 목표 설정은 조직이 데이터 거버넌스 노력에 집중하고 효과를 높이는 데 도움이 된다.

목표가 수립되면 데이터 거버넌스 정책과 표준을 마련해야 한다. 정책은 도로의 교통 규칙과 같다. 모든 사용자가 같은 규칙을 따를 때 혼란과 충돌을 피할 수 있다. 이 정책은 데이터 프라이버시, 보안 프로토콜을 포함하여 데이터 수집, 저장, 공유, 사용에 대한 지침을 제공해야 한다. 데이터 형식, 명명 규칙, 품질 평가를 표준화하는 것은 시스템 간 일관성과 상호 운용성을 보장하는 데 중요하다. 명확한 정책과 표준은 데이터 유출 위험을 줄이고, 규제 요구 사항을 준수하며, 데이터 자산의 전반적인 품질과 신뢰성을 향상시킨다.

효과적인 데이터 거버넌스를 위해서는 역할과 책임을 명확히 해야 한다. 이는 마치 오케스트라에서 각 연주자가 자신의 악기와 파트를 정확히 알고 있어야 조화로운 연주가 가능한 것과 같다. 조직은 특정 데이터 자산을 관리하고 감독할 책임이 있는 데이터 관리자를 식별하고 권한을 부여해야 한다. 데이터 소유자, 관리자, 사용자, 관리자의 역할과 책임도 명확히 정의해야 한다. 다양한 부서와 이해관계자의 대표로 구성된 데이터 거버넌스 위원회는 책임 소재를 명확히 하고 전략적 지침을 제공하는 데 도움이 된다.

데이터 거버넌스 프로세스 구현은 프레임워크 운영의 핵심이다. 당신이 건강한 생활을 유지하기 위해 규칙적인 운동, 균형 잡힌 식단, 충분한 수면 등의 일상적인 습관이 필요한 것처럼, 데이터 거버넌스도 지속적인 관리 프로세스가 필요하다. 여기에는 데이터 생성부터 삭제까지의 수명 주기 관리 프로토콜 수립, 데이터의 출처와 변환을 모니터링하기 위한 데이터 계보 추적, 그리고 데이터 품질 관리 절차 마련이 포함된다. 이러한 프로세스는 데이터 자산의 정확성, 완전성, 일관성을 보장하는 데 필수적이다.

데이터 거버넌스 프레임워크를 지원하기 위해 조직은 적절한 도구와 기술을 활용해야 한다. 좋은 도구 없이 집을 짓는 것이 어려운 것처럼, 적절한 기술 지원 없이 효과적인 데이터 거버넌스를 구현하는 것도 어렵다. 데이터 거버넌스 솔루션은 품질 점검, 정책 시행, 데이터 계보 추적과 같은 프로세스를 자동화할 수 있다. 이 도구들은 기존 시스템과 원활하게 통합되고 조직 성장에 맞게 확장 가능해야 한다. 적절한 도구와 기술을 활용함으로써 조직은 데이터 거버넌스 프로세스를 간소화하고, 수작업을 줄이며, 전반적인 효율성을 높일 수 있다.

데이터 거버넌스 프레임워크의 모니터링, 측정, 개선은 지속적인 과정이다. 마치 정원 가꾸기와 같다. 한 번 심고 잊어버리면 잡초가 자라고 꽃은 시들어버린다. 프레임워크의 효과를 평가하고 개선 영역을 파악하기 위한 정기적인 평가가 필요하며, 이해관계자의 피드백을 수집하여 개선 프로세스에 반영해야 한다. 이를 통해 프레임워크가 관련성을 유지하고 변화하는 비즈니스 요구에 부합하도록 할 수 있다.

데이터 거버넌스 문화 조성은 장기적 성공을 위해 필수적이다. "당신의 회사에서 데이터는 누구의 책임인가?" 이 질문에 "모두의 책임이다"라고 답할 수 있어야 한다. 모든 직원이 데이터 거버넌스의 중요성과 데이터 무결성 유지에서의 역할에 대한 교육을 받아야 한다. 인식을 높이고 필요한 기술을 개발하기 위한 교육 프로그램이 중요하며, 협업과 소통의 문화를 장려하면 데이터 거버넌스 원칙을 조직 정신에 내재화하는 데 도움이 된다.

규제 준수는 데이터 거버넌스의 핵심 측면이다. 일상에서 교통법규를 준수해야 안전한 것처럼, 데이터 관리에도 준수해야 할 규칙이 있다. 조직은 일반 개인정보보호규정 GDPR, 의료정보 보호법 HIPAA 등 관련 규정의 맥락에서 데이터 거버넌스 프레임워크를 정기적으로 검토해야 한다. 정책 업데이트, 직원 재교육, 새로운 데이터 보호 조치 구현 등 사전 대응 조치를 통해 비준수 위험과 잠재적인 법적 결과를 완화해야 한다.

이해관계자와의 소통은 데이터 거버넌스 이니셔티브의 성공을 위해 필수적이다. 어떤 프로젝트든 모든 팀원이 동일한 비전을 공유할 때 성공 가능성이 높아진다. 다양한 부서와 이해관계자 간의 협력은 모든 구성원이 데이터 거버넌스의 중요성과 각자의 역할을 이해하도록 보장한다. 정기적인 소통과 피드백 루프는 신뢰를 구축하고 조직 전반에 걸쳐 데이터 거버넌스 관행의 채택을 촉진한다.

데이터 거버넌스 성숙도를 평가하고 구현 로드맵을 작성하는 것은 조직 내에서 데이터 거버넌스 관행의 효과적인 채택과 운영을 보장하는 데 매우 중요한 단계이다. 이는 등산과 같다. 현재 고도(현 상태)를 알고, 정상(목표)을 결정하고, 경로(로드맵)를 계획해야 안전하게 목적지에 도달할 수 있다. 현재의 데이터 관리 역량 상태를 평가하고, 격차와 개선 영역을 파악하며, 명확한 목표와 우선순위를 설정함으로써 조직은 구체적인 결과를 제공하고 전략적 목표에 부합하는 단계적 데이터 거버넌스 구현 접근 방식을 개발할 수 있다.

한 대형 의료 기관은 데이터 거버넌스 성숙도 평가를 통해 환자 데이터 불일치로 인해 잘못된 진단 위험이 있음을 발견했다. 이들은 명확한 로드맵을 개발하여 6개월 내에 환자 데이터 정확도를 97%까지 높이고, 의료진의 의사결정 시간을 25% 단축했다.

성숙도 수준을 결정하기 위해 표준 모델을 사용하여 데이터 품질, 보안, 아키텍처, 수명 주기 관리 등 다양한 차원에서 현재 역량을 평가할 수 있다. 이를 통해 데이터 정의의 불일치, 부적절한 보안 조치, 계보 문서화 부족 등 개선이 필요한 특정 영역을 파악할 수 있으며, 이는 이니셔티브의 우선순위를 정하고 자원을 효과적으로 할당하는 데 도움이 된다.

데이터 거버넌스 구현 로드맵을 개발하는 것은 목표 달성을 위한 전략적 계획을 수립하는 데 중요하다. 로드맵이 없는 여정은 길을 잃을 위험이 크다. 이 로드맵은 명확한 마일스톤, 담당자, 기한이 포함된 단계적 접근 방식을 제시해야 한다. 우선순위가 높은 이니셔티브부터 시작하여 점진적으로 더 복잡한 과제로 나아가는 것이 효과적이며, 필요한 자원, 예산, 기술과 함께 변화 관리 전략도 고려해야 한다.

데이터 거버넌스 성과를 측정하기 위해 핵심 성과 지표를 사용하여 데이터 품질, 보안, 규제 준수 등 주요 영역의 진행 상황을 추적해야 한다. "측정할 수 없으면 관리할 수 없다"는 격언을 기억하라. 정기적인 평가와 이해관계자 피드백을 통해 프레임워크를 지속적으로 개선하고, 이를 통해 데이터 거버넌스 이니셔티브의 가치를 입증하고 지속적인 지원을 확보할 수 있다.

빅데이터 및 인공지능 기술의 발전과 함께 윤리적 고려사항이 데이터 거버넌스의 핵심 요소로 부상하고 있다. 강력한 기술을 손에 쥔 스파이더맨의 삼촌이 말했듯이, "큰 힘에는 큰 책임이 따른다." 개인정보 보호, 투명성, 책임성, 공정성을 보장하기 위해 데이터 거버넌스 프레임워크에 윤리 원칙을 통합하는 것이 중요하다. 이를 통해 조직은 데이터를 활용할 때 발생할 수 있는 편향, 차별,

사생활 침해 등의 위험을 완화하고 이해관계자 간의 신뢰를 구축할 수 있다.

데이터 윤리는 조직 문화와 가치의 핵심이 되어야 한다. 최고 경영진은 데이터 윤리의 중요성을 인식하고 이를 우선시하는 분위기를 조성해야 하며, 데이터 윤리 원칙을 조직의 정책과 절차에 통합하는 것은 데이터 윤리가 의사 결정과 행동의 기준이 되도록 보장하는 데 도움이 된다. 모든 직원이 데이터 윤리 모범 사례에 대해 교육을 받아야 하며, 윤리적 딜레마에 직면했을 때 지침을 제공하는 명확한 커뮤니케이션 채널이 마련되어야 한다.

데이터 프라이버시와 보안은 데이터 윤리의 핵심 요소이다. 당신의 집에 도난 방지 시스템을 설치하는 것처럼, 데이터도 보호 수단이 필요하다. 조직은 개인정보를 수집, 저장, 사용, 공유할 때 개인의 권리를 존중하고 보호하기 위한 강력한 정책과 프로토콜을 마련해야 한다. 데이터 보호 규정을 준수하는 것이 중요하며, 데이터 암호화, 액세스 제어, 감사 추적과 같은 보안 조치를 구현하여 무단 액세스와 유출로부터 데이터를 보호해야 한다

데이터 품질 지표 설계와 모니터링 방안

데이터의 신뢰성과 활용성을 보장하기 위해서는 데이터 품질을 측정하는 것이 매우 중요하다. 효과적인 데이터 품질 평가를 위해서는 비즈니스 목표와 사용자 요구사항에 부합하는 명확하고 정량화 가능한 지표를 정의해야 한다. 이러한 지표는 정확성, 완전성, 일관성, 적시성, 고유성 등 핵심적인 차원을 포괄해야 한다.

정확성 지표는 데이터가 현실을 얼마나 정확히 반영하는지를 평가한다. 이는 데이터셋 크기 대비 오류 수를 계산하는 오류율과 진본 출처를 기준으로 검증된 데이터의 비율을 측정하는 검증율을 통해 측정할 수 있다. 완전성 지표는 필요한 모든 정보의 존재 여부를 평가하며, 완전한 레코드의 비율과 빈 값의 수와 같은 지표를 활용한다.

일관성 지표는 여러 인스턴스에서 데이터의 일관성을 확인하며, 일관성 비율과 불일치 비율 등의 측정 기준을 사용한다. 적시성 지표는 필요한 시점에 데이터의 가용성에 초점을 맞추며, 데이터 생성 시점과 최신성을 고려한다. 고유성 지표는 중복 레코드를 식별하고, 중복률과 고유성 점수를 활용한다.

데이터 품질 지표를 설계할 때는 비즈니스 맥락을 평가하고, 허용 가능한 데이터 품질에 대한 명확한 임계값을 정의하며, 평가 기준을 정기적으로 적용하는 것이 중요하다. 조직은 또한 식별된 문제를 검토 및 수정하고, 시간 경과에 따른 추세를 모니터링하여 데이터 품질 개선 상황을 추적해야 한다.

자동화된 데이터 품질 모니터링의 구현

오늘날의 데이터 중심 환경에서는 데이터 자산의 지속적인 신뢰성과 무결성을 보장하기 위해 자동화된 데이터 품질 모니터링이 매우 중요하다. LLM과 기타 모니터링 도구와 같은 첨단 기술을 활용함으로써 조직은 실시간으로 데이터 품질 문제를 사전에 식별하고 해결할 수 있다.

사전 정의된 규칙에 따라 데이터를 지속적으로 평가하는 자동화된 점검 및 데이터 검증 프로세스는 추가 조사가 필요한 부적합 레코드에 플래그를 지정한다. 데이터 프로파일링 및 이상 탐지 기법은 데이터셋 내의 구조, 내용 및 관계를 분석하여 이상치, 누락값 및 일관성 없는 형식을 발견한다. LLM는 비정상적인 패턴이나 이상치를 식별하는 데 사용될 수 있으며, 데이터 관리자에게 잠재적인 품질 문제를 알린다.

데이터가 시스템을 통과할 때 품질 문제를 탐지하고 해결하기 위해서는 데이터 파이프라인에 대한 실시간 모니터링이 필수적이며, 이를 통해 오류 전파를 방지할 수 있다. 명확하게 정의된 데이터 품질 규칙과 허용 범위에 따라 경고 임계값과 알림 워크플로를 설정해야 한다. 임계값을 위반하면 자동 경고가 관련 이해 관계자에게 문제에 대한 상세 정보를 제공하여 신속한 해결을 촉진한다.

효율적인 문제 해결을 위해서는 역할, 책임 및 의사소통 프로토콜을 정의하는 에스컬레이션 프로세스가 중요하다. 이러한 프로세스는 문제가 발생했을 때 적절한 수준의 전문 지식이나 권한을 가진 사람에게 신속하게 전달해 문제를 해결할 수 있도록 한다. 데이터 품질 도구를 기존 시스템 및 워크플로에 통합하면 원활한 모니터링이 가능해지고, 지속적인 평가와 개선을 통해 새로 발생하는 문제를 사전에 해결할 수 있다.

에스컬레이션은 문제가 더 큰 문제로 발전하는 것을 방지하고, 데이터 사용의 투명성과 책임성을 보장한다. 신속한 문제 해결은 조직의 리소스를 효율적으로 사용하고, 고객 만족도를 높이는 데에도 기여한다. 데이터 최소화 및 익명화 기술을 구현하고, 데이터 액세스에 대한 명확한 정책과 절차를 수립함으로써 데이터 프라이버시와 보안을 강화할 수 있다.

데이터 윤리 및 영향 평가를 수행하여 데이터 관행이 수립된 정책 및 절차에 부합하는지 확인하고, LLM 생성 콘텐츠에 대한 정기적인 모니터링은 규정 준수 이탈을 식별하여 신속한 시정 조치를 취할 수 있도록 한다. 이러한 포괄적인 접근 방식은 데이터와 사용된 모델 모두에서 편향을 식별하고 완화하기 위한 전략을 구현하는 것을 포함한다.

데이터 거버넌스 프레임워크를 구축하는 것은 전략적 필수 요소가 되었으며, 강력한 데이터 거버넌스 구조는 데이터 품질, 보안 및 규정 준수를 보장한다. 이러한 프로세스의 효과적인 실행은 조직의 전반적인 문제 해결 능력과 운영 효율성을 향상시킬 수 있다.

데이터 거버넌스에 데이터 품질 통합

데이터 품질 관리는 단독으로 수행될 수 없다. 이는 데이터 거버넌스 프레임워크와 긴밀히 통합되어야 한다. 데이터 거버넌스 프레임워크 내에서 명확히 정의된 역할과 책임은 데이터 자산의 정확성, 완전성, 그리고 신뢰성을 보장하는 데 필수적이다. 데이터 품질 유지에 대한 책임을 감당할 수 있는 특정 개인들에게 데이터 관리의 책임을 맡겨야한다.

데이터 소유자는 데이터의 생성, 유지 관리, 삭제에 대한 전반적인 책임을 진다. 이들은 데이터의 사용과 보안 정책을 설정하고, 데이터 품질 기준을 수립하는 역할을 한다.

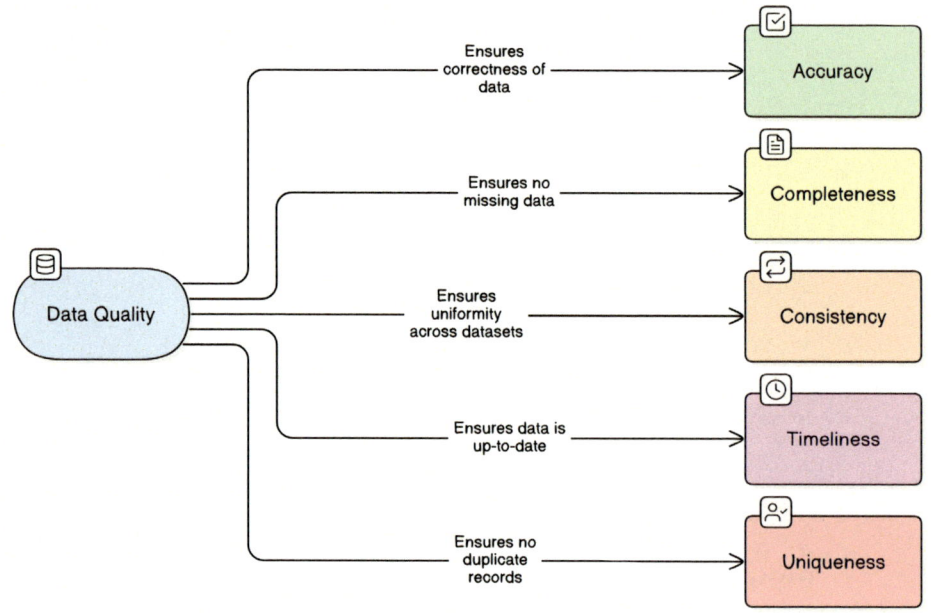

데이터 품질 측정을 위한 5가지 핵심 차원

    데이터 관리자는 데이터 소유자의 지시를 따라 데이터 품질 관리와 데이터 정책을 실행하는 일을 맡는다. 이들은 데이터가 표준을 만족하는지 확인하고, 데이터 문제를 식별하고 해결하는 중요한 역할을 수행한다.

    데이터 사용자는 실제로 데이터를 활용하는 사람들로, 데이터의 정확성에 문제가 있을 경우 이를 보고할 책임이 있다.

데이터 거버넌스 위원회는 조직의 다양한 부서에서 온 대표들로 구성된다. 이 위원회는 데이터 거버넌스 전략을 수립하고 모니터링하는 역할을 한다. 위원회는 데이터 관련 결정을 내리고, 전사적인 데이터 거버넌스 정책을 감독하는 중요한 역할을 담당한다.

이처럼 각각의 역할과 책임이 명확하게 구분되어 있어야 데이터 품질 관리가 효과적으로 이루어질 수 있다. 이와 더불어, 품질 데이터의 구성 요소를 정의하는 데이터 거버넌스 정책을 수립하는 것은 데이터 생성 및 유지 관리 프로세스를 안내하는 데 필수적이다. 이러한 정책은 규제 표준 및 비즈니스 목표와 일치해야 하며, 데이터 품질이 모든 사람의 책임이 되는 문화를 조성해야 한다. 데이터 품질 이니셔티브가 전략적으로 정렬되고 기술적으로 실현 가능하도록 하기 위해서는 비즈니스 및 기술 이해 관계자 간의 협업이 중요하다.

효과적인 데이터 품질 관리 전략에는 데이터 정제 및 보강 프로세스, 정기적인 데이터 감사, 명확한 품질 지표 설정 등이 포함된다. 자동화된 데이터 품질 규칙과 점검은 확장 가능하고 일관된 품질을 가능하게 하며, 피드백 루프는 데이터 소비자로부터 입력을 수집하여 지속적인 개선을 추진한다.

데이터 품질을 데이터 거버넌스에 통합하는 것은 규제 준수뿐만 아니라 정보에 입각한 의사 결정 및 운영 효율성을 위해서도 필수적이다. 고품질 데이터는 가치 있는 통찰력을 도출하고, 프로세스를 간소화하며, 비즈니스 성공을 이끄는 기반이 된다.

빅데이터 시대에 조직은 데이터 거버넌스 프레임워크의 필수 부분으로 데이터 품질 관리에 우선순위를 두어야 한다. 효과적인 지표를 설계하고, 자동화된 모니터링을 구현하며, 데이터 품질 문화를 조성함으로써 조직은 데이터 자산의 잠재력을 최대한 발휘하여 점점 더 데이터 중심적인 세상에서 혁신, 경쟁력 및 성장을 이끌어 낼 수 있다.

개인정보 비식별화와 프라이버시 보호 기술

LLM의 강력한 분석 능력을 활용할 때, 개인 데이터와 프라이버시 보호는 무엇보다 중요하다. 이러한 AI 시스템은 엄청난 양의 데이터를 전례 없는 속도로 처리하고 통찰력을 도출하는 방식에 혁명을 일으키고 있지만, 견고한 보안 조치와 윤리 지침을 구현하는 것이 필수적이다. 그렇지 않으면 개인 프라이버시 권리를 침해할 뿐만 아니라 이러한 혁신적인 기술에 대한 대중의 신뢰를 무너뜨릴 위험이 있다. 데이터 보호의 핵심은 개인 식별 정보를 제거하는 비식별화de-identification 프로세스다. 이를 위해 다양한 기술이 활용된다. 차등 정보 보호differential privacy는 데이터에 임의의 '노이즈'를 추가하여 개인의 프라이버시를 보호하면서 통계적 분석을 가능하게 한다. 이 방법은 개인정보 보호와 데이터 유용성 사이의 균형을 유지하는 데 중요하다.

동형 암호화homomorphic encryption는 암호화된 데이터를 직접 계산할 수 있게 함으로써, 처리 결과만을 해독할 수 있도록 한다. 이 기술은 중요 정보의 노출 없이 데이터를 안전하게 사용할 수 있게 한다.

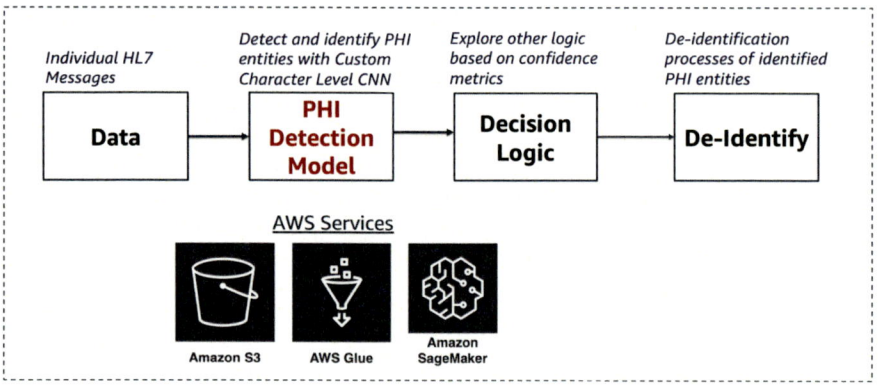

필립스와 AWS, 머신러닝으로 PHI 비식별화 자동화 / 출처 : AWS

연합 학습federated learning은 여러 기기에서 데이터를 로컬로 처리하고, 중앙 서버에는 모델 업데이트만을 공유한다. 이는 데이터 중앙 집중화를 방지하며 개인정보 보호를 강화한다.

안전한 다자간 계산secure multi-party computation, MPC은 여러 참여자가 자신의 데이터를 공개하지 않고도 함께 데이터를 처리할 수 있다. 이 방식은 민감한 정보의 안전한 처리를 가능하게 하며, 필요한 계산이나 데이터 분석을 수행할 수 있다.

개인 정보 보호 집합 교차private set intersection는 두 개 이상의

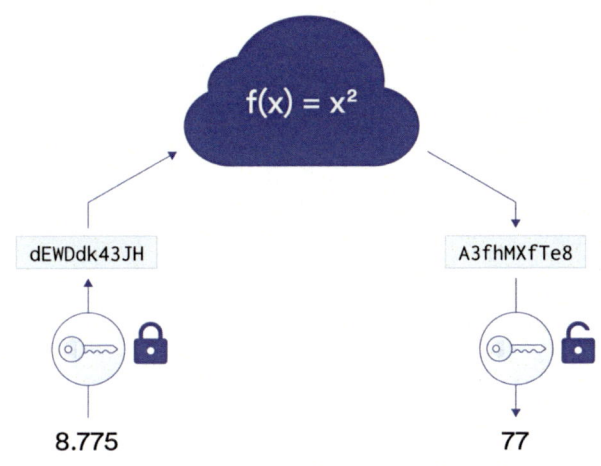

동형암호화(Homomorphic encryption) 예시 / 출처 : chain.link

파티가 자신의 데이터 세트에서 공통 요소를 찾을 수 있게 하면서도, 그 외 정보는 공개하지 않는다. 이는 필요한 데이터 공유를 가능하게 하면서 민감한 정보를 보호한다.

    이러한 기술들은 개인정보를 보호하면서 데이터의 활용 가능성을 유지하는 데 중요한 역할을 한다. 데이터 보호 기술은 노이즈 추가, 암호화된 데이터 계산, 데이터 세트 매칭을 통해 집계된 데이터 분석을 가능하게 하면서 개인 정보를 보호한다. 이러한 방법들은 데이터 보호에 필수적이며, 데이터 비식별화를 통해 개인의 프라이버시를 보호하고 동시에 유용한 데이터 분석을 가능하게 한다. 그러나 기술적 해결책만으로는 부족하다. 포괄적인 데이터 보안은 안전한 저장, 접근 제어, 지속적인 모니터링 등 다각적인 접근 방식을 필요로 한다. 데이터 최소화, 강력한 암호화, 제로 트러스트 아키텍처 zero-trust architectures)는 벡터 데이터베이스에 저장된 지식 소스를 보호하는 기반이 된다. 사용자 권한을 세심하게 관리하고 AI 기반 패턴 분석을 통해 이상 징후를 신속하게 탐지하는 것

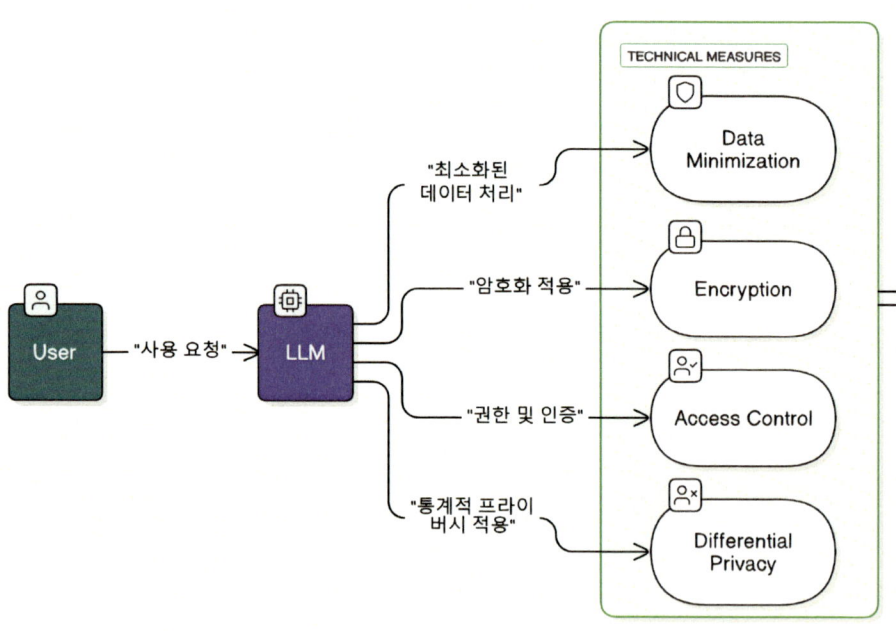

은 무단 접근과 조작을 저지하는 데 필수적이다. 더욱이 LLM의 급속한 발전은 민첩하고 선제적인 사이버 보안을 필요로 한다. 취약점을 식별하기 위한 정기적인 침투 테스트, 보안 패치를 적용하기 위한 적시의 소프트웨어 업데이트, 데이터 출처 추적을 위한 블록체인의 혁신적 적용은 끊임없이 진화하는 위협에 앞서 나가기 위한 주요 전략이다. 무엇보다도 이러한 기술적 조치는 구조화된 위협 모델링과 빈번한 검토를 통해 새로 등장하는 위험에 대해 통제

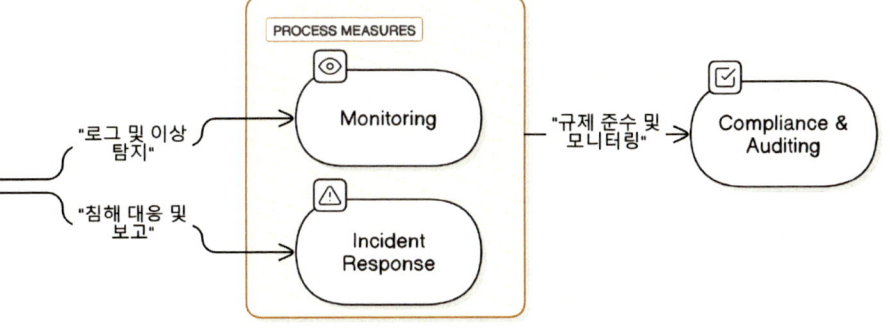

대용량 언어 모델의 개인정보 보호와 데이터 보안을 위한 다각적 접근법

력을 유지할 수 있도록 해야 한다.

하지만 가장 엄격한 보안 프로토콜조차도 강력한 윤리적 프레임워크 없이는 무의미하다. LLM의 적용 범위는 광범위하며, 금융 서비스에서 대출 승인부터 의료 진단을 돕는 것에 이르기까지 다양하다. 이는 LLM이 단순한 기술을 넘어서 인간의 삶에 깊은 영향을 미칠 수 있는 힘을 갖추고 있음을 의미한다. 따라서 LLM을 사용할 때는 항상 공정성, 투명성, 책임성을 유지하는 것이 중요하다. 이는 기술이 사회에 미치는 영향을 긍정적으로 유지하기 위한 필수적인 조치이다.

GDPR(일반 개인정보 보호법)은 유럽 연합에서 제정한 데이터 보호 및 프라이버시에 관한 규정이다. 이 법률은 2018년 5월 25일부터 시행되며, 유럽 연합 내외의 모든 기업들이 유럽 연합 내 시민들의 개인 데이터를 처리할 때 준수해야 하는 법적 요구사항을 정의한다. GDPR은 데이터 보호의 새로운 표준을 설정함으로써 개인의 프라이버시를 강화하고, 데이터 관리 및 이전을 더욱 투명하게 만드는 것을 목표로 한다. 미국의 알고리즘 책임법 Algorithmic Accountability Act 과 같은 법률은 차별적 편향을 겨냥하여, 사회적 불평등의 영속화를 방지하기 위한 엄격한 평가를 요구한다. 유사하게 EU의 신뢰할 수 있는 AI 가이드라인 Guidelines for Trustworthy AI)은 인간 감독, 설명 가능성, 도덕 규범 준수를 옹호한다.

결국 LLM의 전체 잠재력을 활용하는 것은 기술 발전과 함께 역동적으로 진화하는 강력한 거버넌스 프레임워크에 달려 있다. 다양한 이해 관계자를 참여시키고, 윤리 교육을 장려하며, 글로벌 적용 가능성을 보장함으로써 우리는 프라이버시를 존중하고, 신뢰를 조성하며, 모두의 발전을 위해 비할 데 없는 통찰력을 열어주는 혁명적인 데이터 분석의 과정을 그릴 수 있다. LLM이 주도하는 빅데이터 혁명은 우리 앞에 펼쳐져 있다. 흔들리지 않는 성실성과 인류에게 힘을 실어주겠다는 확고한 의지로 이 강력한 도구를 다루는 것은 우리 모두의 책임이다.

공정한 AI를 위한 데이터 편향성 진단과 해소 방안

데이터 편향은 LLM의 공정성과 정확성을 저해하는 주요 요인이 될 수 있다. 훈련 데이터셋에 내재된 다양한 유형의 편향을 탐지하고 정량화하는 것은 모델의 신뢰성과 공정성을 보장하기 위해 필수적이다. 인구통계학적 편향demographic bias은 선택 편향selection bias이나 암묵적 편향implicit bias의 형태로 나타날 수 있는데, 선택 편향은 특정 인구통계학적 집단이 훈련 데이터에 과대 또는 과소 대표되는 경우 발생한다. 예를 들어, LLM이 주로 특정 인종이나 민족 집단을 대표하는 데이터로 학습된 경우 다른 집단에 대한 일반화 성능이 떨어질 수 있다. 반면에 암묵적 편향은 즉시 명확하게 드러나지 않는 미묘한 편향을 말하며, 텍스트 데이터로 학습된 모델이 특정 직업을 특정 성별과 연관 짓는 것이 그 예이다.

지리적 편향geographic bias 또한 LLM 훈련 데이터셋에서 고려해야 할 사항이다. 시간적 편향temporal bias은 다양한 지역이나 국가의 데이터로 학습된 모델을 다룰 때, 특히 데이터가 서로 다른 시점에 수집된 경우 발생할 수 있다. 문화적, 언어적 뉘앙스는 시간이 지남에 따라 변화할 수 있으며, 이는 편향으로 이어질 수 있다. 지정학적 편향 geopolitical bias 역시 고려 대상인데, LLM은 상호작용 언어와 훈련 데이터가 동일한 상황에 대해 서로 다른 관점을 반영하는 방식에 따라 영토 분쟁에 대해 다르게 반응할 수 있다.

역사적 편향 historical bias 은 특정 시대에 만연했던 편견에서 비롯되는 또 다른 유형의 시간적 편향이다. 특정 시대의 데이터로 학습된 모델은 그 시대의 편견을 반영할 수 있다.

LLM 훈련 데이터셋의 편향을 정량화하기 위해 연구자들은 공정성 지표 fairness metrics 와 평가 지표 evaluation metrics 와 같은 통계적 방법을 활용할 수 있다. 인구통계학적 동등성 demographic parity, 균등화된 odds equalized odds, 통계적 동등성 statistical parity 등의 공정성 지표는 데이터와 모델 예측의 편향 정도를 측정하는 데 도움이 된다. 평가 지표는 측정하고자 하는 편향의 유형에 맞게 특별히 설계될 수 있으며, 예를 들어 다양한 언어에 걸친 지정학적 편향을 정량화하기 위한 지표가 있을 수 있다.

모델 설명 가능성 model explainability 과 데이터 투명성 data transparency 또한 편향을 식별하는 데 중요하다. 모델의 의사 결정 과정에 대한 통찰력을 제공하는 기법은 편향과 그 원천을 정확히 파악하는 데 도움이 된다. 훈련 데이터가 투명하고 잘 문서화되어 있으면 잠재적 편향을 더 쉽게 식별할 수 있다.

LLM에서 데이터 편향을 완화하기 위해서는 모델 개발에서의 모범 사례와 공정성 유지를 위한 지속적인 모니터링을 결합한 다각도 접근법이 필요하다. 주요 전략 중 하나는 데이터 큐레이션 data curation 으로, 균형 잡힌 대표성을 보장하고 대표성이 없는 샘플을 줄이기 위해 다양한 인구통계, 언어 및 문화의 광범위한 데이터셋을 수집하는 것이 포함된다. 데이터의 암묵적 사회적 편향을 식별하고 수정하기 위해 품질 관리 조치를 시행해야 한다. 리밸런싱 rebalancing 과 스마트 대치 smart imputation 방법을 사용한 합성 데이터 생성 synthetic data generation 은 누락된 값이나 불균형한 범주를 해결하는 데 도움이 될 수 있다.

모델 파인튜닝 model fine-tuning 은 편향 완화를 위한 또 다른 효과적인 전략이다. 사전 학습된 모델을 사용하고 이를 더 작고 구체적인 데이터셋으로 파인튜닝하는 전이 학습 transfer learning 은 편향을 줄일 수 있다. 반사실적 데이터 증강 counterfactual data augmentation 과 같은 편향 감소 기법을 활용하여 정형화된 데이터를 깨고 성별, 인종 또는 문화적 편견을 줄일 수 있다.

잠재적 편향에 대해 모델 출력을 지속적으로 모니터링하기 위해서는 정기적인 알고리즘 감사 algorithmic auditing 가 필수적이다. 공정한 결과를 보장하기 위해 모델 훈련 과정에 공정성 제약 조건을 통합할 수 있다. 자동화된 방법이 편향을 탐지하고 수정하는 데 완벽하지 않을 수 있으므로 인적 감독 또한 중요하다.

모델 설명 가능성과 투명성은 편향을 이해하고 완화하는 데 중요한 역할을 한다. 모델 설명 가능성에 투자하면 모델이 콘텐츠를 생성하는 방식에 대한 통찰력을 얻을 수 있고 잠재적 편향을 식별하는 데 도움이 된다. 모델 아키텍처와 훈련 데이터의 투명성은 편향의 이해와 완화를 용이하게 한다.

새롭게 등장하는 편향에 대처하고 시간이 지남에 따라 공정성을 유지하기 위해서는 지속적인 모니터링과 조정이 필요하다. 모델에 대한 정기적인 업데이트와 개선, 그리고 분포 외 out-of-distribution 테스트 세트에 대한 인구통계학적 분석은 다양한 실제 시나리오에서 모델의 효과를 검증하는 데 도움이 된다.

편향이 완화된 LLM을 실제 애플리케이션에 성공적으로 통합하기 위해서는 공정성과 투명성을 보장하는 것이 무엇보다 중요하다. 하나의 지침은 사용자 그룹 전반에 걸쳐 동등한 성능을 추구하는 것이다. 인구통계학적으로 교란된 perturbed 데이터로 LLM을 학습시키면 서로 다른 인구통계 집단에 걸쳐 동등하게 잘 수행되는 보다 공정한 모델로 이어질 수 있다. 다양한 데이터셋에 대한 견고성 테스트 robustness testing 는 다양한 사용자 그룹에 걸쳐 모델의 일관된 성능을 보장하는 데 필수적이다.

신뢰 구축과 이해를 위해서는 모델 결정에 대한 명확한 설명이 중요하다. 모델 보고, 평가 결과 게시, 설명 제공, 불확실성 전달 등의 투명성 접근법은 적절한 인간의 이해를 뒷받침한다. 이해 관계자의 요구와 사회-조직적 맥락을 고려하여 인간 중심 관점에서 LLM을 설계하는 것이 필수적이다.

LLM의 책임감 있는 배포를 위해서는 책무성 메커니즘 accountability mechanisms이 필수적이다. 정기적인 모델 테스트는 취약점을 식별하는 데 도움이 되며, 알려진 문제를 해결하기 위해 보안 패치를 적용해야 한다. 이상 탐지 시스템 anomaly detection systems 은 적대적 활동을 나타내는 비정상적 행동을 식별할 수 있다. 법적, 규제적 기준을 준수하고 윤리적 우려사항과 잠재적 피해를 다루는 거버넌스 프레임워크를 수립하는 것이 중요하다.

편향을 완화하려면 훈련 및 평가 프로세스에 공정성 지표와 제약 조건을 통합하는 공정성 인식 알고리즘 fairness-aware algorithms 을 개발해야 한다. 적대적 편향 제거 adversarial debiasing 기법은 예측 성능을 유지하면서 민감한 속성에 대해 불변하도록 모델을 학습시킬 수 있다. 반사실적 공정성 프레임워크 counterfactual fairness frameworks 는 다양한 가상 시나리오에서의 결과를 고려하여 공정성을 평가한다.

데이터 큐레이션과 투명성은 편향 완화의 핵심 구성 요소이다. 다양하고 대표성 있는 훈련 데이터를 큐레이션하면 역사적 편향의

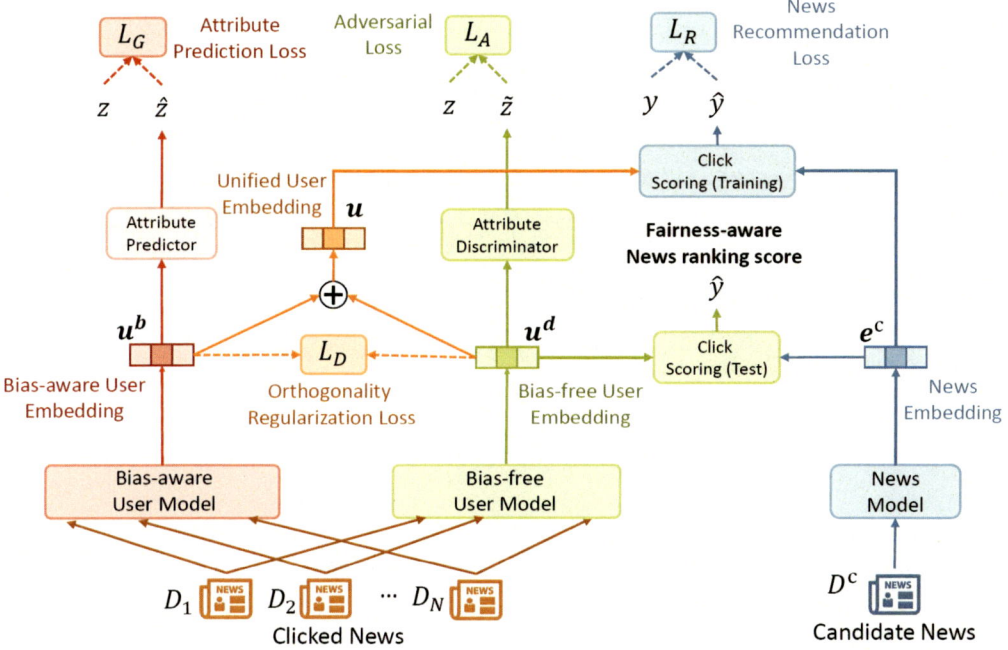

공정성 인식 뉴스 추천 / 출처 : Microsoft Research

영향을 줄일 수 있다. 의사 결정 프로세스의 투명성을 통해 이해 관계자는 프로세스를 이해하고 감사할 수 있다.

    이러한 지침을 준수함으로써 LLM 개발자와 배포자는 공정하고 투명하며 책임감 있는 애플리케이션을 만들 수 있다. 이는 다양한 영역에 성공적으로 통합될 수 있는 보다 신뢰할 수 있고 공평한

AI 시스템으로 이어진다.

데이터 분석과 인사이트 획득을 혁신할 LLM의 잠재력은 엄청나다. 그러나 이러한 모델의 공정성과 신뢰성을 보장하는 것은 지속적인 노력이 필요한 복잡한 과제이다. 훈련 데이터셋의 편향을 식별 및 측정하고, 효과적인 완화 전략을 구현하며, 공정성과 투명성을 위한 지침을 따름으로써 우리는 편향된 결과와 관련된 위험을 최소화하면서 LLM의 힘을 활용할 수 있다.

우리가 LLM로 가능한 것의 한계를 계속 넓혀 나가면서 윤리적 고려사항에 대해 강력한 초점을 유지하는 것이 중요하다. 이러한 모델의 개발과 배포는 공정성, 책임성, 투명성의 원칙에 의해 이끌어져야 한다. 데이터 편향 문제를 정면으로 다룸으로써만 우리는 산업을 변혁하고 사람들의 삶을 개선하기 위한 강력한 도구로서 LLM의 잠재력을 최대한 발휘할 수 있다.

공정하고 편향되지 않은 LLM을 향한 여정은 연구자, 개발자, 정책 입안자, 이해 관계자 간의 협력을 필요로 하는 지속적인 과정이다. 함께 노력하고 윤리적 AI의 최고 기준을 준수하기 위해 노력함으로써, 우리는 LLM이 혁신과 진보를 위한 강력한 도구로 역할하는 동시에 그 혜택이 사회 전반에 공평하게 분배되도록 보장하는 미래를 만들 수 있다.

LLM 모델 해석과
설명 가능한 AI 구현

빅데이터와 인공지능 시대에 자연어 처리 분야의 최전선에 서 있는 LLM은 방대한 텍스트 데이터를 처리하고 분석하는 강력한 도구로 자리매김했다. 그러나 이러한 모델의 블랙박스적 특성은 종종 투명성과 신뢰성에 대한 우려를 낳는다. 이를 해결하기 위해 연구자들과 실무자들은 LLM의 해석 가능성을 높이고 설명 가능한 AI를 구현하는 기술 개발에 주력하고 있으며, 이를 통해 복잡한 모델의 내부 작동 원리를 밝히고 사용자의 신뢰를 구축하고자 한다.

LLM의 해석 가능성을 높이는 데 있어 사후 설명^{post-hoc explanation} 기술의 개발은 매우 중요하다. LIME^{Local Interpretable Model-Agnostic Explanations}과 SHAP^{Shapley Additive Explanations}와 같은 방법론은 LLM이 어떻게 예측을 수행하는지에 대한 귀중한 통찰을 제공한다. LIME은 복잡한 모델을 본질적으로 해석 가능한 모델로 근사하여 특정 입력 특성이 모델의 출력에 어떻게 기여하는지 이해할 수 있게 해준다. 한편, SHAP은 게임 이론을 활용하여 각 특성이 최종 예측에 기여하는 바를 계산함으로써 모델의 의사

결정 과정을 상세히 분해한다.

　사후 설명이 분명히 유용하지만, 해석 가능성을 LLM 아키텍처에 직접 통합하는 것 또한 유망한 접근법이다. 연구자들은 성능을 저하시키지 않으면서도 보다 투명하고 이해하기 쉬운 시스템을 만들기 위해 본질적으로 해석 가능한 모델을 설계하고 있다. 트랜스포머 아키텍처와 다중 헤드 어텐션 multi-head attention에 사용되는 것과 같은 어텐션 메커니즘은 모델이 입력 시퀀스의 서로 다른 부

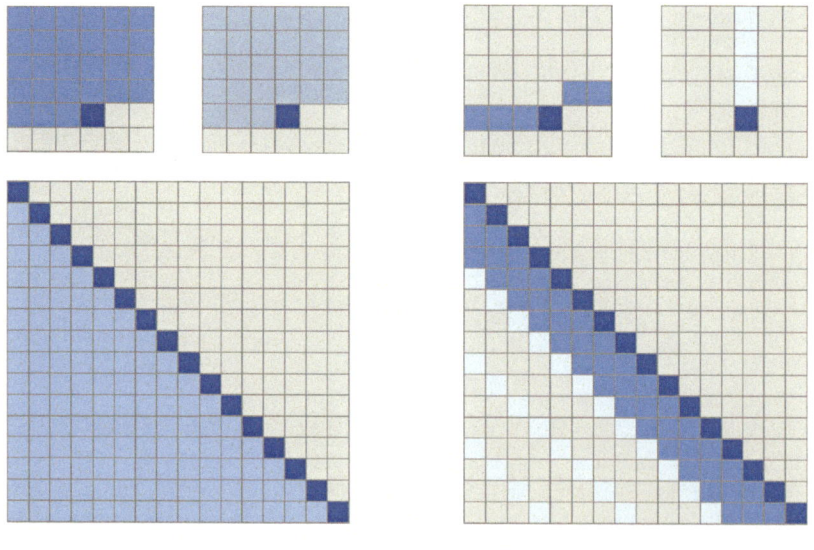

(a) Transformer　　　　　(b) Sparse Transformer (strided)

Sparse Transformer / 출처 : Papers With Code

분에 집중할 수 있게 함으로써 모델이 정보를 처리하는 방식을 시각화하고 이해하기 쉽게 만든다. MoE Mixture-of-Experts)와 스파스 트랜스포머 sparse transformers 와 같은 모듈형 아키텍처는 밀집 모델과 유사한 성능을 제공하면서도 보다 효율적이고 해석 가능한 모델을 허용한다. 가지치기 pruning 기술과 모듈형 표현을 통해 달성되는 희소 표현 sparse representations 은 중복 구성 요소를 제거하고 지식의 특정 측면을 인코딩함으로써 해석 가능성을 더욱 향상시킨다.

그러나 해석 가능한 LLM을 개발하는 것은 전체 과제의 절반에 불과하다. 진정한 신뢰와 이해를 촉진하기 위해서는 사용자를 설명 가능한 AI 프로세스에 참여시키는 것이 필수적이다. 이는 사용자가 LLM 설명을 탐색하고 상호 작용할 수 있는 인터랙티브한 인터페이스와 시각화 도구를 만드는 것을 포함한다. 마인드맵 스타일의 디자인과 동적 탐색 기능을 활용함으로써 사용자는 모델의 사고 체인과 자연스럽게 소통하고 인터페이스 내에서 직접 추가 설명을 요청하거나 질문을 할 수 있다. 사용자 중심 설계 원칙을 통합하면 설명과 인터페이스가 다양한 사용자 그룹의 특정 요구와 선호도에 맞춰지므로 만족도와 신뢰도가 향상된다.

또한 피드백 메커니즘과 협업적 공동 창작 전략을 통합하면 사용자 참여도를 크게 높일 수 있다. 연구 질문을 공식화하는 데 사용자를 지원하고 AI 생성 아이디어를 탐색하는 LLM 기반 시스템은 사용자가 프로세스에 적극적으로 참여할 수 있는 협업 환경을 조성한다. 사용자 지원에서 서로 다른 수준의 주도권을 가진 AI 에이전트를 구현하면 전반적인 사용자 경험과 시스템에 대한 신뢰도가 더욱 향상된다.

설명 가능한 AI 분야가 계속 발전함에 따라 XAI 방법의 효과를 평가하기 위한 광범위한 사용자 연구를 수행하고 표준화된 프레임워크를 수립하는 것이 중요하다. 가설 형성에서 데이터 수집 및 분석에 이르는 모든 단계를 포괄하는 실증적 사용자 중심 연구에 기반을 둠으로써 연구자들은 자신들의 노력이 의미 있고 영향력 있는 결과를 산출하도록 보장할 수 있다.

결론적으로, 빅데이터와 인공지능 시대에 LLM의 해석 가능성과 설명 가능한 AI를 추구하는 것은 매우 중요한 과제이다. 강력한 사후 설명 기술을 개발하고, 본질적으로 해석 가능한 모델을 설계하며, 사용자를 적극적으로 참여시킴으로써 우리는 LLM의 잠재력을 최대한 발휘하면서도 신뢰를 구축하고 내부 작동 원리에 대한 더 깊은 이해를 촉진할 수 있다. AI의 한계에 도전하는 가운데 투명성, 협업, 사용자 중심성을 우선시하는 것이 중요하며, 이를 통해 인간과 기계가 원활하게 협력하여 우리 시대의 가장 시급한 과제들을 해결할 수 있는 미래를 열어갈 수 있을 것이다.

조직 문화와
윤리 의사결정 체계 확립

데이터는 현대 조직의 생명줄로, 통찰력, 혁신 및 경쟁 우위의 원천이 된다. 그러나 LLM의 시대에 데이터의 양과 복잡성이 기하급수적으로 증가함에 따라, 책임감 있고 윤리적인 데이터 활용을 보장하기 위한 견고한 윤리적 의사 결정 프레임워크를 구축하는 것이 매우 중요하다. 이 프레임워크는 데이터 프라이버시, 공정성, 투명성, 책임성 등의 핵심 원칙을 기반으로 해야 하며, 의사 결정 프로세스를 안내하는 체계적인 접근 방식을 통합해야 한다.

윤리적 의사 결정 프레임워크의 핵심에는 데이터 프라이버시와 기밀성을 보호하기 위한 노력이 자리 잡고 있다. 조직은 데이터 수집을 최소화하고 적절한 접근 통제를 구현하며, 공정 정보 관행 원칙 Fair Information Practice Principles, FIPPs 과 데이터 거버넌스 표준에 맞춰 데이터 활동을 조정해야 한다. 이러한 원칙을 준수함으로써 조직은 개인의 프라이버시 권리를 존중하고 이해관계자와의 신뢰를 구축할 수 있다.

공정성은 윤리적 데이터 활용의 또 다른 중요한 구성 요소이다.

데이터 기반 의사 결정이 개인과 사회에 광범위한 영향을 미칠 수 있는 시대에는 알고리즘 편향성을 해결하고 데이터와 그 혜택에 대한 동등한 접근을 촉진하는 것이 반드시 필요하다. 조직은 데이터 세트와 알고리즘의 편향성을 적극적으로 식별하고 완화해야 하며, 의사 결정이 객관적이고 차별 없이 이루어지도록 해야 한다.

투명성은 데이터 활용에 있어 신뢰와 책임성을 높이는 데 핵심이 된다. 조직은 이해관계자에게 데이터 활동과 잠재적 영향을 명확하게 전달하고, 접근 가능한 피드백 채널을 통해 참여시키며, 데이터 사용에 대한 적시 업데이트를 제공해야 한다. 데이터 관행에 대해 투명성을 유지함으로써 조직은 윤리적 행동에 대한 의지를 보여주고 이해관계자가 책임감 있는 데이터 활용을 형성하는 데 참여하도록 초대할 수 있다.

책임성은 윤리적 데이터 활용의 토대이다. 데이터 사용자는 이해관계자에 대해 책임을 지고, 분류된 정보와 통제된 정보를 최대한 주의하고 책임감 있게 다뤄야 한다. 조직은 데이터 사용 협약을 준수하고, 적절한 경우 데이터 및 결과에 대한 공개 접근, 수정 및 이의 제기를 허용해야 한다. 책임을 받아들임으로써 조직은 자신의 행동에 대해 책임을 지고 필요할 때 시정 조치를 취할 의지가 있음을 보여준다.

이러한 원칙을 운영하기 위해 조직은 윤리적 의사 결정 프레임워크Ethical Decision-Making Framework, EDMF, 책임감 있는 의사 결정 모델Responsible Decision-Making Model, RDM, 윤리적 거버넌스 프레임워크 Ethical Governance Framework, EGF 등의 확립된 윤리적 의사 결정 모델을 활용할 수 있다. 이러한 프레임워크는 복잡한 윤리적 딜레마를 탐색하고 의사 결정이 조직의 가치와 이해관계자의 기대에 부합하도록 하는 구조화된 지침을 제공한다.

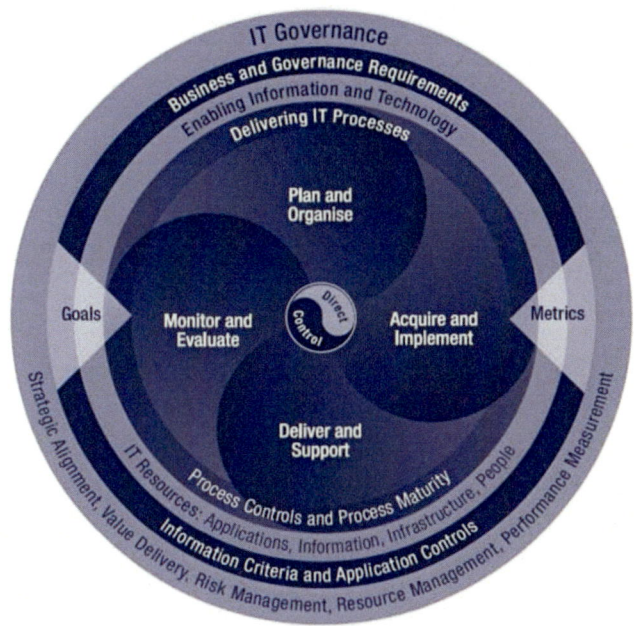

COBIT 5 Framework / 출처 : isaca.org

COBIT^{Control Objectives for Information and Related Technologies}과 ITIL^{Information Technology Infrastructure Library}과 같은 기존의 IT 거버넌스 프레임워크에 윤리적 고려사항을 통합하는 것도 포괄적인 거버넌스 관행을 보장하는 효과적인 전략이 될 수 있다. 윤리 원칙을 확립된 거버넌스 프로세스에 내재화함으로써 조직은 데이터 활용이 더 넓은 조직의 목표와 위험 관리 전략에 부합하도록 할 수 있다.

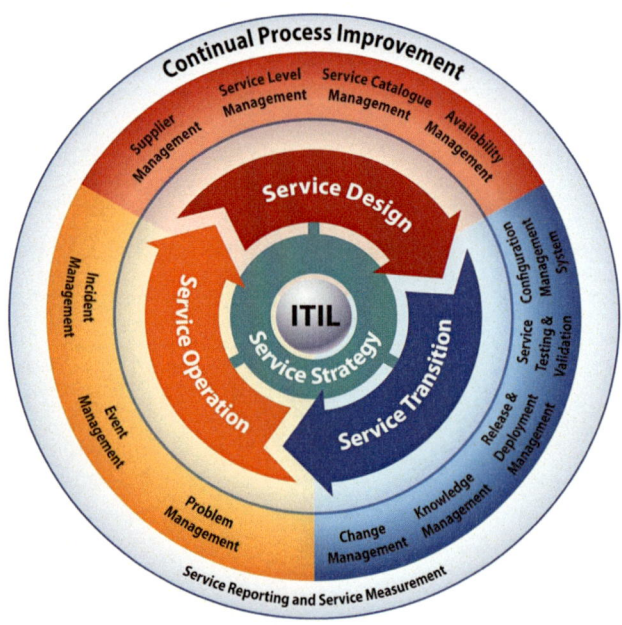

ITIL Framework / 출처 : milldesk

도덕적 추론과 비판적 사고는 데이터 활용에 관여하는 개인에게 필수적인 기술이다. 이해관계자의 권리, 이익, 복지에 대한 공감과 고려는 데이터를 인간화하고 의사 결정이 공공의 이익을 염두에 두고 이루어지도록 하는 데 도움이 된다. 조직은 윤리적 관행이 기술 발전과 함께 진화할 수 있도록 데이터 관리와 데이터 과학의 발전에 대해 지속적으로 학습하고 개선하는 문화를 조성해야 한다.

윤리적 의사 결정 프레임워크를 구현하기 위해서는 다각적인 접근 방식이 필요하다. 교육과 훈련은 인식을 제고하고 데이터 사용자에게 윤리적 의사 결정을 내리는 데 필요한 지식과 기술을 갖추게 하는 데 매우 중요하다. 정기적인 검토와 피드백 루프는 프레임워크의 효과성을 평가하고 개선이 필요한 영역을 파악하는 데 도움이 된다. 리더십과 정책의 제도적 지원은 윤리적 행동을 소중히 여기고 장려하는 환경을 조성하는 데 필수적이다.

견고한 윤리적 의사 결정 프레임워크를 구축함으로써 조직은 대규모 언어 모델 시대의 데이터 활용 복잡성을 자신감과 진실성을 가지고 탐색할 수 있다. 프라이버시, 공정성, 투명성, 책임성의 원칙을 지킴으로써 조직은 이해관계자의 신뢰와 존경을 얻으면서 데이터의 힘을 활용하여 혁신을 주도하고 가치를 창출할 수 있다. 데이터가 점점 더 전략적 자산으로 인식되는 세상에서, 데이터 활용에 대한 윤리적 접근은 단순히 도덕적 명령일 뿐만 아니라 경쟁력 있는 필수 요소이다.

대규모 언어 모델과 데이터의 폭발적 증가 시대에 조직 내에서 데이터 윤리 문화를 육성하는 것은 전략적 필수 요소가 되었다. 강력한 데이터 윤리 문화는 최고 경영진에서 일선 직원에 이르기까지 모든 직원이 책임감 있는 데이터 활용의 원칙을 이해하고 준수하도록 보장한다. 투명성, 책임성, 개인 프라이버시 권리 존중을 소중히 여기는 동시에 데이터의 힘을 활용하여 혁신을 주도하고 가치를 창출하는 문화이다.

리더십의 헌신은 번창하는 데이터 윤리 문화의 토대이다. 고위 경영진이 윤리적 데이터 관행에 대한 진정한 헌신을 보여줄 때, 그들은 전 조직의 분위기를 조성한다. 직원 교육과 개발에 자원을 배분함으로써 리더는 데이터 윤리가 최우선 과제이며 단순히 체크해야 할 항목이 아님을 알린다. 그들은 솔선수범하여 자신의 행동과 의사소통에서 윤리적 행동과 의사 결정을 모델링한다.

직원 교육과 훈련은 데이터 윤리 문화 구축의 핵심 요소이다. 워크숍, 세미나, 지속적인 교육 프로그램을 통해 직원들은 데이터 윤리의 중요성과 이러한 원칙을 준수하는 데 있어 자신의 역할에 대해 깊이 이해할 수 있다. 전자 학습 모듈, 시뮬레이션, 실제 시나리오와 같은 상호작용 방식은 직원들을 참여시키고 모범 사례를 강화하여 데이터 윤리를 실질적이고 관련성 있는 개념으로 만든다.

명확한 데이터 거버넌스 정책은 윤리적 데이터 활용을 위한 프레임워크를 제공한다. 이러한 정책은 데이터 수집, 저장, 사용 방법과 고객 프라이버시 보호 조치를 설명한다. 이러한 정책을 모든 직원에게 명확하게 전달하고 쉽게 접근할 수 있도록 함으로써 조직은 데이터 윤리와 관련하여 모든 사람이 같은 입장에 서도록 보장한다. 정기적인 감사와 평가는 이러한 정책의 효과성을 평가하고 개선이 필요한 영역을 파악하는 데 도움이 된다.

프라이버시 중심 설계는 시스템, 제품, 프로세스 설계 및 개발에 프라이버시와 데이터 보호 고려사항을 사전에 통합하는 사전 대응적 접근 방식이다. 처음부터 프라이버시 원칙을 내재화함으로써 조직은 데이터 유출과 프라이버시 위반의 위험을 최소화할 수 있다. 이러한 접근 방식은 프라이버시 인식 문화를 조성하고 데이터 보호가 사후 처리가 아닌 조직의 DNA에 내재된 부분임을 보장한다.

윤리적 데이터 사용 장려는 투명성, 책임성, 책임감 있는 의사결정을 소중히 여기는 문화를 만드는 것이다. 조직은 윤리적 행동을 보여주고 윤리 위반을 보고하는 직원을 인정하고 보상할 수 있다. 이는 데이터 윤리의 중요성을 강화하고 다른 사람들이 뒤를 따르도록 장려하는 긍정적인 피드백 루프를 만든다. 윤리적 데이터 사용을 축하함으로써 조직은 그것이 옳은 일일 뿐만 아니라 비즈니스 성공의 핵심 동인임을 분명히 한다.

데이터 책임성은 데이터가 신중한 관리를 필요로 하는 전략적 자산임을 인식한다. 역할에 관계없이 모든 직원은 데이터를 주의하고 존중하며 다룰 책임이 있다. 소유권과 책임감을 조성함으로써 조직은 데이터가 윤리적으로 그리고 조직의 가치에 맞게 사용되도록 보장한다. 데이터를 상품이 아닌 책임으로 보는 이러한 사고방식의 전환은 이해관계자와 신뢰를 구축하고 강력한 평판을 유지하는 데 필수적이다.

위험 인식은 데이터 윤리 문화의 또 다른 중요한 구성 요소이다. 직원은 데이터 오용과 관련된 잠재적 위험에 대해 교육을 받아야 한다. 여기에는 데이터 유출, 프라이버시 위반, 평판 훼손 등이 포함된다. 실제 시나리오와 윤리적 딜레마에 대한 정기적인 토론을 통해 직원들은 위험을 예측하고 완화할 수 있는 능력을 기를 수 있다. 위험을 알고 있으면 데이터 오용에 대한 경계심을 높일 수 있고 책임감 있는 데이터 취급을 위한 추가 동기를 부여할 수 있다.

개방적이고 정직한 의사소통은 데이터 윤리 문화의 핵심이다. 직원들은 데이터와 관련된 우려 사항을 제기하고 피드백을 공유할 수 있는 안전한 공간을 느껴야 한다. 리더는 투명성과 포용성의 분위기를 조성하고, 어려운 대화를 환영하며, 건설적인 비판에 개방적이어야 한다. 데이터 윤리에 대한 지속적인 대화를 장려함으로써 조직은 이 문제에 대한 인식을 높이고, 신뢰와 협력을 구축하며, 직원들이 윤리적 행동에 대해 책임감을 갖도록 한다.

데이터 윤리 문화를 육성하는 것은 지속적인 과정이며 한 번에 끝나는 것이 아니다. 그것은 지속적인 교육, 강화, 개선을 필요로 한다. 기술과 규제 환경이 계속 진화함에 따라 조직은 관행과 정책을 최신 상태로 유지하기 위해 능동적이고 민첩해야 한다. 데이터 윤리를 우선시하고 책임감 있는 데이터 활용의 가치를 내재화함으로써 조직은 신뢰, 혁신, 성장의 문화를 조성할 수 있다.

요약하면, 강력한 데이터 윤리 문화는 대규모 언어 모델 시대에 성공적으로 탐색하기 위한 필수 요소이다. 그것은 리더십의 헌신, 직원 교육, 명확한 정책, 프라이버시 중심 설계, 윤리적 행동 장려, 데이터 책임성, 위험 인식, 개방적인 의사소통의 조합을 통해 달성된다. 이러한 요소를 하나로 묶음으로써 조직은 혁신과 성장을 주도하는 동시에 이해관계자의 신뢰와 존경을 얻을 수 있는 환경을 조성할 수 있다. 궁극적으로 강력한 데이터 윤리 문화는 단순히 규정 준수 문제가 아니라 경쟁 우위의 원천이 될 수 있다.

8장

LLM 시대 빅데이터 기술의 진화 방향과 미래상

LLM 시대
빅데이터 기술의
진화 방향과 미래상

인공지능[AI]과 LLM의 시대에 블록체인과 이들 기술의 융합은 빅데이터 관리에 혁명을 일으킬 준비가 되어 있다. 이 시너지 효과는 데이터의 무결성, 프라이버시, 투명성과 관련된 중요한 과제를 해결하는 동시에 협력적인 AI 개발과 안전한 데이터 공유를 위한 새로운 가능성을 열어줄 것으로 기대된다.

데이터가 전례 없는 효율성으로 처리되고 분석될 뿐만 아니라 분산화되고 불변하며 투명한 방식으로 관리되는 미래를 상상해 보자. 블록체인 기술은 분산 원장 시스템을 통해 안전한 데이터 저장과 관리를 위한 견고한 기반을 제공한다. LLM과 블록체인을 통합함으로써 데이터 프라이버시와 무결성을 보장하면서 협력적인 모델 개발을 촉진하는 분산형 AI 마켓플레이스를 만들 수 있다. 이러한 융합의 주요 이점 중 하나는 프라이버시를 침해하지 않고 분산된 데이터 세트에서 LLM을 교육할 수 있는 기술인 연합 학습은 여러 데이터 소유자가 자신의 데이터를 직접 공개하지 않으면서도 인공지능 모델, 특히 LLM 같은 것을 함께 훈련할 수 있게 해주는 기술이다. 이 과정에서 각 참가자는 자신의 데이터를 로컬에서 처리하고, 모델 개선을 위해 필요한 최소한의 정보만을 중앙 서버와 공유한다. 이렇게 하면 데이터의 프라이버시가 보호된다.

블록체인 기술은 이 연합 학습 프로세스를 더욱 강화하는 데 사용될 수 있다. 블록체인은 모든 거래나 기여의 무결성을 보장하고, 데이터의 변조를 방지하는 안전한 기록 보관 방식을 제공한다. 예를 들어, 모델 학습 과정에서의 각 기여를 블록체인에 기록하여, 나중에 어떤 데이터가 모델 학습에 사용되었는지 정확히 추적할 수 있게 된다. 또한 블록체인은 효과적인 '삭제'Unlearning 메커니즘을 가능하게 함으로써, 필요할 경우 특정 데이터의 영향을 모델에서 제거할 수 있게 해준다. 이러한 기술 융합은 데이터 소유자가 민감한 정보를 공개하지 않고도 모델 교육에 기여할 수 있게 하며, 데이터에 대한 통제권을 유지할 수 있게 해준다는 장점이 있다. 그러나 이러한 고급 기술 융합에는 여전히 많은 기술적, 운영적 도전이 있으며, 이를 해결하기 위해 지속적인 연구와 개발이 필요하다.

또한 블록체인 기반 마켓플레이스는 LLM 기여자와 검증자 간의 안전한 데이터 공유와 협업을 촉진할 수 있다. 이러한 마켓플레이스는 블록체인의 불변 원장을 활용하여 데이터와 모델 상호 작용을 안전하게 기록함으로써 신뢰와 투명성을 구축한다. 이는 협력적인 생태계를 조성할 뿐만 아니라 모든 참여자가 기여에 대해 공정하게 보상받을 수 있도록 보장한다.

LLM 에이전트 네트워크의 보안 태세를 더욱 강화하기 위해서는 신뢰할 수 있는 실행 환경Trusted Execution Environments, TEEs과 같은 하드웨어 기반 보안 메커니즘의 통합이 중요하다. TEE는 민감한 데이터 처리를 위한 격리되고 안전한 환경을 제공하여 무단 액세스나 변조에 대한 추가적인 보호 계층을 추가한다. 그러나 LLM과 블록체인의 융합에는 과제도 있다. 연합 학습, 효율적인 삭제, 블록체인 기술을 원활하게 통합하는 포괄적인 프레임워크 개발을 통해 확장성과 효율성의 한계를 해결해야 한다. 또한 광범위한 채

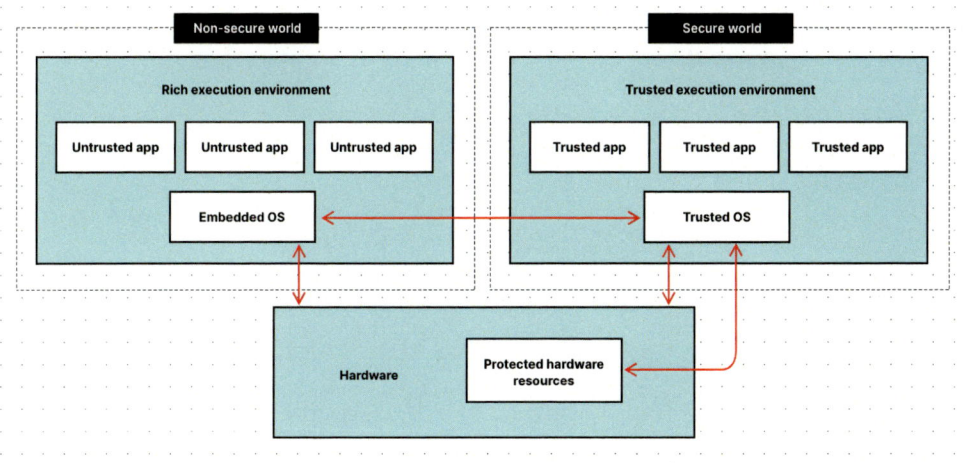

TEEs 구조 / 출처 : Piwik PRO

택을 위해서는 표준화와 상호 운용성이 필수적이며, 이를 위해 표준화된 프레임워크와 프로토콜 구축이 요구된다. 이러한 융합의 잠재력을 완전히 활용하기 위해서는 향후 연구가 LLM을 위한 블록체인 최적화, 보안 및 성능 제한 극복을 위한 혁신적인 솔루션 조사에 초점을 맞춰야 한다. 또한 LLM 에이전트 스웜Swarm을 활용한 자율 방어를 위한 최적의 프레임워크 설계는 이러한 시스템의 복원력과 적응력을 강화할 수 있는 중요한 탐구 영역이다.

LLM과 블록체인 기술의 융합은 빅데이터 관리에 혁명을 일으킬 엄청난 가능성을 지니고 있다. 데이터의 무결성, 프라이버시, 투명성을 보장함으로써 이 시너지 효과는 협력적인 AI 개발, 안전한 데이터 공유, 분산형 데이터 관리의 새로운 지평을 열 수 있다. 우리가 직면한 도전과 기회를 헤쳐나가기 위해서는 협력적이고 혁신적인 마음가짐을 키우는 것이 중요하며, 이는 LLM 시대의 빅데이터의 미래를 형성할 안전하고 투명하며 분산화된 솔루션 개발을 추진할 것이다.

급속한 변화, 경쟁, 혁신으로 지속적으로 정의되는 글로벌 기술 생태계에서 LLM과 블록체인 간의 증가하는 시너지 효과는 빅데이터의 미래를 재정의할 뿐만 아니라 전 세계 산업과 인류의 성취를 변화시킬 운명에 있다. 이 융합은 가치 있는 데이터 자원과 분석에 대한 안전한 민주화된 접근을 촉진하고, 신뢰 기반 인센티브를 통

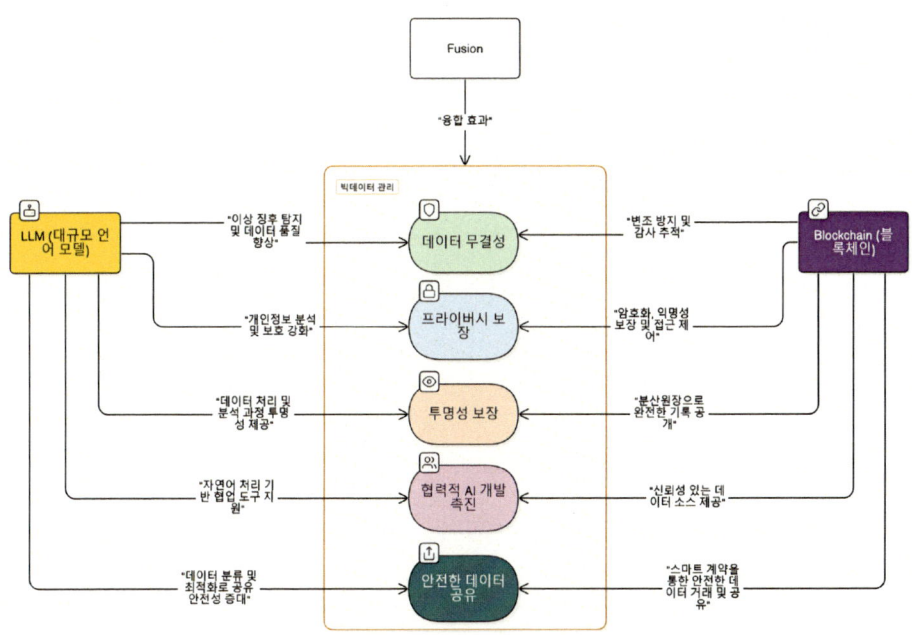

LLM과 블록체인의 융합이 빅데이터 관리에 미치는 영향과 주요 이점

해 건설적인 협력을 장려하며, 복잡한 과제에 대한 차세대 솔루션을 촉매하는 잠재력을 가지고 있어 더 상호 연결되고 투명하며 공평한 데이터 중심 사회로의 획기적인 전환을 나타낸다. 선구적인 연구자, 기업가, 사상 지도자들이 가능성의 한계를 계속 밀어붙임에 따라 다가오는 미래에는 의심할 여지없이 이러한 변혁적인 기술의 결합된 강점을 활용하는 획기적인 응용 프로그램과 패러다임의

부상을 목격하게 될 것이다. 빅데이터의 미래는 바로 여기, LLM과 블록체인의 교차점에서 무한한 기회와 영향력의 개척지로 형성되고 있다.

LLM 시대의 빅데이터 기술 혁신은 블록체인과의 융합을 통해 새로운 지평을 열고 있다. 이 시너지 효과는 데이터 관리의 근본적인 과제를 해결하고 협력과 신뢰에 기반한 데이터 활용의 새로운 패러다임을 제시한다. 우리는 이 변화의 물결을 타고 기술의 한계를 뛰어넘어 보다 투명하고 공평한 데이터 중심 사회를 향해 나아갈 수 있을 것이다. 빅데이터의 미래는 LLM과 블록체인이 만나는 바로 그 지점에서 시작되며, 우리가 이 기회를 얼마나 잘 활용하느냐에 따라 그 잠재력의 실현 여부가 결정될 것이다.

엣지 컴퓨팅과 연합학습 기반 데이터 처리

에지 컴퓨팅과 연합 학습의 등장은 분산 환경에서 실시간 빅데이터 분석의 지형을 혁신하고 있다. 분산형 아키텍처를 바탕으로 하는 에지 컴퓨팅은 데이터 발생 또는 생성 지점의 가까운 곳에서 데이터를 처리한다. 이는 지연 시간과 대역폭 요구사항을 크게 줄여주어, 조직이 더욱 신속하고 정보에 기반한 의사결정을 내릴 수 있게 한다. 에지 컴퓨팅 방식은 대응력을 개선할 뿐만 아니라 처리 과정을 여러 에지 디바이스로 분산시켜 시스템이 대규모 데이터를 처리할 수 있도록 확장성을 향상시킨다. 또한, 에지 컴퓨팅은 중앙 서버로 전송되는 데이터의 양을 최소화하여 데이터 유출 및 사이버 공격의 위험을 줄임으로써 개인정보 보호에 있어 추가적인 보호 수단을 제공한다. 하지만 에지 컴퓨팅 솔루션을 구현하는 데에는 어려움이 따른다. 에지 컴퓨팅 아키텍처의 분산적 특성은 인프라 관리와 데이터 통합 측면에서 복잡성을 초래할 수 있다. 이러한 장애물을 극복하기 위해 조직은 모듈형 설계, 표준화된 프로토콜, 효율적인 실시간 데이터 관리 전략과 같은 모범 사례를 채택해야 한다. 이를 통해 에지 컴퓨팅을 효과적으로 활용하여 실시간 빅데이터 분석의 잠재력을 최대한 끌어낼 수 있다. 또 다른 획기적인 기술인 연합 학습은 분산 환경에서 협력적 기계 학습을 위한 강력한 도구로 부상했다. 이 접근 방식은 여러 당사자가 원시 데이터를 공유하지 않고도 공유 모델을 훈련할 수 있게 함으로써 중요한 프라이버시 문제를 해결한다. 분산 훈련, 프라이버시 보존 기술, 효율적인 집계 방법을 통해 연합 학습은 조직이 민감한 정보의 기밀성을 보장하면서도 데이터의 집단 지성을 활용할 수 있게 한다.

연합 학습의 빅데이터 분석 적용 범위는 의료, 금융, 자율 시스

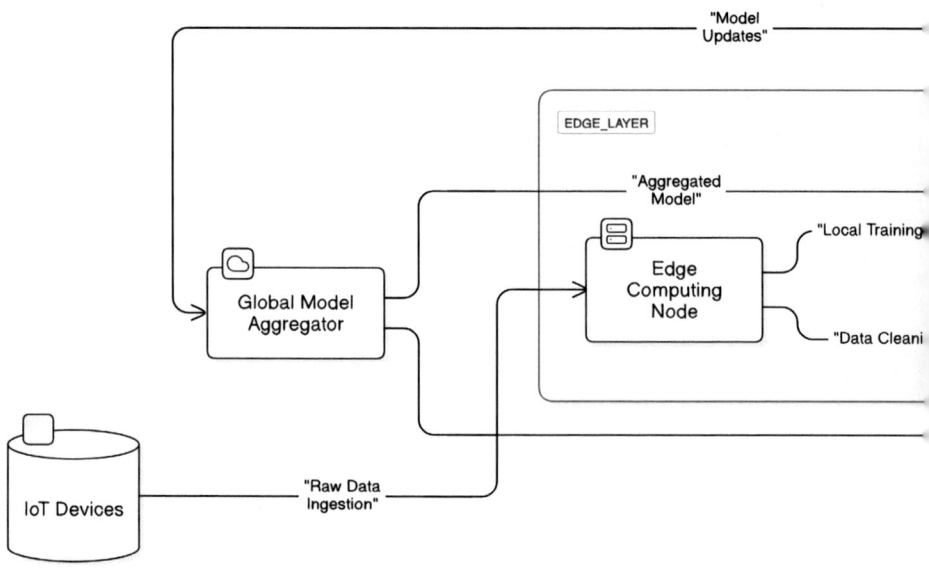

템 등 산업 전반에 걸쳐 광범위하다. 대규모 언어 모델^{LLM,})과 연합 학습을 결합함으로써 조직은 보다 정확하고 프라이버시를 보존하는 모델을 만들어내는 안전하고 효율적인 협력 학습을 가능하게 할 수 있다. 그러나 더 강력한 프라이버시 보장을 추구하는 과정에서 차등 정보 보호^{Differential Privacy}와 같은 기술이 정확도를 저하시킬 수 있으므로, 모델 성능과 데이터 프라이버시 간의 적절한 균형을 맞추는 것이 중요하다.

분산 환경에서의 실시간 빅데이터 분석은 아파치 카프카^{Apache Kafka}, 아파치 플링크^{Apache Flink}, 아파치 스파크 스트리밍^{Apache}

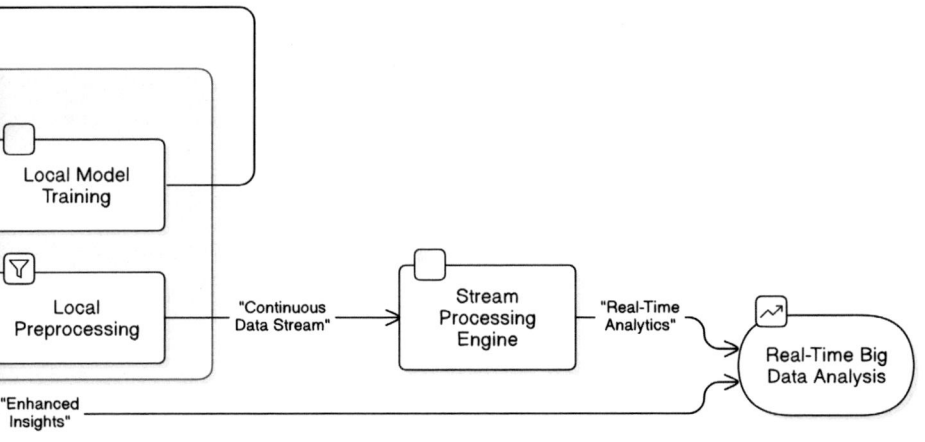

에지 컴퓨팅, 연합 학습, 스트림 처리의 실시간 빅데이터 분석 기여

Spark Streaming과 같은 스트림 처리 기술에 크게 의존한다. 이러한 프레임워크는 지속적인 데이터 스트림을 효율적으로 처리하도록 설계되어, 조직이 실시간으로 통찰력을 얻고 의사결정을 내릴 수 있게 한다. 확장 가능하고 내결함성이 높은 파이프라인을 구축함으로써 조직은 성능이나 안정성을 저하시키지 않으면서 증가하는 데이터 스트림 볼륨에 대처할 수 있다.

LLM과 스트림 처리의 통합은 지능적이고 적응적인 실시간 분석을 위한 무한한 가능성의 세계를 열어준다. 이 강력한 조합은 실시간 통찰력, 개인화된 고객 경험, 새로운 트렌드와 이상 징후에 대한 선제적 대응을 바탕으로 복잡한 의사결정 프로세스를 자동

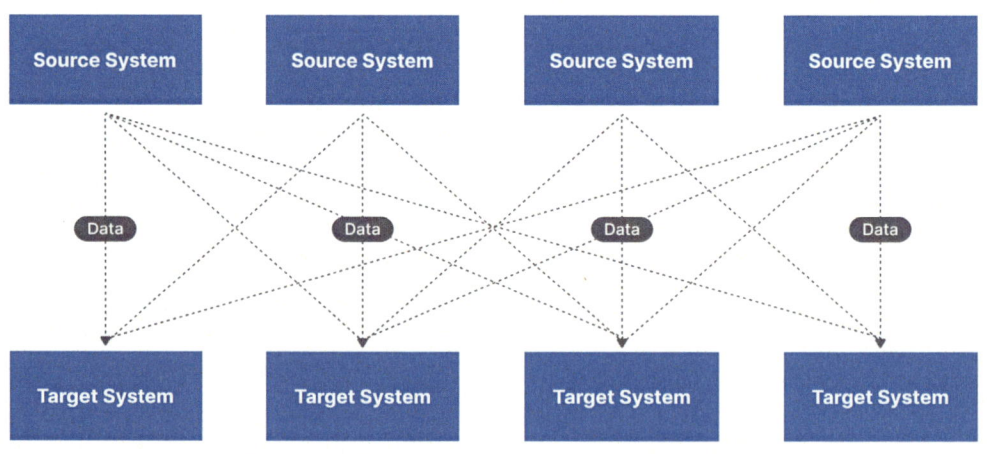

Apache Kafka / 출처 : Conduktor

화할 수 있게 한다.

실시간 빅데이터 분석의 미래를 내다보면, 에지 컴퓨팅, 연합 학습, 스트림 처리가 데이터 기반 의사결정의 지형을 계속해서 형성해 나갈 것임이 분명하다. 이러한 기술을 수용하는 조직은 데이터의 힘을 활용하여 혁신, 효율성, 경쟁 우위를 이끌어낼 수 있는 유리한 고지를 점할 것이다. 그러나 효과적인 실시간 빅데이터 분석

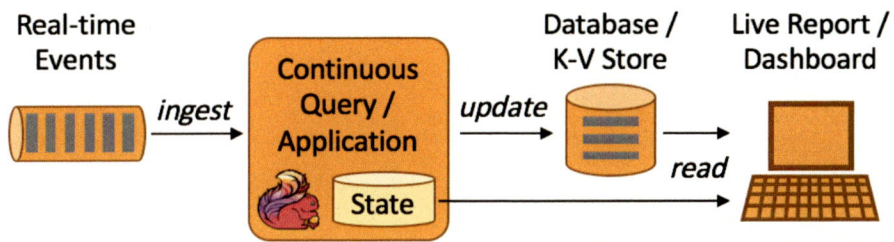

Apache Flink의 실시간 분석 / 출처 : Apache Flink

Apache Spark Streaming / 출처 : Apache Spark Streaming

을 향한 여정에는 장애물이 존재한다. 조직은 분산 아키텍처의 복잡성을 해결하고, 민감한 데이터의 프라이버시와 보안을 보장하며, 성능과 프라이버시 사이의 적절한 균형을 찾아야 한다. 또한 빅데이터 이니셔티브를 지원할 수 있는 적절한 인재, 도구, 인프라에 투자해야 한다. 이러한 도전에도 불구하고, 실시간 빅데이터 분석이 가져다줄 잠재적 이점은 무시할 수 없을 만큼 크다. 에지 컴퓨팅, 연합 학습, 스트림 처리를 활용함으로써 조직은 숨겨진 통찰력을 발굴하고, 혁신을 추진하며, 더 빠르고 정보에 입각한 의사결정을 내릴 수 있다. 운영 효율성을 개선하고, 고객 경험을 향상시키며, 점점 더 데이터 중심으로 변화하는 세상에서 경쟁 우위를 확보할 수 있다.

끊임없는 학습, 지식 공유, 업계 리더들과의 협업을 통해 우리는 실시간 빅데이터 분석으로 가능한 경계를 넓혀갈 수 있다. 함께 우리는 데이터의 힘을 활용하여 긍정적인 변화를 이끌어내고, 복잡한 문제를 해결하며, 모두를 위

> **에지 컴퓨팅**
>
> 데이터가 생성되는 곳과 가까운 위치에서 컴퓨팅을 수행하는 방식이다. 스마트폰, 자율주행차, 스마트 공장의 센서와 같은 장치에서 직접 데이터를 처리하는 것이다. 마치 모든 요리를 중앙 주방에서 하는 대신, 각 식당에서 바로 조리하는 것과 비슷하다. 이렇게 하면 데이터가 멀리 있는 클라우드 서버까지 이동하는 시간을 줄여 더 빠른 응답 속도를 제공하고, 네트워크 부하를 감소시키며, 개인정보 보호를 강화하는 장점이 있다.

한 더 나은 미래를 만들어갈 수 있다. 에지 컴퓨팅, 연합 학습, 스트림 처리 기술의 발전은 분산 환경에서 실시간 빅데이터 분석의 새로운 지평을 열어가고 있다. 이러한 기술을 효과적으로 활용함으로써 우리는 데이터의 잠재력을 최대한 끌어내어 의사결정을 최적화하고, 고객 경험을 개선하며, 혁신을 가속화할 수 있다. 물론 이 과정에서 기술적, 조직적 난관이 있겠지만, 데이터 기반 의사결정의 혜택은 이러한 도전을 감수할 만한 가치가 있다. 빅데이터와 인공지능 분야의 전문가로서 우리는 이 변화를 주도하고, 데이터의 힘으로 더 나은 세상을 만들어가는 데 앞장서야 할 것이다.

> **연합 학습**
>
> 다양한 기기나 서버가 중앙 서버에 원본 데이터를 공유하지 않고도 함께 AI 모델을 훈련시키는 방법이다. 각 기기는 자체 데이터로 모델을 학습한 후 모델의 변화(가중치)만 중앙에 전송하고, 중앙에서는 이 정보를 종합하여 글로벌 모델을 개선한다. 이는 여러 학생이 각자 문제를 풀고 답만 공유하여 함께 학습하는 것과 유사하다. 개인정보가 외부로 나가지 않으면서도 여러 데이터 소스의 집단 지성을 활용할 수 있는 방식이다.

> **스트림 처리 기술**
>
> 데이터가 생성되는 즉시 연속적으로 처리하는 방식이다. 전통적인 방식처럼 데이터를 모아서 한꺼번에 처리하지 않고, 실시간으로 흘러오는 데이터를 즉시 분석한다. 마치 공장 생산 라인에서 제품이 이동하며 각 단계에서 바로 작업이 이루어지는 것과 같다. 주식 시장의 실시간 가격 모니터링, 소셜 미디어 트렌드 분석, 보안 위협 감지 등에 활용되며, 시간에 민감한 상황에서 즉각적인 통찰력과 대응이 가능하게 하는 기술이다.

LLM과
지식 그래프의 결합

LLM과 지식 그래프의 결합은 인공지능 기술의 새로운 지평을 열고 있다. 방대한 비정형 데이터로부터 통찰력을 추출하는 LLM의 능력과 개체 간의 복잡한 관계를 매핑하는 지식 그래프가 통합되면서, 이러한 AI 시스템은 다양한 영역에서 인간의 의사 결정을 증강하고 최적화하는 강력한 도구로 자리매김하고 있다. 이 기술적 시너지의 핵심에는 원시 텍스트, 이미지, 오디오 및 비디오에서 구조화된 지식을 추출하는 혁신적인 기술이 있다. 개체 인식 entity recognition, 관계 추출 relationship extraction, 장면 이해 scene understanding 의 조합을 사용하여 LLM은 사실상 모든 데이터 소스에서 필수적인 사실, 개념 및 연결을 추출할 수 있다. 이 구조화된 정보는 풍부한 속성을 가

> **지식그래프**
>
> 실제 세계의 개체, 개념 및 이들 간의 관계를 구조화된 방식으로 연결하여 표현하는 네트워크형 데이터베이스이다. 이는 정보를 단순한 데이터 항목이 아닌 의미론적 연결망으로 저장하고 조직화한다. 데이터 간의 관계를 명시적으로 표현함으로써 컴퓨터가 정보의 맥락과 의미를 더 잘 이해할 수 있게 한다는 점이다. 이를 통해 복잡한 질문에 대한 답변, 개인화된 추천, 논리적 추론 등 고급 지능형 서비스를 제공하는 기반이 된다.

진 노드로 표현되는 개체와 개체 간의 의미적 관계를 나타내는 상호 연결된 에지edge로 구성된 지속적으로 확장되는 지식 그래프에 통합된다.

인간 지식을 포괄적으로 매핑하는 이러한 거대한 그래프를 구축하는 것은 계산 효율성과 확장성의 한계를 뛰어넘는 집약적인 프로세스이다. 데이터 품질, 도메인 간 적용 가능성, 알고리즘 책임성 등 다양한 과제가 존재한다. 그러나 비정형 데이터로부터 엔드 투 엔드end-to-end 그래프 구축이 가능해지고 자동화된 그래프 완성automated graph completion이 누락된 링크를 채울 수 있게 되면서 엄청난 진전이 이루어지고 있다.

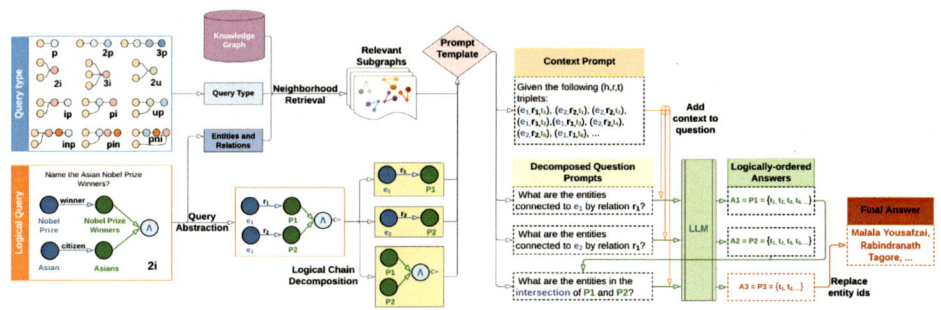

LARK 예시 / 출처 : Nurendra Choudhary

최종 결과는 인간과 AI의 협업과 의사 결정 지원을 위한 새로운 패러다임이다. LARK Language-guided Abstract Reasoning over Knowledge graphs와 같은 시스템은 복잡한 추론 작업을 그래프 검색과 자연어 생성의 조합으로 공식화하여 LLM을 활용해 관련 하위 그래프에 대한 정교한 논리적 추론을 수행한다. 그 영향은 상상할

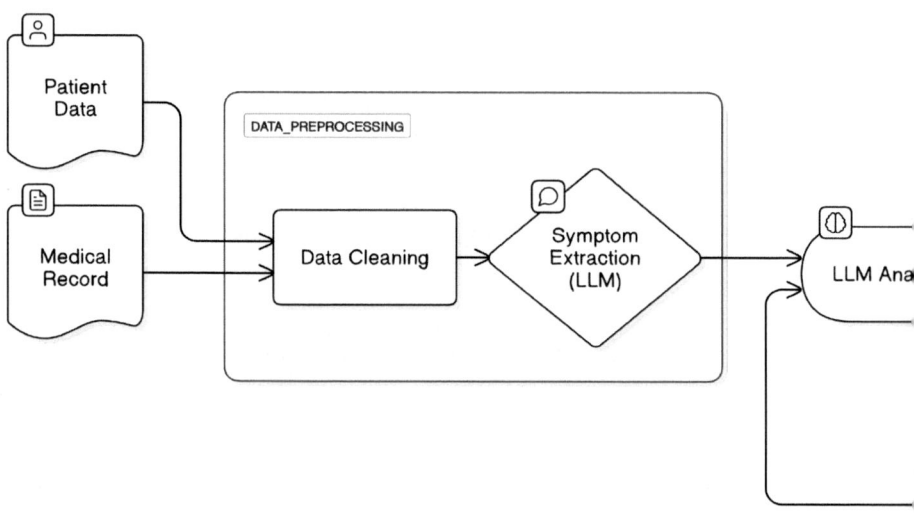

수 있는 거의 모든 영역에 걸쳐 있다.

의료 분야에서 LLM 기반 지식 그래프는 환자 기록을 증상, 약물, 결과에 대한 방대한 구조화된 데이터베이스와 분석하여 보다 정확한 진단과 개인 맞춤형 치료 계획을 가능하게 한다. 인터페이스를 통해 의사는 중요한 정보와 의사 결정 지원을 쉽게 조회할 수

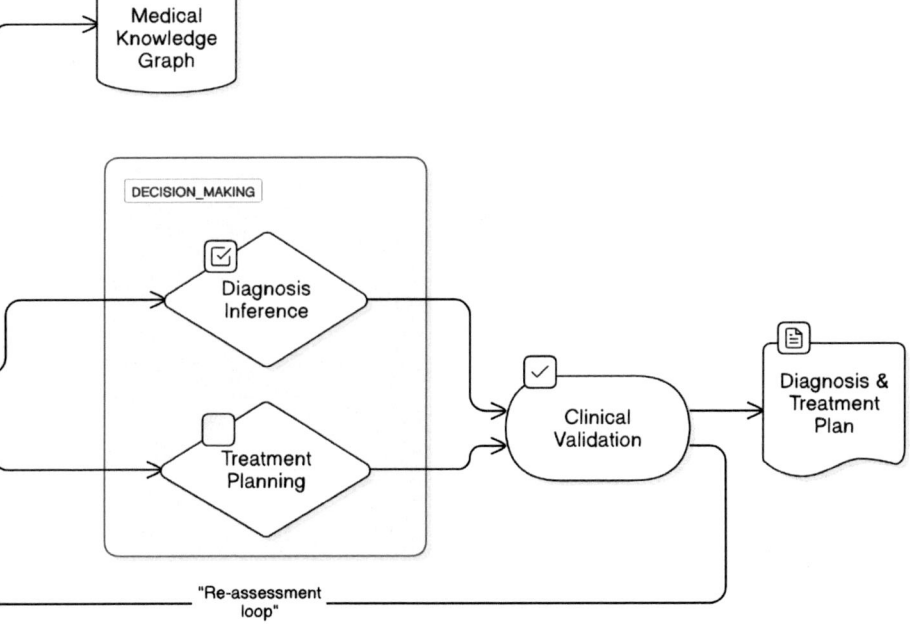

LLM과 지식 그래프를 활용한 의료 진단 및 치료 계획 수립 프로세스

있다.

기업과 금융 기관의 경우, 이러한 AI 어드바이저는 전략 수립에 있어 탁월한 역량을 발휘한다. 뉴스, 보고서, 독점 데이터의 실시간 수집 및 분석을 기반으로 핵심 시장 역학을 파악하고, 투자 위험과 기회를 강조하며, 유망한 행보를 사전에 제안한다. 공공 부문 또한 방대한 기계 지식과 추론을 인간의 판단과 가치관과 결합함으로써 엄청난 혜택을 누릴 수 있다. 도시 계획부터 국가 안보, 교육, 사회 서비스에 이르기까지 지도자들은 보다 예측 가능한 통찰력을 얻고 정보에 입각한 더 나은 정책 선택을 할 수 있다. 물론 이러한 기술력에는 투명성, 감독, 영향력에 대한 막중한 책임이 따른다. 우리는 사회적 편견의 규모 확대, 중대한 시나리오에서 AI 판단에 대한 과도한 의존, 전례 없는 분석 및 예측 능력이 가져올 수 있는 일반적인 혼란 등의 위험에 선제적으로 대처해야 한다. 기계 윤리와 책임감 있는 AI 개발에 대한 지속적인 연구가 필수적일 것이다. 하지만 우리가 함께 이 기회에 부응할 수 있다면, 그래프의 지식 매핑과 LLM의 자연어 추론을 결합하는 것은 인간의 잠재력에 엄청난 촉매제가 될 수 있다. 복잡성을 인간이 이해할 수 있는 개념과 질문으로 추상화함으로써, 이러한 AI 파트너는 우리의 학습, 발견, 더 나은 선택을 할 수 있는 역량을 획기적으로 확장시킬 수 있다. 빅데이터 혁명은 마침내 그 킬러 앱을 찾게 될 것이며, 우리 모두는 그로 인해 더 나아질 것이다.

지식 그래프와 LLM의 결합이 가져올 잠재력은 실로 무궁무진하다. 우리는 이제 막 이 신기술의 서막을 열었을 뿐이다. 앞으로 더 많은 연구와 발전이 이루어질수록 이 기술은 우리 사회 전반에 혁신을 가져다 줄 것이다. 의료, 교육, 경제, 정치 등 다양한 분야에서 인간의 한계를 뛰어넘는 AI의 힘을 활용하여 더 나은 의사결정을 내리고, 더 효율적이고 정확한 해법을 모색할 수 있게 될 것이다. 하지만 이 과정에서 우리는 기술에 대한 맹신을 경계해야 한다. AI가 아무리 뛰어난 성능을 보인다 해도 그것은 어디까지나 인간이 만든 도구일 뿐이다. 인간의 가치관과 윤리의식이 배제된 채 오로지 효율성과 최적화만을 추구하는 AI는 오히려 위험할 수 있다. 따라서 우리는 기술 발전과 함께 그에 걸맞은 사회적, 윤리적 규범 또한 함께 마련해 나가야 할 것이다.

LLM과 지식 그래프의 만남은 분명 인공지능 기술사에 한 획을 그을 만한 중요한 이정표가 될 것이다. 하지만 그것이 인류에게 축복이 될지, 아니면 재앙이 될지는 오롯이 우리의 선택에 달려 있다. 우리가 어떤 미래를 맞이하게 될지 자신할 수는 없지만, 적어도 우리는 기술의 힘을 어떻게 현명하게 사용할 것인지 끊임없이 고민하고 노력해야 할 것이다. 그것이 곧 인공지능 시대를 살아가는 우리 모두의 책무일 터이니 말이다.

데이터 민주화와
셀프서비스 분석 플랫폼

데이터 민주화와 셀프서비스 분석 플랫폼은 조직 내 다양한 부서의 사용자들이 독립적으로 데이터에 접근하고 분석할 수 있도록 권한을 부여함으로써 데이터 분석 방식에 혁신을 가져오고 있다. 이러한 패러다임의 전환은 신속한 의사 결정, 민첩성 향상, 그리고 조직 전체의 집단 지성을 활용하고자 하는 욕구에 의해 주도되고 있다. 누구나 쉽게 데이터 분석을 수행할 수 있는 환경을 구현함으로써 기업은 데이터 자산의 잠재력을 최대한 발휘하고 오늘날의 데이터 중심 경쟁 환경에서 우위를 점할 수 있다.

데이터 민주화를 가능하게 하는 핵심 요소 중 하나는 스마트폰 앱처럼 특별한 교육 없이도 직관적으로 사용할 수 있는 환경을 제공하는 사용자 인터페이스와 자연어 질의 기능의 설계이다. LLM은 비전문 사용자가 자연어 질의를 사용하여 데이터에 접근하고 분석할 수 있는 사용

> **셀프서비스 분석 플랫폼**
> LLM(대규모 언어 모델) 맥락에서 데이터 전문가가 아닌 일반 사용자들도 복잡한 데이터 분석을 쉽게 수행할 수 있게 해주는 시스템이다. LLM을 활용한 셀프서비스 분석 플랫폼은 자연어 인터페이스를 통해 사용자가 일상 언어로 데이터에 대한 질문을 하면, 이를 해석하여 적절한 쿼리로 변환하고 결과를 이해하기 쉬운 형태로 제공한다.

자 친화적인 인터페이스 구축을 지원함으로써 데이터 분석을 보다 접근 가능하게 만드는 데 중추적인 역할을 한다. 이러한 접근 방식은 데이터 전문가에 대한 의존도를 크게 줄이고 비즈니스 사용자가 스스로 데이터를 탐색하고 인사이트를 도출할 수 있는 권한을 부여한다.

LLM을 활용하면 분석 애플리케이션이 자연어 질의를 지원할 수 있어 사용자가 복잡한 SQL 명령어를 배울 필요가 없어진다. 이는 교육 시간을 단축시킬 뿐만 아니라 분석 도구에 대한 접근성을 민주화함으로써 생산성을 향상시킨다. 더욱이 API 호출을 통해 LLM을 활용하는 인터페이스를 설계하면 대화형 인터페이스에 비

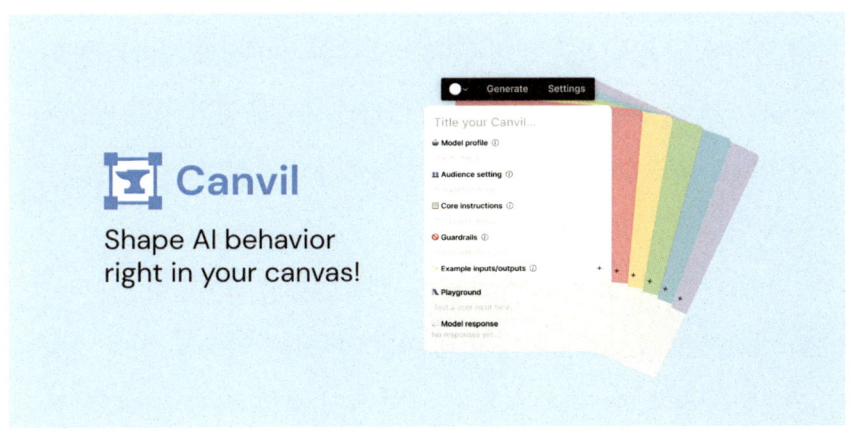

Canvil / 출처 : figma

해 사용자 친화적인 경험을 제공할 수 있는데, 대화형 인터페이스는 종종 기술적 전문성을 요구하고 복잡한 작업 처리 능력이 제한될 수 있다.

효과적인 LLM 기반 사용자 경험을 만들기 위해 설계자는 Canvil과 같은 도구를 활용할 수 있다. Canvil은 시스템 프롬프트의 구조화된 작성, 다양한 사용자 입력에 대한 적응 모델 테스트, 그리고 인터페이스 설계에 모델 출력을 통합하는 것을 지원하는 Figma 위젯이다. 이는 비전문 사용자의 요구에 부합하는 직관적인 인터페이스를 만드는 과정을 간소화한다.

사용자 인터페이스 설계 외에도 LLM은 데이터 전처리 및 특성 엔지니어링과 같은 시간 소모적인 작업을 자동화하는 데 활용될 수 있다. 이러한 작업을 자동화함으로써 LLM은 사용자가 데이터 준비에 많은 시간을 소비하기보다는 데이터에서 인사이트를 도출하는 데 집중할 수 있도록 한다. 이러한 데이터 분석 프로세스의 가속화는 기술 전문성이 최소한인 사용자도 복잡한 분석을 보다 쉽게 수행할 수 있게 만든다.

LLM은 결측값 처리, 데이터 정규화, 데이터 레이블링 등 데이터 전처리 작업을 간소화하여 데이터의 완전성, 일관성, 분석 준비 상태를 보장할 수 있다. 또한 LLM은 특성 추출, 구성, 선택 등 특성 엔지니어링 작업을 자동화하여 기계 학습 모델의 예측력을 향상시키고 효율성을 높일 수 있다.

LLM을 사용한 데이터 전처리 및 특성 엔지니어링 작업의 자동화는 이러한 프로세스에 필요한 시간을 크게 단축하여 데이터 과학자가 모델 선택 및 하이퍼파라미터 튜닝과 같은 상위 수준의 작업에 집중할 수 있도록 한다. 또한 이러한 자동화는 인적 오류 발생 가능성을 줄여 일관된 데이터 준비와 분석 준비 상태를 보장한다. 그 결과, 데이터 과학자는 데이터에서 더 깊은 통찰력을 도출하는 데 더 많은 시간을 할애할 수 있어 예측의 정확성과 의사 결정의 질을 향상시킬 수 있다.

나아가 LLM이 가능하게 하는 자동화는 기술 전문성이 최소한인 사용자도 복잡한 분석을 수행할 수 있는 권한을 부여한다. 단순화된 워크플로우를 제공하고 로우 코드low-code 또는 노 코드(no-code) 솔루션을 제공함으로써 LLM 플랫폼은 광범위한 프로그래밍 지식이 없는 사용자를 포함하여 더 많은 사용자가 데이터 분석에 접근할 수 있도록 한다.

셀프 서비스 분석 플랫폼에서 협업과 지식 공유를 더욱 강화하기 위해 여러 전략과 기술을 활용할 수 있다. 공유 작업 공간을 통해 여러 사용자가 물리적 위치에 관계없이 실시간으로 동일한 분석에 협업할 수 있다. 강력한 버전 제어 시스템은 모든 변경 사항이 추적되고 필요한 경우 이전 버전으로 되돌릴 수 있도록 보장하여 충돌을 방지하고 모든 팀 구성원이 최신 정보로 작업하도록 한다.

주석 기능을 통해 사용자는 분석 내에서 직접 의견, 메모, 피드백을 남길 수 있어 의사소통이 원활해지고 외부 의사소통 채널에 대한 필요성이 줄어든다. LLM은 분석 워크플로우의 요약 및 문서화를 생성하는 데 통합되어 사용자가 서로의 작업을 이해하고 이를 기반으로 구축하기 쉽게 만들어 지식 공유와 협업을 촉진할 수 있다.

동시 편집 및 댓글과 같은 실시간 협업 기능은 즉각적인 피드백과 토론을 가능하게 하여 분석 프로세스를 간소화하고 보다 효과적인 팀워크를 조성한다. 모든 관련 정보, 문서 및 토론을 중앙 집중화하면 팀 구성원이 최신 리소스에 쉽게 액세스할 수 있어 오래된 데이터로 인한 오류를 줄일 수 있다.

생산성 도구 및 메시징 플랫폼과 같은 기존 소프트웨어 생태계와의 원활한 통합을 보장하면 워크플로우를 더욱 간소화하고 협업을 강화할 수 있다. 또한 데이터 암호화 및 액세스 제어와 같은 강력한 보안 조치를 구현하고 웹 기반 및 모바일 앱 액세스를 제공하면 언제 어디서나 안전하게 협업할 수 있다.

조직이 데이터 민주화와 셀프 서비스 분석 플랫폼을 도입함에 따라 데이터 접근 및 사용과 관련된 윤리적 고려 사항을 다루는 것이 중요하다. 강력한 인증 및 권한 부여 메커니즘, 입력 무결성

검사, 토큰화를 구현하는 것은 AI 시스템의 무결성을 유지하고 사이버 위협으로부터 보호하는 데 필수적이다. 더욱이 LLM을 교육 도구 및 기타 애플리케이션에 통합할 때는 개인 정보 보호 및 지적 재산권을 신중하게 고려해야 한다.

결론적으로 대규모 언어 모델이 뒷받침하는 데이터 민주화와 셀프 서비스 분석 플랫폼은 조직의 데이터 분석 접근 방식에 혁명을 일으키고 있다. 직관적인 사용자 인터페이스를 설계하고, 데이터 전처리 및 특성 엔지니어링 작업을 자동화하며, 협업과 지식 공유를 촉진함으로써 이러한 플랫폼은 조직 전체의 사용자들이 독립적으로 데이터에서 가치 있는 통찰력을 도출할 수 있는 권한을 부여한다. 기업이 이러한 패러다임 전환을 계속 수용함에 따라 데이터 자산의 잠재력을 최대한 발휘하여 신속한 의사 결정, 민첩성 향상, 그리고 끊임없이 진화하는 데이터 중심 경쟁 환경에서의 경쟁 우위를 확보할 수 있을 것이다.

데이터 경제 활성화를 위한 비즈니스 모델

데이터 경제의 시대, 빅데이터와 LLM의 융합은 기업의 운영 방식, 의사 결정, 그리고 수익 창출 방법을 혁신하고 있다. 기업들이 데이터 자산의 힘을 활용하기 위해 노력하는 가운데, 혁신적인 데이터 기반 비즈니스 모델이 등장하여 데이터 가치 사슬을 확장하고 새로운 성장 기회를 창출하고 있다. 이러한 발전 중 가장 유망한 것 중 하나는 데이터 마켓플레이스의 부상이다. 이 플랫폼은 데이터 공급자와 소비자 간의 데이터 거래를 위한 통로 역할을 하며, 가치 있는 인사이트의 발견과 분석을 촉진한다. LLM을 이러한 마켓플레이스에 통합함으로써 데이터 탐색과 활용 과정이 보다 효율적이고 접근 가능해져 기업이 데이터 자산의 잠재력을 최대한 발휘할 수 있게 된다. 또 다른 혁신적인 비즈니스 모델은 데이터 서비스형 제공Data-as-a-Service이다. 이 접근 방식에서는 데이터 분석과 LLM 전문 지식을 보유한 기업이 방대한 데이터를 효과적으로 처리하고 해석할 자원이나 지식이 부족한 고객에게 서비스를 제공한다. 복잡한 데이터셋에서 인사이트를 분석하고 추출하는 LLM의 힘을 활용하여 이러한 서비스 제공자는 고객에게 엄청난 가치를 제공하고, 정보에 입각한 의사 결정을 내리고 비즈니스 성장을 주도할 수 있도록 지원한다.

데이터 생태계의 협업적 특성 또한 데이터 경제에서 혁신의 주요 동인이다. 여러 이해관계자를 한데 모아 데이터를 공유하고 활용함으로써 이러한 생태계는 고객 행동, 시장 동향, 비즈니스 성과에 대한 보다 포괄적인 이해를 촉진한다. LLM은 이러한 생태계 내에서 구조화되고 비정형화된 데이터의 통합을 용이하게 하여 참여자들이 의미 있는 통찰력을 도출하고 가치 창출을 위한 새로운 기회를 만들 수 있도록 한다.

데이터 기반 비즈니스 모델의 잠재력을 최대한 활용하기 위해 기업은 데이터 가치 사슬의 확장과 최적화에 주력해야 한다. 이 과정은 데이터 메시 Data Mesh 아키텍처 구현과 검색 모델 활용 등 효과적인 데이터 획득 전략으로 시작되어, 분산 환경에서 가장 관련성 높고 신뢰할 수 있는 데이터에 대한 접근을 보장한다. 데이터 사일로를 해체하고 원활한 데이터 공유를 가능하게 함으로써 기업은 고급 분석과 인사이트 생성을 위한 기반을 마련할 수 있다.

효과적인 데이터 처리 또한 데이터 가치 사슬의 중요한 구성 요소이다. 아파치 스파크 Apache Spark, 아파치 플링크 Apache Flink, DBT Data Build Tool 등의 도구를 통해 기업은 분석을 위한 데이터를 변환, 정제, 구성할 수 있으며, 아파치 카프카 Apache Kafka 와 래빗엠

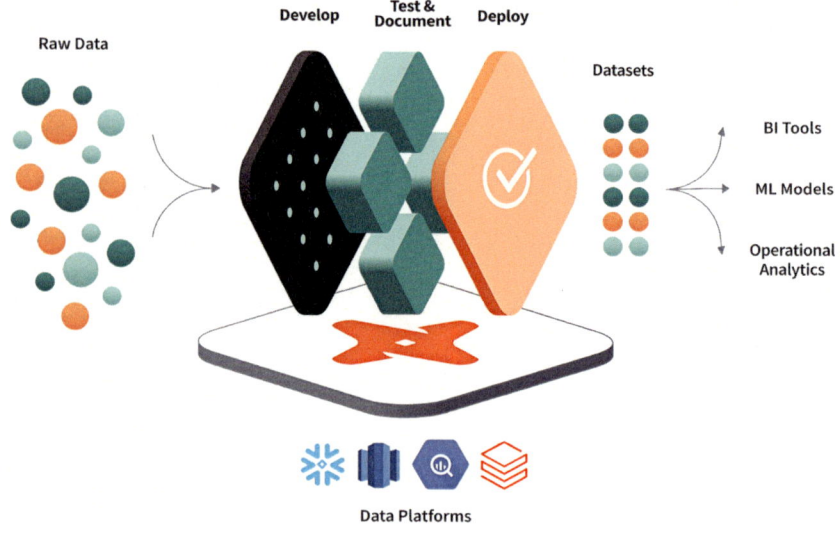

Data Build Tool / 출처 : DBT Lab

큐RabbitMQ와 같은 플랫폼은 시스템 간 신속하고 안정적인 데이터 전송을 용이하게 한다. 데이터 처리 워크플로를 간소화함으로써 기업은 데이터가 분석 및 인사이트 추출을 위해 준비되도록 할 수 있다.

LLM이 진정으로 빛을 발하는 것은 분석 단계에서이다. 데이터 이해와 처리 능력을 향상시키기 위해 이러한 모델을 미세 조정함으로써 기업은 빅데이터 분석에 수반되는 많은 복잡한 작업을 자동

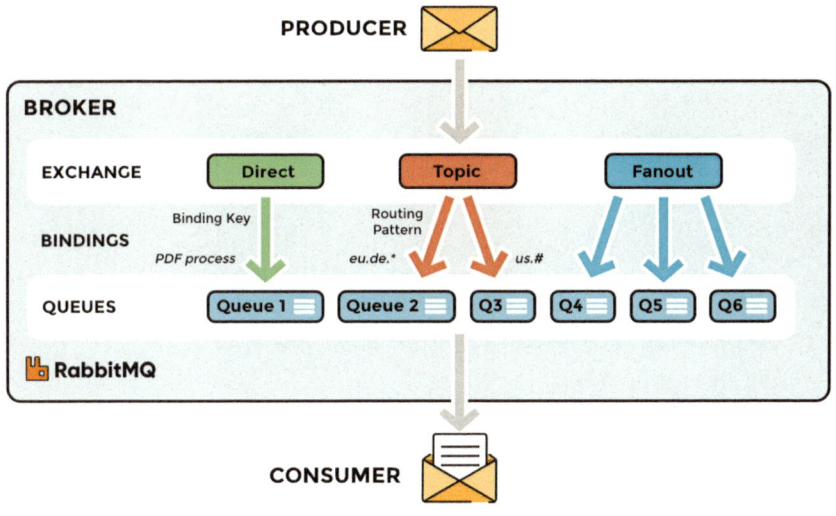

RabbitMQ 구조 / 출처 : CloudAMQP

화할 수 있다. 그러나 생성된 인사이트의 정확성과 신뢰성을 보장하기 위해서는 분석 과정 전반에 걸쳐 데이터 품질과 무결성을 우선시하는 것이 필수적이다. 검색 모델과 생성 모델을 결합한 검색 증강 생성 Retrieval-Augmented Generation, RAG 프레임워크를 구현하면 가장 최신의 정확한 데이터를 기반으로 인사이트가 생성될 수 있다.

    마지막으로 데이터 자산의 수익화는 데이터 경제에서 새로운 수익원을 창출하는 데 있어 중요한 측면이다. 데이터 생산품화Data Productization는 데이터를 포장하여 판매하거나 내부적으로 사용하여 데이터 분석, 인사이트 또는 향상된 제품 및 서비스와 같은 새로운 제품을 만드는 것을 포함한다. 데이터 라이선싱과 중개는 수수료를 받고 데이터에 대한 접근 권한을 부여하거나 데이터 제공자와 소비자 간의 거래를 용이하게 하는 또 다른 실행 가능한 옵션이다.

구독 기반 및 서비스 기반 모델 또한 각광받고 있으며, 데이터 기반 제품이나 서비스로부터 안정적인 수익원을 기업에 제공한다. 프리미엄Freemium, 종량제 또는 데이터 관리 및 촉진 서비스를 제공함으로써 기업은 데이터 기반 솔루션에 대한 증가하는 수요를 활용하고 새로운 성장 기회를 창출할 수 있다.

결론적으로 빅데이터와 대규모 언어 모델의 융합은 데이터 가치 사슬을 확장하고 새로운 수익원을 창출하는 혁신적인 데이터 기반 비즈니스 모델을 탄생시켜 비즈니스 환경을 변화시키고 있다. 이러한 기회를 수용하고 필요한 기술과 전략에 투자함으로써 기업은 데이터 경제의 최전선에 서서 디지털 시대의 혁신, 경쟁력, 성공을 주도할 수 있을 것이다.

데이터 중심 조직으로의 전환 사례와 성공 요인

데이터 중심 조직으로의 전환은 기업의 혁신과 경쟁력 제고를 위한 필수 불가결한 과정이다. 단순히 데이터를 수집하고 저장하는 것을 넘어, 데이터를 기반으로 의사결정을 내리고 조직 전반에 걸쳐 데이터 활용 문화를 정착시키는 것이 핵심이다. 이번에는 데이터 중심 조직으로 성공적으로 전환한 기업들의 사례를 통해 그 성공 요인을 분석하고, 데이터 기반 의사결정이 조직 혁신을 이끄는 과정을 살펴보고자 한다.

데이터 중심 조직으로의 전환을 성공적으로 이끈 대표적인 기업으로는 넷플릭스Netflix를 들 수 있다. 넷플릭스는 방대한 양의 사용자 데이터를 수집하고 분석하여 개인화된 콘텐츠 추천 서비스를 제공함으로써 고객 만족도를 높이고 시장에서의 우위를 점하고 있다. 이러한 성공의 배경에는 조직 내에 데이터 활용 문화를 확산시키고, 데이터 분석 역량을 갖춘 인재를 확보하며, 최신 기술을 적극적으로 도입하는 등의 노력이 있었다. 또 다른 사례로는 구글Google을 들 수 있다. 구글은 데이터 분석을 통해 사용자 행동 패턴을 파악하고, 이를 바탕으로 검색 알고리즘을 지속적으로 개선해 나가고 있다. 이와 더불어 조직 내 데이터 접근성을 높이고, 데이터 분석 도구를 직원들에게 제공하여 데이터 기반 의사결정을 장려하는 문화를 조성하고 있다. 이는 구글이 혁신을 거듭하며 시장을 선도할 수 있는 원동력이 되고 있다.

 데이터 중심 조직으로의 전환 과정에서 주목해야 할 성공 요인은 다음과 같다. 첫째, 경영진의 강력한 리더십과 지원이 필수적이다. 데이터 활용의 중요성을 인식하고 이를 조직 전략의 핵심으로 삼는 경영진의 의지가 있어야 한다. 둘째, 조직 내 데이터 활용 문화를 확산시키기 위한 노력이 필요하다. 데이터 리터러시 Data Literacy 교육을 제공하고, 데이터 기반 의사결정을 장려하는 제도를 마련해야 한다. 셋째, 데이터 분석 역량을 갖춘 인재를 확보하고 육성해야 한다. 데이터 사이언티스트, 비즈니스 애널리스트 등 전문 인력을 영입하고, 내부 인재를 양성하는 데 힘써야 한다. 넷째, 데이터 거버넌스 Data Governance 를 확립하여 데이터의 품질과 보안을 관리해야 한다. 데이터의 정확성, 일관성, 적시성 등을 확보하고, 데이터 접근 권한을 체계적으로 관리하는 것이 중요하다. 다섯째, 최신 기술을 적극적으로 도입하여 데이터 분석 역량을 고도화해야 한다. 빅데이터 처리, 인공지능, 머신러닝 등의 기술을 활용하여 데이터에서 더 많은 통찰을 얻을 수 있다. 이처럼 데이터 중심 조직으로의 전환은 단순히 기술적인 변화를 넘어 조직 문화와 역량, 프로세스 전반에 걸친 혁신을 요구한다. 이 과정에서 데이터를 기반으로 한 의사결정이 조직의 혁신을 이끄는 동력이 된다. 데이터에 기반한 통찰력은 새로운 비즈니스 기회를 포착하고, 운영 효율성을 높이며, 고객 가치를 향상시키는 데 기여한다. 나아가 조직 내에 데이터 활용 문화가 내재화될수록 조직은 변화에 민첩하게 대응하고 지속적인 혁신을 추구할 수 있게 된다.

데이터 중심 조직으로의 전환은 하루아침에 이루어지는 것이 아니다. 경영진의 의지를 바탕으로 장기적인 관점에서 체계적으로 접근해야 한다. 우선 조직의 현 상태를 진단하고 목표를 수립하는 것에서 출발하여, 데이터 활용 문화 조성, 역량 강화, 거버넌스 확립, 기술 도입 등의 단계를 거쳐 점진적으로 조직을 변화시켜 나가야 한다. 이 과정에서 구성원들의 공감과 참여를 이끌어내고, 작은 성공 사례를 축적해 나가는 것이 중요하다. 결론적으로, 데이터 중심 조직으로의 전환은 기업의 생존과 성장을 위한 필연적인 선택이다. 단순히 데이터를 소유하는 것을 넘어 이를 활용하여 가치를 창출하고, 조직 전반에 데이터 기반 의사결정 문화를 확산시켜 나가야 한다. 성공적인 전환을 위해서는 경영진의 리더십, 조직 문화 혁신, 역량 강화, 거버넌스 확립, 기술 도입 등 다각도로 접근하는 노력이 필요하다. 이를 통해 조직은 데이터를 경쟁력의 원천으로 삼아 지속적인 혁신과 성장을 이뤄낼 수 있을 것이다.

빅데이터와 LLM을 활용한 ESG 가치 창출

빅데이터와 인공지능 기술의 발전은 기업의 지속가능성 데이터 통합과 분석 방식에 혁신을 가져왔다. LLM의 등장으로 방대한 양의 환경, 사회, 지배구조 ESG 관련 데이터를 효과적으로 수집, 통합, 분석할 수 있게 되었다. 이러한 첨단 기술을 활용함으로써 기업은 데이터 기반의 의사결정을 내리고, 보다 효과적인 지속가능경영 전략을 수립할 수 있게 되었다.

LLM은 환경 센서 데이터, 기업 지속가능성 보고서 등 다양한 데이터 포인트에서 요약 정보를 생성하여 데이터 이해도를 높이고 수작업을 최소화한다. 또한, 자연어 인터페이스를 구축하여 비전문가도 음성 명령을 통해 복잡한 데이터 분석을 수행할 수 있도록 한다. 이를 통해 기업은 ESG 성과에 대한 깊이 있는 통찰력을 얻고, 보다 효과적인 시각화 자료를 생성할 수 있다. 하지만 LLM 구현 과정에서 발생할 수 있는 도전 과제들을 해결하는 것이 중요하다. 우선 고품질의 입력 데이터를 확보하여 정확한 시각화와 분석 결과를 얻어야 한다. 데이터 전처리와 정제를 통해 데이터 품질 문제를 최소화할 수 있다. 또한, 모델의 해석 가능성을 고려하여 설명 가능한 AI 기법을 활용함으로써 분석 과정의 투명성을 보장해야 한다. 아울러 LLM의 기술적 한계를 인식하고, 복잡한 수학적 연산이 필요한 작업에는 전통적인 분석 방법을 병행하는 것이 바람직하다. 무엇보다 LLM 활용 시 윤리와 거버넌스를 우선시하여 모델 출력 결과의 편향성을 평가하고 해결해야 하며, 조직의 가치와 윤리 기준에 부합하는 방식으로 사용되어야 한다.

LLM을 활용한 지속가능성 데이터 통합과 분석은 이미 다양한 분야에서 유망한 결과를 보여주고 있다. 환경 모니터링 분야에서는 대기 및 수질 센서, 야생동물 추적 장치 등에서 실시간으로 수집되는 데이터를 LLM으로 처리하여 잠재적 환경 위험을 신속하게 파악하고 선제적 대응을 할 수 있다. 기업 지속가능성 보고서 작성 및 분석에도 LLM을 활용하여 보다 정확하고 통찰력 있는 보고서를 생성함으로써 투명성과 이해관계자 참여를 제고할 수 있다.

ESG 리스크 평가와 완화를 위한 LLM 기반 도구 개발도 활발히 이루어지고 있다. LLM은 방대한 비정형 데이터를 처리하여 ESG 리스크와 관련된 패턴과 추세를 파악할 수 있다. 기업 보고서, 뉴스 기사, 소셜 미디어 등 다양한 출처의 데이터를 분석하여 기존 리스크 평가 방식으로는 발견하기 어려웠던 잠재적 ESG 이슈를 탐지할 수 있다. 또한 LLM은 식별된 ESG 리스크를 범주화하고 우선순위를 매겨 리스크 지도를 생성함으로써 기업이 가장 중요한 리스크에 집중하고 맞춤형 완화 전략을 수립할 수 있도록 돕는다.

LLM은 ESG 리스크가 조직에 미칠 수 있는 잠재적 영향을 평가하는 데에도 중요한 역할을 한다. 다양한 ESG 시나리오에 대한 시뮬레이션을 수행하여 발생 가능성과 잠재적 결과를 평가함으로써 기업이 다양한 상황에 대비하고 탄탄한 리스크 관리 계획을 수립할 수 있도록 지원한다. 또한 임직원, 고객, 공급업체 등 이해관계자를 대상으로 한 설문조사와 인터뷰 데이터를 분석하여 ESG 리스크와 인식에 대한 통찰력을 얻을 수 있다. 이를 통해 모든 이해관계자의 우려와 기대사항을 반영한 효과적인 완화 전략을 수립할 수 있다. 나아가 LLM은 식별된 ESG 리스크에 대응하기 위한 정책과 절차 개발에도 도움을 준다. 자연어 처리 능력을 활용하여 명확하고 간결하며 규제 요건을 준수하는 정책 문서를 생성함으로써 기업이 ESG 리스크 관리와 지속가능 경영을 위한 견고한 토대를 마련할 수 있다. 또한 대화형 모듈과 시뮬레이션을 통해 임직원들에게 ESG 리스크와 완화 전략에 대한 교육을 제공하여 지속가능성에 대한 조직 문화를 조성하고 임직원들이 ESG 리스크 완화 노력에 적극적으로 참여할 수 있도록 한다. 아울러 이해하기 쉬운 형태로 ESG 리스크와 완화 노력을 설명하는 보고서와 커뮤니케이션 자료를 생성하여 이해관계자 참여를 촉진할 수 있다.

ESG 리스크 관리에서 규제 요건과 산업 표준 준수는 매우 중요한 측면이다. LLM은 다양한 출처에서 관련 데이터를 추출하여 구조화되고 읽기 쉬운 형식으로 ESG 보고서를 자동 생성할 수 있다. 이는 시간과 자원을 절약할 뿐만 아니라 최신 규정을 준수하는 정확한 보고서 작성을 보장한다. 또한 LLM은 규제 변경 사항과 산업 동향을 지속적으로 모니터링하여 ESG 리스크 관리 전략에 영향을 줄 수 있는 변경 사항이나 수정 사항을 기업에 알려준다. 진화하는 표준에 발맞추어 적응함으로써 기업은 ESG 컴플라이언스와 보고에 있어 선제적인 접근 방식을 유지할 수 있다.

LLM이 ESG 리스크 평가와 완화에 엄청난 잠재력을 제공하지만, 효과적인 구현을 위해서는 몇 가지 과제를 해결해야 한다. 데이터 품질과 편향성은 중요한 우려 사항으로, LLM은 학습에 사용된 데이터만큼의 성능을 발휘한다. 조직은 데이터 품질을 우선시하고 데이터와 모델의 잠재적 편향을 해결하기 위한 조치를 취해야 한다. 또한 ESG 리스크 관리에 LLM을 활용할 때는 설명 가능성과 투명성이 중요한 고려 사항이 된다. 이해관계자들이 식별된 리스크와 완화 전략의 논리를 이해할 수 있도록 투명하고 설명 가능한 출력 결과를 제공해야 한다. 아울러 LLM 기반 도구는 기존 ESG 리스크 관리 시스템 및 프로세스와 원활하게 통합되도록 설계하여 현재 업무 흐름에 대한 혼란을 최소화해야 한다.

ESG 보고에서 LLM의 활용은 기업이 투명성을 제고하고 신뢰를 구축하며 이해관계자와의 효과적인 소통을 촉진하는 강력한 도구가 된다. 이러한 첨단 기술을 활용하여 기업은 이해관계자의 다양한 요구에 부합하는 포괄적이고 접근성 높은 보고서를 생성함으로써 궁극적으로 장기적인 지속가능성과 성공을 이끌어낼 수 있다. ESG 보고에 LLM을 도입하는 것은 보다 지속가능하고 책임감 있는 비즈니스 환경을 향한 여정에서 중요한 진전을 의미한다.

기업이 이러한 혁신 기술을 계속해서 수용함에 따라 현대 비즈니스 세계의 복잡한 도전 과제를 해결하고 모든 이해관계자를 위한 지속적인 가치 창출에 기여할 수 있을 것이다. 투명성, 참여, 책임감을 우선시함으로써 기업은 이해관계자의 기대에 부응할 뿐만 아니라 모두를 위한 보다 지속가능하고 공정한 미래 조성에 기여할 수 있다.

ESG 고려 사항은 기업이 장기적 가치를 창출하고 지속가능한 성장을 도모하는 데 있어 점점 더 중요해지고 있다. 효과적인 이해관계자 참여와 투명성은 성공적인 ESG 전략의 핵심 요소이다. LLM은 투자자, 고객, 직원 등 다양한 이해관계자 그룹에 맞춤화된 포괄적이고 이해하기 쉬운 ESG 보고서를 생성함으로써 혁신적인 솔루션을 제공한다. LLM은 복잡한 ESG 데이터와 성과를 자연어로 설명하는 서술형 보고서 작성을 자동화할 수 있다. 이를 통해 조직은 보고 프로세스를 간소화하고 접근성을 개선하며 투명성을 높일 수 있다. 복잡한 데이터를 명확하고 간결하게 제시함으로써 LLM 생성 보고서는 이해관계자들이 ESG 정보를 쉽게 이해하고 참여할 수 있도록 하며, 조직의 투명성 확보와 신뢰 구축에 대한 의지를 보여준다.

LLM을 ESG 보고에 활용할 때의 주요 장점 중 하나는 다양한 이해관계자 그룹의 특정 요구와 관심사에 부합하는 보고서를 생성할 수 있다는 점이다. 투자자의 경우 LLM 생성 보고서는 재무 성과, 리스크 관리, 장기적 가치 창출에 초점을 맞출 수 있어 정보에 입각한 투자 결정을 내리는 데 필요한 정보를 제공한다. 이러한 보고서는 투자수익률, 리스크 조정 수익률 등 주요 재무 지표를 강조하는 동시에 ESG 리스크와 기회를 관리하기 위한 조직의 전략에 대해 논의할 수 있다. 마찬가지로 LLM은 고객을 위한 맞춤형 보고서를 생성하여 지속가능성, 사회적 책임, 환경 보호에 대한 조직의 의지를 강조할 수 있다. 이러한 보고서는 기업의 환경 발자국 감소, 지역 사회 지원, 윤리적 비즈니스 관행 촉진을 위한 이니셔티브를 강조함으로써 고객의 가치와 우선순위에 부합할 수 있다.

임직원의 경우 LLM 생성 보고서는 다양성, 형평성, 포용성[DEI], 직원 복지, 전문성 개발 기회 등 직원 중심의 ESG 이니셔티브에 초점을 맞출 수 있다. 이러한 보고서는 조직의 인재 관리 관행, DEI

진척 사항, 직원 참여도 설문조사 결과 등을 강조함으로써 기업이 직원을 중요한 이해관계자로 인식하고 있음을 보여준다. 또한 LLM 보고서는 직원들이 조직의 ESG 노력에 참여하고 기여할 수 있는 방법에 대한 정보를 제공함으로써 직원들의 주인의식과 참여를 장려할 수 있다.

LLM을 활용한 ESG 보고의 또 다른 이점은 동적이고 반응형인 보고서를 생성할 수 있다는 점이다. LLM은 최신 ESG 데이터와 성과 지표를 실시간으로 통합하여 최신 정보를 반영하는 보고서를 제공할 수 있다. 이를 통해 조직은 정적인 연간 보고서에서 벗어나 이해관계자에게 연중 내내 관련성 높고 시의적절한 업데이트를 제공할 수 있다. 대화형 기능을 통합함으로써 LLM 생성 보고서는 이해관계자가 관심 있는 특정 ESG 주제에 대해 추가적인 세부 정보와 인사이트를 얻을 수 있도록 한다. 이러한 개인화된 참여는 이해관계자의 정보 요구를 더 잘 충족시킬 뿐만 아니라 ESG 문제에 대한 지속적인 대화와 협력을 촉진한다.

ESG 보고를 위한 LLM 활용의 잠재력이 상당하지만 기업은 이러한 접근 방식의 한계와 잠재적 위험도 인식해야 한다. LLM의 출력물은 학습 데이터의 품질과 완전성에 크게 의존하므로, 기업은 모델 학습에 사용되는 ESG 데이터가 정확하고 최신이며 편향되지 않았는지 확인해야 한다. 또한 LLM 생성 보고서가 관련 규제 요건과 보고 표준을 충족하도록 하기 위해 인간의 감독과 검토가 필요할 수 있다. 기업은 자동 생성된 ESG 공시의 잠재적 법적 책임도 고려해야 한다. 투명성과 설명 가능성도 중요한 고려 사항이므로, 기업은 이해관계자들이 LLM 기술이 보고 프로세스에서 어떻게 사용되는지 이해할 수 있도록 해야 한다.

LLM을 ESG 보고에 통합하는 것은 기업이 ESG 성과에 대한 정보를 소통하고, 이해관계자 참여를 향상시키며, 투명성과 책임감을 입증하는 혁신적인 방법이 될 수 있다. 맞춤화된 통찰력과 개인화된 참여를 제공함으로써 LLM 기반 ESG 보고서는 이해관계자의 의사결정을 알리고 지속가능성 노력에 대한 지지를 이끌어낼 수 있다. 그러나 기업은 데이터 품질, 규제 준수, 윤리적 고려 사항과 같은 잠재적 과제를 신중하게 관리해야 한다. 이러한 도전 과제를 적절히 해결한다면 LLM은 새로운 시대의 ESG 보고를 형성하고 기업과 이해관계자 간의 대화를 발전시키는 데 중요한 역할을 할 수 있을 것이다.

기업은 ESG 전략의 개발, 구현, 모니터링의 다양한 측면에 LLM과 같은 혁신적인 도구를 활용할 수 있지만, 동시에 전체적인 지속가능성 목표와 이니셔티브를 고려해야 한다. LLM 기반의 ESG 분석은 점점 더 방대해지는 양의 데이터를 신속하고 효율적으로 처리할 수 있도록 하지만, 통합된 ESG 전략의 일부로서 다른 도구 및 접근법과 연계되어야 한다. 예를 들어, LLM은 운영 효율성 개선 영역을 파악하는 데 도움이 될 수 있지만, 지속가능한 공급망 관행을 구현하기 위해서는 공급업체와의 직접적인 협력이 필요할 것이다.

따라서 기업은 전체적인 지속가능성 여정에서 LLM의 잠재력을 최대한 활용하는 동시에 ESG 우선순위와 이니셔티브에 대한 전략적이고 맥락적 접근을 취해야 한다. 이는 관련성이 높고 의미 있는 ESG 목표를 설정하고, 조직의 문화와 운영에 지속가능성을 내재화하며, 다양한 이해관계자와 협력하고 그들에게 참여하며, ESG 성과에 대한 명확하고 투명한 의사소통을 진행하는 것을 의미한다. 이러한 맥락에서 LLM 활용은 종합적인 ESG 전략의 지원 도구이자 가속화 요인이 된다.

LLM은 기업이 ESG 고려 사항을 운영의 주요 부분으로 통합하는 과정에서 직면하는 복잡성과 도전 과제를 헤쳐나가는 데 막강한 도구를 제공한다. ESG 데이터 분석에서 리스크 평가, 보고에 이르는 과정에 LLM을 활용함으로써 기업은 지속가능성 노력에 대한 통찰력과 효율성을 높일 수 있다. 하지만 기업은 LLM의 한계를 인식하고 이러한 기술이 포괄적이고 장기적인 ESG 전략에 부합하도록 사용되어야 한다. 투명성, 윤리, 이해관계자 참여에 대한 변함없는 의지와 함께 LLM과 같은 혁신 기술을 활용한다면, 기업은 사회에 긍정적인 영향력을 미치고 지속가능한 가치 창출에 앞장설 수 있을 것이다.

기업이 지속가능성을 전략적 우선순위로 삼고 LLM과 같은 첨단 기술을 활용함에 따라, 사회적, 환경적 책임을 다하면서도 장기적 가치를 창출할 수 있는 길이 열리고 있다. ESG 여정의 모든 단계에서 데이터 중심적이고 이해관계자 지향적인 접근 방식을 채택함으로써 기업은 긍정적인 변화를 주도하고 보다 지속가능한 미래를 만드는 데 기여할 수 있다. 기업과 사회 모두에게 이로운, 책임감 있고 혁신적인 비즈니스 관행으로의 전환이 그 어느 때보다 중요해진 시점이다. LLM을 현명하게 활용하는 기업은 이러한 전환을 선도하고 모두를 위한 더 나은 내일을 만드는 데 중추적인 역할을 할 것이다.

마치며

　LLM의 등장은 기존 빅데이터에 대한 개념과 활용 방식에 근본적인 변화를 가져왔습니다. LLM의 자연어 이해와 생성 능력은 비정형 데이터의 처리와 분석에 혁신을 불러일으켰고, 이는 곧 빅데이터 분야 전반의 패러다임 변화로 이어지고 있습니다. 전통적인 빅데이터 처리 기술로는 감당하기 어려웠던 텍스트, 이미지, 동영상 등의 홍수 속에서 LLM은 강력한 분석 도구로 자리매김하고 있습니다.

　LLM은 빅데이터 분석의 허들을 낮추고, 기업들이 보유한 방대한 데이터 자산을 보다 효율적으로 활용할 수 있는 길을 열어주고 있습니다. 고객 행동 분석, 맞춤형 추천 시스템, 실시간 이상 탐지 등 그 활용 영역은 무궁무진합니다. 하지만 LLM의 도입이 만능열쇠는 아닙니다. 데이터 품질 관리, 개인정보 보호, 윤리적 AI 개발 등 해결해야 할 숙제도 많이 남아있습니다.

　이 책은 단순히 빅데이터와 LLM의 이론적 개념을 나열하는 데 그치지 않습니다. LLM을 활용한 데이터 수집, 저장, 분석, 시각화 등 빅데이터 파이프라인 전 과정의 혁신 사례와 방법론을 생생하게 제시합니다. 또한 최신 기술 트렌드와의 접목 방안을 모색하여 빅데이터와 LLM 융합이 가져올 무한한 가능성을 조망합니다.

특히 윤리적 활용과 데이터 거버넌스의 중요성을 강조합니다. LLM 기반 솔루션이 고도화될수록 프라이버시 침해, 알고리즘 편향성 등의 위험도 커지기에, 데이터 자산의 체계적 관리와 프라이버시 보호, 알고리즘 공정성 확보를 위한 원칙과 거버넌스 체계 수립 방안을 제시합니다.

무엇보다 이 책은 데이터 민주화의 비전을 제시합니다. LLM 기반 기술의 발전은 데이터 분석의 진입 장벽을 낮추고, 누구나 손쉽게 데이터 가치를 활용할 수 있는 환경을 조성하고 있습니다. 이러한 변화가 조직과 개인에게 어떤 기회를 제공하는지, 그리고 우리가 어떻게 대응해야 할지 명쾌한 통찰을 전합니다.

지금 이 순간에도 빅데이터와 LLM 기술은 빠르게 진화하고 있습니다. 급변하는 환경 속에서 방향을 잃지 않고 혁신을 주도하기 위해서는 근본을 꿰뚫는 통찰과 실행 전략이 필요합니다. 'LLM 시대의 빅데이터 바이블'은 여러분에게 그 나침반이 되어 줄 것입니다. 이 책과 함께 새로운 영역을 개척해 나가는 여정에 도전해 보시기 바랍니다. 변화의 물결을 주도하는 여러분의 모험을 진심으로 응원하겠습니다.

LLM 빅데이터 레볼루션

발 행 2025년 3월 12일 초판 1쇄 발행
저 자 유 주 연
발행처 클레버니스
발행인 조 성 준
주 소 서울특별시 은평구 갈현로 11길 46
전 화 010-2993-3375
팩 스 02-2275-3371
등록번호 제 2024-000045호
등록일자 2024년 5월 9일
ISBN 979-11-94129-71-4 (03320)
정 가 25,000원

※ 이 책은 저작권법에 의해 보호를 받는 저작물로 무단 전재나 복제를 금지하며,
※ 이 책 내용의 전부 또는 일부를 이용하려면 반드시 저작권자나 발행인의 서면동의를 받아야 합니다.
※ 파본 및 낙장은 구입하신 서점에서 교환하여 드립니다.